四川省社科规划重大项目（SC17ZD06）
四川省农村资源市场化研究团队 成果
农业农村改革发展研究智库

农业供给侧结构性改革的理论与实践研究

——以四川省为例

陈文宽　陈宇阳　何　宇　傅新红　张社梅　著

中国农业出版社
北　京

图书在版编目（CIP）数据

农业供给侧结构性改革的理论与实践研究：以四川省为例 / 陈文宽等著. —北京：中国农业出版社，2019.12
ISBN 978-7-109-26588-2

Ⅰ.①农…　Ⅱ.①陈…　Ⅲ.①农业改革－研究－四川　Ⅳ.①F327.71

中国版本图书馆 CIP 数据核字（2020）第 028775 号

中国农业出版社出版
地址：北京市朝阳区麦子店街 18 号楼
邮编：100125
责任编辑：赵　刚
版式设计：史鑫宇　　责任校对：周丽芳
印刷：北京万友印刷有限公司
版次：2019 年 12 月第 1 版
印次：2019 年 12 月北京第 1 次印刷
发行：新华书店北京发行所
开本：720mm×960mm　1/16
印张：18.75
字数：280 千字
定价：68.00 元

项目组人员名单

项目组组长： 陈文宽

成　　　员：
傅新红	李建强	符　刚	何　格	冉瑞平
张社梅	何　宇	杨庆先	刘云强	何艳秋
唐曼萍	尹　奇	杨　春	袁晓星	周格粉
孟　越	罗璐曦	陈宇阳	吴昊玥	唐　进
刘国强	田双清	谢皖东	牛莆文	祝慧芳
邹　颖	冯慧翎	靳地胜	苏　菲	刘　娟
张珍瑜	刘明强	幸　琴	王登科	张希昱
许　凤	李雪川	张　柳	何邦路	

综合报告各章执笔人员名单

第一章　陈文宽　何　宇

第二章　陈文宽　何　宇　吴昊玥

第三章　唐　进

第四章　陈宇阳

第五章　吴昊玥

第六章　何　宇　秦　健　胡雪冰

第七章　张社梅　秦　健　胡雪冰

第八章　陈文宽　刘云强　何艳秋　袁晓星

专题报告人员名单

专题一　四川农业强省建设研究报告
执　笔　陈文宽　傅新红　何　格　张社梅　杨庆先
专题二　构建现代农业体系推进质量兴农战略研究报告
执　笔　傅新红　陈文宽　李建强　何　格　冉瑞平
专题三　培育新乡贤促进乡村振兴研究报告
执　笔　陈文宽　何　宇　陈宇阳　吴昊玥　唐　进
　　　　秦　健　胡雪冰　彭建川
专题四　四川农业农村新产业新业态发展研究报告
执　笔　陈文宽　杨　春　何　宇　陈宇阳　田双清
　　　　谢皖东　牛莘文　唐　进　冯慧翎　靳地胜
　　　　苏　菲　刘　娟
专题五　宜宾市翠屏区农村电商管理研究报告
执　笔　陈文宽　张珍瑜
专题六　古蔺县肉牛产业发展问题研究报告
执　笔　陈文宽　刘明强
专题七　四川省农村土地政策实施效果评价研究报告
执　笔　陈文宽　何　格　尹　奇　杨　春　陈宇阳
　　　　田双清　谢皖东　牛莘文　唐　进　幸　琴
　　　　王登科

审稿组人员名单

陈文宽　傅新红　张社梅　罗璐曦　唐　进

序

    供给侧结构性改革（Supply - side Structural Reform）科学命题，是以习近平同志为核心的党中央站在统揽伟大斗争、伟大工程、伟大事业、伟大梦想的战略高度，旨在调整经济结构，使要素实现最优配置，提升经济增长的数量和质量，矫正中国宏观经济调控，提高全要素生产率，实现有效供给，更好地满足广大人民群众的高品质美好生活需求。习近平同志坚持和运用马克思主义辩证唯物论立场、观点和方法，从新时代党和国家"三农"事业发展要求出发，深刻把握我国农业农村现代化建设的新阶段、新特征、新要求，提出"实施乡村振兴战略"总要求，必须坚持农业供给侧结构性改革作为农业农村工作的主线。

    农业供给侧结构性改革可概括为调结构、转方式、促改革。坚持以习近平新时代中国特色社会主义思想为指导，以习近平关于"三农"工作重要论述为指引，在农业结构上要粮经饲统筹、农林牧渔结合、一二三产业融合发展；在转方式上要以自然为本，坚持绿色发展理念，坚持农业资源可持续发展等；在改革方面要以土地"三权分置"为抓手，提升资源的有效配置，构建产业体系、生产体系、经营体系，实现农业农村现代化。

    四川是西部农业大省，是农业人口大省，是重要的国家生态屏障大省。党的十八大以来，习近平总书记先后数次视察四川和对四川"三农"工作做出重要指示，从 2013 年"四川是农业大省，具有丰富的农业自然资源，具有做好'三农'工作的良好条件"，到 2017 年"四川农业大省这块金字招牌不能丢，要带头做好农业供给侧结构性改革这篇大文章"，再到 2018 年年初"四川是'天府之国'，要加快推进乡村产业振兴、推动乡村生活富裕，把四川农业大省这块金字招牌擦亮，要深化农业供给侧结构性改革"。近年来，在以习近平同志为核心的党中央坚强领导下，四川省委省政府全面落实习近平总书记对四川工作系列重要指示精神和党中央决策部署，抢抓国家一系列重大战略机遇，大力实施"一干多支、五区协同""四向拓展、全域开放"等战略部署，推动四川农业农村经济全面发展。

产业结构更加合理：2019 年，四川农林牧渔业增加值达到 4 937.7 亿元，同比增长 3.0%。粮食总产量达 3 498.5 万吨，比上年增加 4.8 万吨。特色产业稳定发展，油料、中草药材、蔬菜及食用菌、茶叶、水果等主要经济作物生产良好，产量分别达到了 367.4 万吨、49.0 万吨、4 638.4 万吨、32.6 万吨和 1 131.2 万吨。油菜播种面积达到 1 600 多万亩①成为第一大省，成为长江上游一道亮丽风景线；四川柑橘面积 500 多万亩，其中晚熟柑橘 200 多万亩，成为全国第一大省；四川花椒种植面积 500 多万亩，成为全国第一大省。非洲猪瘟防控和恢复生猪生产成效初显，全年出栏生猪 4 852.6 万头，超额完成 4 008 万头既定目标。全省休闲农业总收入 1 600 亿元、增长 5.5%，带动 1 500 万农民就业增收。

脱贫攻坚成绩突出：四川全方位聚焦物质层面和精神层面的贫困问题，为全国脱贫攻坚提供了四川实践、四川样本。2013 年底，全省有贫困县 88 个，建档立卡贫困人口 625 万、贫困村 11 501 个，贫困发生率 9.6%；到 2019 年底，贫困县减少到 7 个县，贫困村减少到 300 个，贫困人口减少到 20 万，贫困发生率下降至 0.3%，年均减贫 110 万人以上。

农民人均可支配收入增幅大于 GDP 增幅：2019 年四川省农民人均可支配收入达到 14 670 元，其中人均经营性净收入 5 641 元，增长 10.2%，收入来源占比 38.5%，成为农民人均可支配收入首位，增幅最高，其次是人均工资性收入 4 662 元，增长 8.1%，收入来源占比 31.8%。四川提前一年完成小康社会农民可支配收入的目标（≥13 256 元）。

"美丽四川·宜居乡村"建设取得明显成效：四川自 2018 年以来统筹开展垃圾治理、污水处理、厕所革命、村庄清洁、畜禽粪污资源化利用"五大行动"，截至 2019 年年底，全省 90% 以上行政村的生活垃圾得到有效处理，88% 的行政村配备有保洁员，户用卫生厕所普及率达到 72%，畜禽粪污综合利用率达到 70%。随着农村河（湖）长制的建立，确保一江碧水向东流。长江干流上的合江县沙溪口断面达到国家规定 III 类水质

---

① 亩为非法定计量单位，1 亩＝1/15 公顷，下同

出境，甚至在枯水季节可达 II 类水质出川，嘉陵江干流上的武胜县清平断面可达 II 类水质出川，为长江中下游几亿人民送去一江清水，为长江经济带建设筑牢国家生态屏障。乡村面貌、农村人居环境发生了巨大变化，成为农村居民安居的理想家园，城市人向往的休闲乐园。

乡风文明建设活动蓬勃开展： 2019 年，四川省已有 53 093 个村（社）修订完善村规民约（居民公约），全省 20% 的村（社）建立了红白理事会，乡、村两级配备专兼职调解员 32.1 万人，实现基层调委会全覆盖，初步形成"政府倡导、社会监督、群众参与"的乡风文明建设新局面。金川县倡导的"孝、善、和、俭"深入人心。

四川省新型智库"农业农村改革发展研究智库"和四川省社会科学高水平研究团队"农村资源市场化研究团队"，围绕四川金字招牌有哪些、怎么擦亮、特大城市农产品供给保障和价格调控规律、四川农业供给侧结构改革的路径和对策等重要问题，进行了大量的理论和实践研究。笔者近几年来带领团队成员先后进入彭州、邛崃、大邑、崇州、龙泉驿、双流、金堂、简阳、郫县、锦江、高新、成华、温江、中江、罗江、安州、北川、三台、利州、苍溪、恩阳、通江、宣汉、渠江、前锋、邻水、武胜、南部、逢安、逢溪、乐至、资中、威远、东兴区、合江、泸县、翠平、高县、荣县、富顺、犍为、峨眉山、洪雅、丹棱、汉源、石棉、冕宁、西昌、米易、盐边、金川、汶川等 21 个市（州）173 个县（市、区）开展实地考察或问卷调查，占全省 183 个县（市、区）的 94.5%。调研对象包含家庭农场、专业大户、专业合作社、龙头企业、蔬菜公司、农户等经营主体。调研农业产业（品）类型优质粮油、生猪、肉牛、肉羊、蔬菜、茶叶、水果、蚕桑、中药材、花椒、林木、花卉等生产基地，四川国际农产品交易中心、白家镇成都农产品中心、官仓蔬菜批发市场、海霸王农副产品批发中心、四川三联禽产品物流中心等销售市场，以及永辉、家乐福、伊藤洋华堂等超市。发放问卷共计 3 503 份，回收有效问卷 3 287 份，访谈消费者、经销商、电商、新型经营主体、基层干部、行政主管部门、行业专家等 400 余人次。

本书包含综合报告和专题报告两大部分。综合报告共八章：第一章绪言，阐述了四川省农业供给侧结构性改革实现路径研究的背景和意义；第二章进行了本研究的理论基础、文献综述梳理，以及构建研究框架；第三章分析了四川省农业供给侧结构性改革的现状，对四川近三年来具体实践主要举措及取得成效总结提炼；第四章厘清了四川省农业供给侧结构性改革存在供给配置失衡、结构调整缓慢、质量安全堪忧三方面问题；第五章定量分析了四川省农业供给侧结构优化水平，农产品优化、农业提质增效等影响因素，为探索农业供给侧结构性改革路径提供理论基础；第六章聚焦四川省生猪（养殖特色）、柑橘（种植特色）、花椒（林业特色）等具有优势的"川字号"特色农业产业，进行案例分析；第七章提出了"擦亮金字招牌"、新产业新业态发展、培育新乡贤助力乡村人才振兴、绿色生态农业发展、开放农业发展、政策支持保障等实现四川省农业供给侧结构性改革的六大路径；第八章研究成都市主要农副产品价格变化规律及传递效率，从而对四川省农业供给侧结构性改革提供参考。专题报告针对四川省农业供给侧结构性改革的理论和实践进行了专题研究，形成了"四川农业强省建设研究报告""构建现代农业体系推进质量兴农战略研究报告""培育新乡贤促进乡村振兴研究报告""四川农业农村新产业新业态发展研究报告""宜宾市翠屏区农村电商管理研究报告""古蔺县肉牛产业发展问题研究报告""四川省农村土地政策实施效果评价研究报告"七份专题报告。

本书有四个方面的创新。一是系统研究了习近平新时代中国特色社会主义思想中关于"三农"工作重要论述。习近平新时代中国特色社会主义思想，是当代中国马克思主义。习近平关于"三农"工作重要论述是其重要的组成部分，是萌发最早的思想之一，其内容十分丰富，涵盖"三农"各个方面，科学回答了我国"三农"发展的重大理论与现实问题。二是坚定中国（四川）农业自信的理念。本书在悟懂"四个自信"基础上，针对国内外唱衰中国、唱衰中国农业的背景下，针对农产品这也不能吃、那也不能吃的错误论调，以及"中国人吃了多少化肥，喝了多少农药"错误算法和观点，提出应坚决支持中国农业科学技术创新、坚定中国（四川）农业自信理念。三是构建四川省农业供给侧结构优化水平测度的指标体系。基于改进熵值法，设计一套涵盖效率、结构和质量三个维度的农业供给结构优化指数测算体系，定量分析四川农业供给侧结构优化水平。四是深刻分析农产品供需市场价格传递规律。农业供给侧结构性改革出发点是供给端，但是决定改革的信息必须依赖农产品价格传递，新型经营主体或广大农户生产是由市场需求和价格的高低决定的，因此本书选择特大城市成都市研究主要农副产品价格变化规律及其价格传递的效率。

　　本书涉及的参考文献均在文中标注出来，由于研究团队队伍庞大，或有疏漏。对于众多专家学者前期丰硕的研究成果，以及参与本书撰写及调研的所有专家、领导及博士生、研究生，到访的基层部门、村社、企业等朋友，在此一并表示衷心感谢！

陈文宽

2019 年 12 月于成都

摘　　要

　　2015 年底习近平总书记在中央经济工作会议上强调在适度扩大总需求的同时，着力加强供给侧结构性改革，明确"去产能、去库存、去杠杆、降成本、补短板"五大任务，同时指出农业提质增效必须加快推进农业供给侧结构性改革，2016 年和 2017 年中央 1 号文件主要内容都锁定在推进农业供给侧结构性改革，破解"三农"发展新难题。习近平总书记在党的十九大首次提出实施乡村振兴战略，两次强调要把推进农业供给侧结构性改革作为农业农村工作的主线，四川省委、四川省人民政府相继也发布了多个文件，推进四川农业供给侧结构性改革、建设美丽四川。党的十八大以来，习近平总书记先后数次对四川"三农"工作做出指示，从2013 年"四川是农业大省，具有丰富的农业自然资源，具有做好'三农'工作的良好条件"，到 2017 年"四川农业大省这块金字招牌不能丢，要带头做好农业供给侧结构性改革这篇大文章"，再到 2018 年年初"四川是'天府之国'，要加快推进乡村产业振兴，推动乡村生活富裕，把四川农业大省这块金字招牌擦亮，要深化农业供给侧结构性改革。"因此，四川金字招牌有哪些？怎么擦亮？路径和对策是什么？研究这些问题具有重要的理论价值和现实意义。

一、研究总体概况

1. 调研区域 20 个市（州）173 个县（市区）

　　本研究两年多来先后进入彭州、邛崃、大邑、崇州、龙泉驿、双流、金堂、简阳、郫县、锦江、高新、成华、温江、中江、罗江、安州、北川、三台、利州、苍溪、恩阳、通江、宣汉、渠江、前锋、邻水、武胜、南部、逢安、逢溪、乐至、资中、威远、东兴区、合江、泸县、翠平、高县、荣县、富顺、犍为、峨眉山、洪雅、丹棱、汉源、石棉、冕宁、西昌、米易、盐边、金川、汶川等 21 个市（州）173 个县（市、区）开展实地考察或问卷调查，占全省 183 个县（市、区）的 94.5%。发放问卷共计 3 503 份，回收有效问卷 3 287 份，访谈消费者、经销商、电商、新型经营主体、基层干部、行政主管部门、行业专家等 400 余人。

2. 调研对象

经营主体：家庭农场、专业大户、专业合作社、龙头企业、蔬菜公司、农户。

生产基地：优质粮油、生猪、肉牛、肉羊、蔬菜、茶叶、水果、蚕桑、中药材、花椒、林木、花卉等。

销售市场：批发、零售市场。四川国际农产品交易中心、白家镇成都农产品中心、官仓蔬菜批发市场、海霸王农副产品批发中心、四川三联禽产品物流中心等，以及永辉、家乐福、伊藤洋华堂等超市。

二、研究主要创新

1. 系统研究了习近平新时代中国特色社会主义思想

习近平新时代中国特色社会主义思想，是当代中国马克思主义最新成果。习近平关于"三农"工作的重要论述是其重要的组成部分，是萌发最早的思想之一，其内容非常丰富，涵盖"三农"问题的各个方面，科学地回答了我国"三农"发展中遇到的现实问题。如"强、美、富"，什么是口粮？"两山理论"等，体现了习近平总书记对"三农"问题的深厚感情、深入研究、深刻理解和深谋远虑，形成了解决我国"三农"问题的重要理论和顶层设计。这一研究成果已经编入 2018 年出版的全国农林高校农林经济管理本科专业"十三五"规划教材《农业农村政策学》，同时已经在四川农业大学 2018 级农林经济管理专业博士和相关硕士研究生专业专题和专业理论课程讲授，授课博士、硕士、学士生超过 500 人，四川省内外新型经营主体、基层分管农业农村工作领导干部、村支书（主任）和第一村支书等各种培训人员 2 000 多人。

2. 坚定中国（四川）农业自信的理念

本课题研究在悟懂"四个自信"基础上，针对国内外唱衰中国、唱衰中国农业的背景下，提出应坚定中国（四川）农业自信理念。美国世界观察研究所所长布莱斯·布朗曾提出"21 世纪，谁来养活中国人"？美国在

"谁控制了粮食，谁就控制了所有人"的思维下，错误判断我国不能应对其对中国发起的出口美国商品关税增加应对措施。国内一些人对中国农产品也失去信心，总是认为中国农产品都不安全，甚至无知算出中国人"吃了多少千克化肥，喝了多少千克农药"，更有博士生无知怀疑杂交水稻，如此种种。从目前中国人的人均寿命比新中国成立初期整整增长 20 多岁表明，现在中国人绝大多数人过上了幸福生活。在改革开放的 40 年来，四川农业创造出丰富的经验和典型，土地银行和农村产权制度改革，以及农业职业经理人制度，城乡融合发展等诸方面都取得长足发展，为中国农业农村改革发展提供了许多理论和实践、政策借鉴和参考。尽管四川存在人多地少，耕地破碎率高等诸多问题，但四川素有都江堰自流灌溉的"天府之国"之称，稻菜、稻油轮作，稻鱼、稻虾、稻鸭共生，既自然生态环保，又能保证四川口粮绝对安全，足以坚定四川农业自给自信，对于打赢中美"贸易战"具有坚强的底气和参考价值。

3. 构建四川省农业供给侧结构优化水平测度的指标体系

基于改进熵值法，设计一套涵盖效率、结构和质量三个维度的农业供给侧结构优化指数测算体系，定量分析四川农业供给侧结构优化水平。时间演变规律：2008 年全省农业供给侧结构优化指数为 0.549，整体水平较低，2017 年全省供给侧结构优化指数平均为 1.216，成都保持首位，成为农业供给侧结构优化高水平地区。空间分布特征：农业供给侧结构优化水平最高的市（州）集中于成都平原经济区，水平较低的市（州）主要属于攀西经济区和川西北生态经济区。构建面板回归模型，探索农业供给侧结构优化指数的影响因素及改进方向。研究发现：技术效率对于改善农业供给侧结构性改革贡献最大，其数值每提高 1%，会带动农业供给侧结构优化指数提升 0.345%。有效灌溉率变量的系数为 0.295，其影响程度仅次于技术进步。紧接着政策变量的系数为 0.279，说明国家农业政策的转向对农业供给侧结构变动产生明显影响。土地投入变量的系数为 0.163，每增加 1% 土地投入，优化指数增加 0.163%，表明增加土地投入对改善农业供给侧结构有积极影响。劳动力规模与供给侧结构优化指数呈负相关，农林牧渔从业人数每增加 1%，供给侧结构优化指数将下降 0.03%。这与四川农业劳动力还需要大量转移的研判结论相符。

4. 深刻分析农产品供需市场价格传递规律

　　农业供给侧结构性改革出发点是供给端，但是决定改革的信息必须依赖农产品价格传递，新型经营主体或广大农户生产是由市场需求和价格高低决定的，因此课题选择特大城市成都市分析主要农副产品价格变化规律、价格传递的效率。通过分析发现：农产品供给源头控制难，农产品价格调控的区间、频度和幅度难，农产品价格调控各主体的职责界定难，农产品价格预测和预警机制建立难。提出稳定四川主要农产品的供给来源，形成区域联动的主要农产品价格调控机制，完善农副产品相关市场及机制等对策。

目　　录

第二部分　专题报告

第一部分　综合报告

农业作为支撑经济迅速发展的基础产业，有着不可替代的作用。近年来，我国农业得到快速发展，不仅解决了人民群众的温饱问题，还为经济活动的平稳运行提供了丰富的物质资源。中国特色社会主义进入新时代，我国面临的矛盾也由温饱问题转化为供需不平衡问题，即中低端农产品供给过剩，高端、特色农产品供给不足，供给过剩与供给不足现象共存。农业供给侧结构性改革就是从供给端入手，通过各种方式调整农业产业结构，优化农业生产要素配置，改进农业生产方式，延长产业链，延伸价值链，使生产出的农产品更符合消费市场的需求。

第一章 绪 言

第一节 研究背景

农业提质增效必须加快推进农业供给侧结构性改革，是习近平总书记关于现代农业建设和农村现代化发展的重要思想。2015年底习近平总书记在中央经济工作会议上强调在适度扩大总需求的同时，要着力加强供给侧结构性改革，提高供给体系质量和效率，增强经济持续增长动力，这是供给侧结构性改革首次被提出。2016年中央1号文件提出了"推进农业供给侧结构性改革"的战略构想，明确"去产能、去库存、去杠杆、降成本、补短板"五大任务。2017年中央专门发布了关于农业供给侧结构性改革的1号文件，提出大力推进农业供给侧结构性改革，破解"三农"发展新难题，提高农业质量效益和竞争力，促进农民收入持续较快增长。2017年党的十九大提出乡村振兴战略，实施乡村振兴战略，产业振兴是基础，农业始终是重头。习近平总书记多次强调，要把推进农业供给侧结构性改革作为农业农村工作的主线。在2019年全国"两会"河南代表团的讲话中他又特别提出，"要推进农业供给侧结构性改革"，做到"不断提高农业质量效益和竞争力，实现粮食安全和现代高效农业相统一"。这是在当前复杂的内外部环境下，对重农抓质的再部署，对落实高质量发展要求的再加鞭，以实现农业农村优先发展战略。

党的十八大以来，习近平总书记先后数次对四川"三农"工作做出指示，从2013年"四川是农业大省，具有丰富的农业自然资源，具有做好'三农'工作的良好条件，必须扎实做好'三农'工作，加快发展现代农业。"到2017年"四川农业大省这块金字招牌不能丢，要带头做好农业供给侧结构性改革这篇大文章，推进由农业大省向农业强省跨越。"再到2018年年初"四川是'天府之国'，要加快推进乡村产业振兴、推动乡村生活富裕,把四川农业大省这块金字招牌擦亮。",要深化农业供给侧结构性改革,念好"优、绿、特、强、新、实"六字经,推动农业由增产导向转向提质导向。

习近平总书记对四川工作充分肯定,对四川发展尤其重视,对四川前景格外看好,对四川农业农村寄予厚望。而这一系列论断阐述,均来源于习近平总书记对中国国情、四川省情的精准把握,来源于习近平总书记丰富的农业农村工作经验,根植于习近平中国特色社会主义思想深厚的科学内涵。因此,在四川农业供给侧结构性改革研究中,必须深入学习、领悟习近平中国特色社会主义思想,深入贯彻习近平总书记对四川"三农"工作的指示和要求,善于从实践中总结和提升理论,从而推动四川农业农村改革发展提供理论与政策参考。

第二节　研究意义

现阶段,加快推进农业供给侧结构性改革是四川在深入学习贯彻党的十九大精神、习近平总书记"四川行"重要讲话精神、决胜全面建成小康社会关键时期的重大举措,是实现农业农村现代化发展的必然要求、满足新时代人民美好生活需要的根本保障、擦亮四川农业大省"金字招牌"的重要抓手、坚定四川农业自信的长远之计,对于维护国家粮食安全、保障农产品供给、实现富民强省、加快我国由传统农业大国迈进现代农业强国具有重大意义。

一、实现农业农村现代化的必然要求

建设现代农业产业体系、生产体系、经营体系,是现代农业内在特质和发展规律的全面体现,是农业供给侧结构性改革的核心内容。从内涵特质而言,现代农业包括农业产业体系、农业生产体系和农业经营体系三方面,产业体系是现代农业的结构骨架,生产体系是现代农业的动力支撑,经营体系是现代农业的运行保障。"三大体系"虽各有侧重,但又相辅相成。其中,现代农业生产体系侧重提高农业生产力,现代农业经营体系侧重完善农业生产关系,二者又共同支撑现代农业产业体系的发展,体现了现代农业生产力与生产关系之间相互作用、有机融合，"三大体系"共同构成了现代农业的内涵要求和必要内容，缺一不可。

从发达国家现代农业发展实践看，各国的农业现代化道路和模式虽然不尽相同，但在现代农业建设的内容上无一不包含"三大体系"。当前，着力构建现代农业产业体系、生产体系、经营体系，把握和适应现代农业发展的新趋势，使现代农业建设更加满足和符合现代农业的内在要求和发展规律，是现代农业建设的重要内容和重大举措，同时也是推动四川农业现代化的必然要求。

二、满足新时代人民美好生活需要的根本保障

中国特色社会主义进入新时代，我国正处于从经济高速增长向高质量发展转变的阶段。习近平总书记在十九大报告中强调必须把质量放在第一位，坚持以效益优先的原则，以供给侧改革为主线，推动经济发展与质量变革，把提高供给体系质量作为主要目标，努力提升我国经济的质量优势。新时代社会主要矛盾已转化为人民日益增长的美好生活需要和不平衡不充分的发展之间的矛盾，我国农业的基本矛盾也已经由总量不足转化为供需结构性矛盾。具体到农产品领域，主要表现为人民日益增长的对农产品安全优质需求和优质农产品供给数量不足之间的矛盾。随着人民群众收入水平的提高，城乡居民消费结构发生变化，对农业发展给予了更高期待，提出了更多要求：比起以往的"有没有"，如今更加关注"优不优"。这就要求不仅满足数量的需要，还需提供多层次、多样化、个性化、优质生态安全等要素，清新美丽的田园风光、洁净良好的生态环境同样不可或缺。

满足人民群众不断升级的消费需求，需着力建设现代农业体系，在稳定粮食生产能力、确保国家粮食安全基础上，积极调整农业生产结构，合理发展现代林业、畜牧业、水产业、园艺业，把提高农产品品质和附加值作为农业生产的主攻方向，推进农业高质量发展，实现农业生产由主要追求数量向更加重视品质、更加重视生态可持续发展方向转变，使农产品在数量、品质、生态三个方面都能满足人民日益增长的美好生活需要。

三、擦亮四川农业大省"金字招牌"的重要抓手

2018 年春节前夕，习近平总书记前往四川视察，谆谆嘱托"发展现代农业要走质量兴农之路"，要求树立新发展理念、落实高质量发展要求，叮嘱一定要擦亮农业大省的金字招牌，加快推动农业大省向农业强省跨越。自党的十八大以来，四川紧紧瞄准市场需求，主攻农业供给质量，持续优化现代农业产业体系、生产体系、经营体系，建基地、创品牌、搞加工，在全国创下"八个第一""五个率先"，初步蹚出一条具有四川特点的农业农村改革发展新路，这都是四川蹄疾步稳走好农业供给侧结构性改革之路、促进农业由大图强和擦亮农业大省金字招牌的努力与突破。

在新时代背景下，提高质量是扩大农产品区域品牌知名度和影响力的必然要求，要擦亮农业大省的金字招牌，就要求坚定不移走质量兴农之路。现阶段，需深刻认识并牢牢抓住历史机遇，用好、用活、用足国家的支农惠农政策，牢牢守住农产品质量安全底线，培育一批优质农产品品牌，不负总书记的殷切嘱托，全面提升农业质量效益竞争力、持续擦亮农业大省金字招牌、开启建设农业强省新征程。

四、坚定四川农业自信的基本遵循

近 10 年来，农产品过剩日趋突出，中国人吃饱了，食品安全提到了显著的地位，于是就有人附和国外势力唱衰中国农业，甚至提出中国人"吃了多少化肥、喝了多少农药"的谬论（据国际粮农组织统计，单位面积使用化肥最高的是日本）。作为全国农业大省与西部战略高地的四川，承接西部，连接东中部，是全国"三农"问题较为突出的区域、推进新一轮工业化和城镇化的重点区域、内需增长极具潜力的区域，在新时期国家区域发展格局中占有举足轻重的战略地位，属于名副其实的农业大省。尤其在改革开放的 40 年来，四川农业创造出丰富的经验和典型，土地银行和农村产权制度改革，以及农业职业经理人制度，城乡融合发展等诸方面都取得长足发展，为中国农业农村改革发展提供了许多政策借鉴和参考。尽管四川存在人多地少、耕地破碎率高、现代化程度低、农业从业人员素质普遍不高、传统优势产业的地位不稳、农业产业结构不优等现实问题，

但都江堰自流灌溉的"天府之国"是四川粮油生产的核心区域，四川口粮是绝对安全的。近年来，四川产粮大县探索出许多水稻种植绿色行动模式：大田以稻鱼、稻虾、稻鸭、稻鳅等种养结合方式。据 2018 年 4 月在三台调研，该县发展稻鸭模式 40 万亩，而且这种种养循环模式大量辐射周边县（市、区）乃至全省。四川森林蓄积、面积居全国第三，西南第一。四川林竹业上利用产业融合大力发展林药、林菜、林菌、林禽等模式，安州区一龙头企业林下养鸡，有机鸡蛋 10 多元一枚远销上海。农业生态循环方面，大力实施"猪—沼—菜（果、粮）"，川北丘陵区还尝试了果园、菜园中建猪圈、牛圈或羊圈。在川中、川南丘陵区果园中养鹅除草，免用除草剂，既降低成本，又提高果品质量，保护环境，增加收入，在调研发现资中县农户种植血橙采用这种模式。射洪县柑橘种植引鹅（四川白鹅）入果园除草，引养殖生猪企业入住果园提供有机肥料，实现农业内部种养融合，生产绿色生态果品。四川生猪出栏一直保持全国第一；是全国油菜籽生产基地省，油菜籽生产位居全国第一；晚熟柑橘是全国最佳适宜区，种植面积和产量居全国第一，水果大量出省、出口；蔬菜是国家南菜北运基地省，四川泡菜出口海外；四川是花椒原产地，无论是种植面积还是产量均居全国第一，幺麻子占有 70% 的市场份额，四川麻辣调味品销往全球；四川是农村第三产业"农家乐"发源地，攀西阳光康养正在成为中国一年四季的康养、医养中心。只要坚持走质量兴农道路，坚定四川农业自信的基本遵循，四川省农业必然在乡村振兴战略实施过程中再创佳绩。

第二章 研究的理论基础、文献综述及理论框架

第一节 理论基础

一、习近平总书记关于三农工作重要论述

习近平新时代中国特色社会主义思想，是新时代中国共产党的思想旗帜，是国家政治生活和社会生活的根本指针，是当代中国马克思主义、21世纪马克思主义。习近平总书记关于三农工作重要论述是其重要的组成部分，内容十分丰富，涵盖"三农"各个方面，科学回答了新时期"三农"发展的许多重大理论与现实问题，体现了习近平总书记对"三农"问题的深入研究、深谋远虑和深厚感情，形成了新时期解决我国"三农"问题的理论探索与顶层设计。

（一）"三个必须""三个不能""三个坚定不移"

"三个坚定不移"从全局角度明确了"三农"工作重点，在关键时期释放了党中央高度重视"三农"工作的强烈信号，表明了我们党坚定深化农村改革、加快农村发展、维护农村和谐稳定的政策目标，既是加快农村改革的响鼓重槌，也是推进"三农"发展的必由路径。这三个方面的论述，虽各有侧重，但主题一致、相辅相成，既有着眼长远的战略判断又有立足当前的政策部署，既有理论的继承和创新又有实践的总结和发展，既有历史经验又有现实思考。

这些思想进一步丰富和发展了我们党的"三农"思想，集中体现了我们党对农业农村改革发展稳定的坚定自信和对亿万农民群众的责任担当，是指导新时期"三农"工作的强大思想武器。

（二）重视农业农村经济发展战略

始终把解决好"三农"问题作为全党工作重中之重，是习近平新时代

中国特色社会主义思想的重要内容。习近平同志在正定工作期间强调"搞经济，搞大农业，都需要多一些战略眼光，从时间上看得远一些，从空间上看得宽一些。"在福建工作期间提出"经济越发展就越要稳定农业、加强农业"，反复强调"三农"工作的战略地位。

习近平总书记高度重视农业农村经济发展战略的思想，有助于我们提高对实施乡村振兴战略实现产业兴旺的重大意义的认识。习近平同志在正定工作期间提出了"搞活农村经济，使农民有更多的发展余地，这是时代的要求，党的要求，农民的希望"，明确了农村经济发展战略定位。新时代新使命，解决"三农"问题，仍然要高度重视农业农村经济发展战略。

习近平总书记高度重视农业农村经济发展战略的思想，有助于我们处理好乡村产业兴旺与城镇化关系。习近平同志在正定工作期间提出的"不丢城，不误乡，利城富乡"，在福建工作提出的"合理引导农村劳动力转移，把发展现代农业与推进城乡一体化进程有机地结合起来的途径"，给实施乡村振兴战略指明了重要方向。

（三）农业农村经济发展要富裕农民

加快构建现代农业产业体系、生产体系、经营体系，拓宽农民增收渠道，是习近平总书记农业农村经济发展思想的重要内容。

习近平同志早期在实际工作中提出的发展大农业思路，就是实施乡村振兴战略融合发展农村一二三产业思想的重要来源，这对于以农业供给侧结构性改革为主线，调整优化农业结构，转变农业发展方式，拓宽农民增收渠道具有重要的指导意义。

（四）农业农村经济发展要靠深化改革

巩固完善农村基本经营制度是发展农业农村经济的根本动力。习近平同志在正定工作期间指出"统分结合这种经营方式是中国农民的杰出创造，它有广泛的适应性和强大的生命力。"坚持家庭经营，完善统一服务，是农业农村经济发展的基本方向。承包地二轮承包到期后再延三十年，是对农村基本经营制度的坚持；承包地所有权、承包权和经营权"三权"分置，壮大集体经济，发展农民合作组织，是新时代对农村基本经营制度的完善。习近平总书记巩固关于完善农村基本经营制度的思想是处理农村改革、稳定和发展关系的根本原则，是实施乡村振兴战略的重要制度供给。

针对分散农户经营面临的社会化服务难题，习近平同志在正定工作期间强调"要搞好供销社体制改革，真正办成农民集体所有的合作商业，成为农村经济的综合服务中心。"习近平总书记有关发展农民合作组织方面的论述是完善农村基本经营制度的重要方向，在实践中应把建立健全社会化服务体系放在重要位置。

激发农村要素市场活力和经营主体活力是农村改革的重点。习近平总书记有关农村产权改革和培育新型农业经营主体等方面的论述，是推进新时代开展农村土地和集体资产确权登记颁证、消除要素流转体制机制障碍、构建新型农业经营主体、发展农业农村经济等工作的重要行动指南。

二、马克思主义政治经济学

（一）生产力和生产关系理论为农业供给侧结构性改革提供了总依据

物质资料的生产方式是由生产关系和生产力两方面构成的。生产方式的物质内容主要是由生产力构成，而物质资料的社会形式主要是由生产关系构成。生产力与生产关系之间的关系是辩证统一的。生产力决定生产关系，这包括生产力决定生产关系的性质而且还随着生产力的变化而变化。生产关系反作用于生产力，主要体现在两个方面。当生产关系适应生产力的发展会促进生产力的发展，当生产关系不适应生产力的发展就会阻碍生产力的发展。生产力与生产关系理论中，最重要的是生产—分配—交换—消费"对立统一"关系。生产就是供给，没有生产就不会有分配、交换和消费等环节。马克思所讲的生产是建立在唯物历史观上的生产理论。马克思在其著作《政治经济学批判导言》中，就充分的表达了这一思想。马克思认为，物质生产是在一定的历史阶段上的生产，生产不仅包括社会产品的生产同时也是生产关系的生产。但是生产—分配—交换—消费的对立统一关系是有主次之分的。其中，生产是决定性环节①，没有生产也就没有后续的其他环节。

第一，生产决定分配，生产不仅生产了劳动产品而且还生产了社会关

---

① 李波. 马克思主义政治经济学理论视角下的我国农业供给侧结构性改革研究 [D]. 沈阳：中共辽宁省委党校，2018.

系。而分配对生产也具有反作用，如果分配的合理能促进生产的发展如果分配不合理就会阻碍生产的发展。第二，生产决定消费，生产什么我们才能消费什么，不能生产我们无论如何都无法消费，因此，生产决定消费毋庸置疑。但是消费对生产也具有重大的作用，如果无法消费价值就得不到实现，最终导致无法进行生产，因此，消费的反作用也不可忽视。第三，生产决定交换，无论如何交换都是以生产出来的产品或者能力为基础，没有生产也就没有交换，并且生产决定交换的性质和发展程度。因此，生产—分配—交换—消费之间的关系是相互作用的，每一个有机整体都是一样的。生产即供给理论，为农业供给侧结构性改革提供了重要的理论依据。要想改变农业发展现状必须从供给入手从根源入手。

（二）资本主义经济危机是农业供给侧结构性改革的重要警示

马克思在描述资本主义国家发生经济危机时，认为经济危机包括四部分即危机、萧条、复苏和高涨四个阶段。但是资本主义国家的经济危机并不是天天发生，具有间接性和周期性的特点。经济危机发生时民不聊生，人民忍饥挨饿失去就业，企业倒闭，生产停滞，金融系统陷入崩溃边缘，经济发展一片混乱，给社会带来许多隐患，国家的经济、社会等各个方面发生严重倒退，许多产品生产过剩无法销售。但是过一段时间的自我修复，资本主义国家就会逐渐走出经济危机的阴影，重新走上经济发展的快车道。这其中，市场出清发挥了至关重要的作用，市场通过对原有的供给体系进行毁灭性的破坏之后，重新建立新的供给体系才能逐渐走出经济危机的阴霾。这却造成了社会、经济发展的不稳定性，起起伏伏，大起大落。因此，我们在进行农业供给侧结构性改革的时候要避免农业经济危机的发生，避免农业经济的崩盘。因此国家要积极地采取措施进行农业供给侧结构性改革的同时，维护已有的农业供给体系，使现有的农业供给体系更加稳定优化，更加符合市场的需求。因此，资本主义经济危机理论是我国农业供给侧结构性改革的重要警示，绝不可走上经济危机的路子，要坚决避免农业经济发展发生动荡，促进农业健康稳定发展。

（三）社会总资本再生产理论是农业供给侧结构性改革的重要依据

马克思在其著作《资本论》中并没有谈论社会总需求与社会总供给之间的平衡关系。但是我们可以从《资本论》社会总资本再生产理论中可以寻找到社会总供给与社会总需求之间的关系。我们依然可以从中得知马克思关于两者之间关系的看法，即社会总需求与社会总供给之间一定要保持平衡。并且，我们也可以从社会总资本理论中发现生产结构之间的平衡关系的影子。

马克思的资本再生产理论蕴含着丰富的政治经济学思想，其中最主要的就是总供给与总需求之间要保持平衡，同时结构和比例之间也要保持平衡。这种思想为我国农业供给侧结构性改革提供了理论来源，丰富了我国农业供给侧结构性改革的理论。

（四）马克思主义生态理论为农业供给侧结构性改革提出新要求

马克思主义生态理论包含了丰富的思想特别是人与自然之间关系的思想为我国农业供给侧结构性改革提出了新的要求。人与自然之间的关系问题不是现在才有的问题，其实在马克思、恩格斯生活的时代就已经存在。由于受历史局限性的影响，普通大众并没有意识到人与自然的正确关系。第一次工业革命以后人类征服自然的能力进一步加强，人类贪婪地从自然界中无节制地掠夺资源、破坏环境。人类普遍认为，人凌驾于自然之上，人是自然之主。这种错误的关系定位严重地破坏了人与自然之间的关系，更是破坏了自然环境，造成严重的生态危机。马克思认为"人创造环境，同时环境也创造人"，自然界是人类生存的无机的身体。马克思强调无论是人类还是其他生物都无法离开自然界而生存，只不过人类要比其他的动物赖以生存的自然界的范围要更加广泛，人类的生存只有靠从自然界中获取资源才能生存[①]。因此，人类的生存离不开自然界，自然界为人类提供了生存所需的一切资源，哺育了人类，人类只是自然界的一部分。我国在进行农业供给侧结构性改革的过程中要减少化肥、农药的使用量，提高水资源的利用效率。不能对土地进行无禁止的过度开垦和利用。马克思主义生态理论为农业供给侧结构性改革提出了新的要求，在改革的过程中一定要注重保护环境，提高资源的利用率，让农民在绿水青山中创造财富。

三、微观经济学的供求理论

微观经济学是宏观经济学的对称，其研究的核心问题是如何将既定的

---

① 李波. 马克思主义政治经济学理论视角下的我国农业供给侧结构性改革研究 [D]. 沈阳：中共辽宁省委党校，2018.

经济资源进行有效的分配，从而使资源尤其是稀缺资源得到最优配置。因此，对供给与需求的分析是研究农业供给侧结构性改革理论分析的逻辑起点。

供给理论的渊源可以追溯到 19 世纪初，著名的古典经济学家詹姆斯·穆勒认为生产者为达到消费目的进行生产性的劳动，形成对其他生产者的商品需求，一定数量商品的供给也就带动了相同数量商品的需求。让·巴斯蒂特·萨伊（Jean - Baptiste Say，1767）继承和发展了穆勒的思想，提出了著名的萨伊定律，即商品供给会为自己创造出需求，总供给与总需求必定是均衡的。萨伊定律成为主宰古典学派主流思想的理论基础。第二次世界大战后，凯恩斯主义在西方国家盛行，成为西方国家制定政策的理论依据，效果显著。但是，凯恩斯主义错误地理解资本主义经济机制，盲目扩大需求，最后导致生产停滞、物价上涨、经济萎靡、人民失业，于是凯恩斯主义受到挑战。罗伯特·芒德尔（Robert A. Mundell，1932）最先提出供应学派理论的基本思想。在美国出现高通货膨胀和高失业率困境时，他主张通过紧缩货币供应量来抑制通货膨胀，通过减少税收来刺激经济。虽然芒德尔的主张在当时受到大多数人的反对，但却引起了阿瑟·拉弗、裘德·万尼斯基等人的注意。阿瑟·拉弗（Arthur B Laffer）提出了著名的拉弗曲线，他认为总是存在产生同样收益的两种税率，所以当税收减少时，政府收入不一定会减少，政府应从供给方面及长期调节方面来考虑干预政策。裘德·万尼斯基（Jude Wanniski）的《世界运转方式》被公认为供给学派的第一部理论著作。供给学派认为，需求会自动适应供给的变化，应该从增加资本、劳动力等要素供给来促进经济增长、制定经济政策①。

第二节　文献综述

一、农业供给侧结构性改革的科学内涵

供给侧结构性改革在不同的领域所赋予的具体内容各不相同，在研究农业供给侧结构性改革之前，首先要明确其内涵及内容，学者们就此做了

---

① 周敏. 安徽省农业供给侧结构性改革的路径研究 [D]. 合肥：安徽农业大学，2018.

较为丰富的解释。

"农业供给侧结构性改革"一词于 2015 年 12 月的中央农村工作会议首提，立即引发了学术界的研究兴趣。基于对供给学派主要理论的梳理，胡鞍钢（2016）提出：我国的供给侧结构性改革实质是经济结构的调整和经济发展方式的转变，通过提高结构的适应性和灵活性，最终提高全要素生产率。这就是农业供给侧结构性改革的主攻方向。张征（2019）、丁任重（2016）认为供给侧改革是相对需求侧而言的，农业供给侧改革必须强调对劳动力、土地、资本等生产要素的有效供给和高效率利用。杨秋宝（2019）、余永定（2016）认为，结构性改革的目的是以提高劳动要素生产率促进经济增长。具体到农业领域，应包括优化资本市场、完善劳动力市场、增加科技研发投入、简化审批流程、降低行业准入门槛和注重行业人才培育等。

知名专家对此也做了深入研究。吴敬琏（2016）认为可以将结构性改革理解为体制改革。厉以宁（2015）认为供给侧结构调整应包括部门结构调整、区域经济调整、技术结构调整三大内容。对于供给侧结构性改革的核心，罗良文（2016）认为能够有效提高社会生产效率的创新，而不是供给本身。只有创新，才能使生产力和效率有所突破，从而创造出新的需求。鉴于我国农产品供求已呈现"总量基本平衡、结构性矛盾突出"的局面，陈锡文（2016）提出了要"加强现代农业建设"的观点，并认为优化生产要素组合是建设现代农业的前提，而发展新型农民合作组织是其现实途径。江维国（2018）在此基础上，总结性地提出农业供给侧结构性改革意即从农产品供给而非需求视角入手，重组或优化各类农业生产要素配置，促进农业生产及其产品供给结构优化，增加农产品有效供给的中长期视野的农业宏观调控。

二、农业供给侧结构性改革面临的困境及问题

为什么要进行农业供给侧改革，即农业供给侧结构性改革的必要性是学者们研究的重点之一。王平等（2016）通过计算我国各省区 2001—2015 年农业供给侧改革能力综合指数，得出研究结果：我国农业供给侧改革能力明显增强，但要素贡献不均匀，区域上呈现出中、东、西部由高到低的弱"阶梯式"差异。罗必良（2017）探讨了中国农业供给侧改革面

临着主要农产品连续多年的"三量齐增"，以及物质成本、人工成本、土地成本"三本齐升"的问题，而农业成本高的关键原因是小规模分散化的农户经营格局。李萍（2017）指出，中国农业供给面临着生产分散化、人才短缺、缺乏优质高端农产品、面源污染等问题。王宁、王凯（2017）以宁波为例，指出农业供给现状主要存在于供需结构失衡、要素配置不优、环境问题突出、持续增收乏力、抗灾能力薄弱。和龙等（2016）、杨建利等（2016）、彭建涛（2016）、韩一军等（2017）对农业供给侧结构性改革面临的主要问题进行了研究，认为我国农业供给侧改革面临农业产业结构失衡、农户经营规模小、农业生产要素的利用率较低，生产成本高、农业科技落后、农业产业链较短等问题，都在不同程度上制约着农业供给侧结构性改革的推进。

三、农业供给侧结构性改革的方向及路径

农业供给侧结构性改革如何进行是也学者们争相建言献策的地方，在改革土地制度、调整农业供需结构、发展农业互联网、增强政府职能四个方面形成了共识。

土地制度改革方面：谢冬文（2017）认为地方政府竞争和土地供给垄断两个因素对城市化发展失衡存在着显著正向影响，即地方政府间竞争越激烈，土地供给数量越多，人口城市化与空间城市化发展失衡的程度就越严重。因此，推进地方政府竞争模式和土地供给制度改革，是实现人口城市化与空间城市化均衡发展的有效途径。

农业供需结构调整方面：喻志华（2018）认为农业产业组织方式的不规范和农业产业结构的不合理是当前农业发展存在的关键问题，必须加以解决。尹成杰（2018）指出，目前我国农业市场发展滞后于总体经济市场，农业资金、技术等生产要素市场化程度较低，需要进行农业经济结构调整，不断提高农业产业化水平和市场化程度，保证农业经济的可持续发展。冯志强（2017）、漆雁斌（2019）、张社梅（2017）提出通过有效配置农业资源、调整农产品品种结构、调整产品层次结构，提高全要素生产率，在保证粮食安全的前提下，推进农业供给侧结构性改革，实现农业结构调整。

发展农业互联网方面：江俊华（2018）以常州供销合作社发展为实

践，提出利用"互联网+"推进农村合作金融规范发展，加强农业与银行、保险集团等金融机构的合作，因地制宜开展融资租赁、小额贷款、融资担保、农业互助保险等业务，提升商业模式与合作渠道，提高农业供给的效率。陈锡文（2019）、张海鹏（2017）特别强调应该多加关注农产品的安全和质量，实现农业绿色发展，让农产品质量提高和农民收入增加实现良性循环。刘世洪（2018）认为，通过将通信技术、信息技术等先进科学技术应用到农业经济活动中，使科技创新深度渗透到农产品生产销售、农村综合信息服务、农业政务管理等各环节，高效利用农业信息资源，积极推进农业供给侧改革，加快农业现代化发展。

在增强政府职能方面：王文涛（2016）认为在推进农业供给侧结构性改革过程中，政府要大力加强对国内农产品的宣传营销，成立农产品行业协会，在各方的监督下，提高本国农产品质量安全，打造本国农产品品牌，有效提升国内农产品的市场竞争力。孙蕊（2017）提出要构建新型农业产业组织体系，重点支持家庭农场、特色种养大户、农业合作社、龙头农业企业的发展，不断完善农业产业组织制度。朱艳菊（2016）、王利云（2016）、潘坤（2017）都提出新型职业农民的培育计划，通过政府支持有针对性的各类农业培训项目，培育专业化、职业化的新型农业经营主体[1]。

四、国内外研究评述

从国内外文献研究现状分析得知，对于供给侧改革的研究历时已久，研究领域与内容不断拓展，研究成果丰富，但目前研究上还存在一些不足[2]：

（1）对于供给侧的研究涉及各个方面，但研究领域主要集中于全局视角和工业层面，农业方面的研究仍然十分薄弱。在农业供给侧结构性改革研究领域中，研究内容侧重于背景、原因、内涵、任务和对策建议等方面，对实现路径的研究相对较少，尤其是对于具体可行的实现路径的研究较少。而目前针对实现路径的研究中，定性研究较多而定量研究屈指可

---

① 郭燕. 甘肃省农业供给侧改革路径研究 [D]. 兰州：兰州财经大学，2018.
② 阳杨. 基于"钻石模型"下的四川省农业竞争力研究 [D]. 昆明：云南财经大学，2016.

数，宏观、抽象的研究较多而具体、深入的研究相对缺乏，且往往局限于单一路径，尚未形成完整、系统的农业供给侧结构性改革实现路径体系。

（2）现有研究多以宏观层面农业理论分析为主，对相对中观省级及微观地级市农业可操作性研究缺失。

（3）现有研究对结构性过剩问题，如何调整农业结构，深化改革，尚未形成准确概念，缺乏系统性研究体系。国内外文献虽然从供给、路径、制度等方面探讨了农业供给侧结构性改革各种问题，但从整体上可知，大多数研究仍局限于农业供给侧结构性改革的某一方面、问题等进行描述性分析，缺乏从概念、特定成因及具体对策分析的系统研究框架。

综上所述，本书用最新数据资料，借鉴以往学者关于农业供给侧结构性改革的研究方法从横向和纵向两个方面对四川省农业供给侧结构性改革成效进行比较，以期正确把握四川省农业发展现状，为政府政策制定结构性调整措施提供一定的理论参考。

第三节　研究框架

本研究以习近平新时代中国特色社会主义思想为指导，以马克思主义政治经济学为基础，以问题导向农业供给与需求为出发点，深入乡村、深入基层："走村串户，跨圈穿林，考察基地，调研超市，座谈交流"。参考经济理论、借鉴相关研究并结合四川省实际，构建农业供给侧结构性改革实现路径的研究框架，如图1所示。

目标、本质和核心是紧密联系、相互促进的整体，四川省农业供给侧结构性改革的实践中，应协调统筹好三者之间的关系。

改革目标是实现农业供需有效对接。已有理论和实践均已证明，供给和需求是经济运行一体两面，两者相辅相成、互相影响。实施农业供给侧改革不仅要挖掘供给创造需求的潜能，也需要需求倒逼来促进供给的改善[1]。

---

[1] 张社梅，李冬梅. 农业供给侧结构性改革的内在逻辑及推进路径 [J]. 农业经济问题，2017，38（08）：59-65.

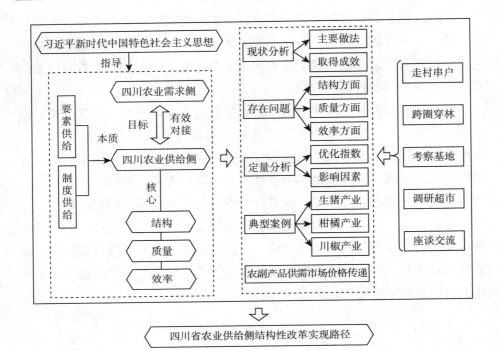

图 1　农业供给侧结构性改革路径研究框架

　　改革本质在于要素供给和制度供给。各类要素供给的数量直接决定了供给总量，而要素供给的质量以及供给方式则会对供给结构的形成、供给质量的提升产生影响。制度供给是农业经济发展的重要保障，一方面可以降低交易成本，增加生产主体活力；另一方面可以通过结构性调整，提高供给的质量和效益。因此，农业供给侧改革的本质在于：通过增加要素数量、鼓励创新、提高生产效率、优化配置效率、增加制度和政策供给等手段，弥补经济发展过程中质量不高、效益低下、竞争力不足的发展缺陷，提高市场活力和经济效率，使得有效供给与有效需求相匹配，以实现经济质量效益型健康发展①。

　　改革核心是调结构、提质量、升效率。2017 年中央 1 号文件指出，

---

　　① 韩一军，姜楠，赵霞，柳苏芸．我国农业供给侧结构性改革的内涵、理论架构及实现路径[J]．新疆师范大学学报（哲学社会科学版），2017，38（05）：34—40＋2.

农业供给侧结构性改革核心为优化产业体系、生产体系、经营体系，提高土地产出率、资源利用率、劳动生产率，优化农、林、牧、渔产业结构与产品结构，促进农业农村发展向绿色生态可持续、更加注重满足质的需求转变。随后，农业部印发的《关于推进农业供给侧结构性改革的实施意见》指出，应推进结构调整，提高农业供给体系质量和效率。因此，农业供给侧结构性改革核心在于结构、质量和效率（黄兴国，2016）。

结合以上理论分析，本研究从四川农业供给侧现状出发，厘清目前存在的问题，定量分析改革成效，选取四川典型产业改革案例展开分析并总结经验，在此基础上提出农业供给侧结构性改革的实现路径，为实现农业农村发展动能的转换提供理论依据。

第三章 四川省农业供给侧结构性改革现状分析

2017年3月8日，习近平总书记在参加十二届全国人大五次会议四川代表团审议时强调，四川农业大省这块金字招牌不能丢，要带头做好农业供给侧结构性改革这篇大文章，推进由农业大省向农业强省跨越。2018年年初到川视察时又再次强调"四川是'天府之国'，要加快推进乡村产业振兴、推动乡村生活富裕，把四川农业大省这块金字招牌擦亮"。近年来，四川也积极贯彻习近平总书记对四川"三农"发展的重要指示，多措并举推进农业供给侧结构性改革，取得了显著成效。

第一节 农业供给侧结构性改革主要举措

一、强化顶层设计，完善制度保障

为推进农业供给侧结构性改革，加快农业大省向农业强省跨越，四川省委、省政府于2017年年初制定了《以绿色发展理念引领农业供给侧结构性改革切实增强农业农村发展新动力的意见》（川委发〔2017〕1号），从优化产品结构、优化产业结构、强化农业供给物质支撑、深化农村改革、脱贫攻坚等五大方面进行了安排部署。在习近平总书记关于四川省推进农业供给侧结构性改革讲话以后，四川省又研究制定了《中共四川省委、四川省人民政府关于推进农业供给侧结构性改革加快由农业大省向农业强省跨越十大行动方案》（以下简称《行动方案》）。《行动方案》从产业基地建设、农产品加工业壮大、"川字号"知名品牌打造、农业清洁生产、科技创新引领、农业供给新业态发展、新型职业农民教育创业、经营和服务主体培育、山水田林保护发展和民族地区产业脱贫等十个方面入手，系统提出了农业供给侧结构性改革的路线图、时间表和责任书，全面部署了农业大省向农业强省跨越的重点任务，成为当前和今后一个时期四川省"三农"工作的纲领性文件。除此之外，《推进农业供给侧结构性改革 加快四川农业创新绿色发展行动方案》《四川省推进畜牧业转型升级绿色发展的意见》《四川省创新体制机制推进农业绿色发展实施方案》等文件的出台，也为四川省深入推进农业供给侧结构性改革提纲挈领，为下一步四川农业创新绿色发展的改革方向奠基定调。

表1 四川省农业供给侧结构性改革相关政策一览表（部分）

文件名称	发文单位	发文时间
《关于加快新型职业农民培育工作的意见》	川办发〔2015〕77号	2015.8.21
《关于培育和发展家庭农场的意见》	川办发〔2015〕89号	2015.10.29
《关于扎实推进新一轮现代农业林业畜牧业重点县建设的意见》	川府发〔2016〕23号	2016.5.13
《推进农业供给侧结构性改革加快四川农业创新绿色发展行动方案》	川办函〔2016〕174号	2016.11.1
《关于以绿色发展理念引领农业供给侧结构性改革切实增强农业农村发展新动力的意见》	川委发〔2017〕1号	2017.1.15
《关于做好"粮改饲"青贮玉米示范区建设工作的通知》	川农业函〔2017〕125号	2017.2
《关于进一步健全基层农技推广服务体系的意见》	川办函〔2017〕55号	2017.3.27
《关于加快发展稻渔综合种养的指导意见》	川农业函〔2017〕324号	2017.4.24
《关于加强农产品品牌建设的意见》	川办发〔2017〕53号	2017.5.31
《关于服务保障农业供给侧结构性改革加快培育农业农村发展新动能的意见》	国土资源厅	2017.6.1
《关于支持新兴农业经营主体开展农业社会化服务的指导意见》	川办发〔2017〕55号	2017.6.8
《推进农业供给侧结构性改革加快由农业大省向农业强省跨越十大行动方案》	川委〔2017〕303号	2017.7
《关于加快农产品加工业发展的实施意见》	川办发〔2017〕78号	2017.8.11
《关于加快推进现代农业产业融合示范园区建设的意见》	川办发〔2017〕80号	2017.8.14
《关于稳步推进农村集体产权制度改革的实施意见》	川委发〔2017〕27号	2017.10.1
《四川省推进畜牧业转型升级绿色发展的意见》	川办发〔2017〕97号	2017.10.20
《关于加快推进畜禽养殖废弃物资源化利用的实施意见》	川办发〔2017〕99号	2017.11.12

（续）

文件名称	发文单位	发文时间
《全省农业四区四基地建设实施方案（2017—2022年)》	川农业函〔2018〕16号	2018.1.5
《关于加强农业职业经理人队伍建设的意见》	川办发〔2018〕31号	2018.5.11
《四川省创新体制机制推进农业绿色发展实施方案》	川委办发〔2018〕32号	2018.9.24

二、突出重点任务，精准推进改革

在农业供给侧结构性改革过程中，四川省以建基地、创品牌、搞加工为重点任务，精准推进改革发展。一是加快现代农业基地建设。深入推进新一轮33个现代农业重点县、30个现代林业重点县、27个现代畜牧业重点县、20个川产道地中药材保护和发展示范县建设，详见表2。二是实施品牌建设"五大工程"。实施品牌孵化工程，新增一批在消费者心中有质量、有信誉、有市场、有优势的拳头产品。实施品牌提升工程，做优存量，促进一批具有一定知名度的老品牌做大做强。实施品牌创新工程，强化老字号品牌传承和保护，弘扬一批特色品牌。实施品牌整合工程，坚持发展本土品牌与引进品牌相结合，打造一批旗舰品牌。实施品牌信息工程，大力实施"互联网＋四川农产品"行动，打造一批四川农产品电商品牌。三是推进农产品加工业跨越发展。围绕粮油、水果、蔬菜、茶叶、中药材以及畜产品、水产品等特色优势农产品，大力发展农产品原产地初加工。围绕新型工业化产业示范基地建设要求，加快发展农产品深加工。实施农业产业化龙头企业"排头兵"工程，强化政府引导，强化金融支持，努力扩充"大企业、大集团"群体。

表2　四川省现代农业林业畜牧业建设重点县（2016—2018年）名单

建设类型	县（市、区）	建设数量
现代农业建设重点县	富顺县、米易县、泸州市纳溪区、合江县、绵竹市、中江县、绵阳市安州区、三台县、旺苍县、青川县、大英县、峨眉山市、犍为县、马边县、阆中市、南部县、蓬安县、眉山市东坡区、仁寿县、屏山县、高县、宜宾县、广安市广安区、邻水县、达州市达川区、大竹县、雅安市雨城区、乐至县、理县、黑水县、泸定县、乡城县、盐源县	33

（续）

建设类型	县（市、区）	建设数量
现代林业建设重点县	金堂县、崇州市、米易县、盐边县、叙永县、合江县、绵竹市、盐亭县、旺苍县、射洪县、资中县、夹江县、峨眉山市、西充县、营山县、宜宾市翠屏区、筠连县、岳池县、广安市广安区、开江县、渠县、达州市通川区、巴中市恩阳区、汉源县、眉山市彭山区、简阳市、黑水县、九龙县、德昌县、宁南县	30
现代畜牧业建设重点县	自贡市大安区、盐边县、泸县、古蔺县、德阳市旌阳区、梓潼县、盐亭县、广元市昭化区、剑阁县、遂宁市船山区、蓬溪县、资中县、仪陇县、营山县、丹棱县、江安县、筠连县、宣汉县、开江县、芦山县、南江县、通江县、简阳市、小金县、理塘县、会东县、美姑县	27

三、注重载体建设，推动示范发展

优质高效的载体平台是农业供给侧结构性改革的根本要素之一，四川省在深入推进国家粮食生产功能区、重要农产品保护区、特色农产品优势区以及现代农业产业园、科技园、创业园"三区三园"建设的同时，积极推动"四区四基地"建设。一是以主体功能区规划和优势农产品布局为依托，深入推动国家粮食生产功能区、重要农产品保护区、特色农产品优势区的划定工作。四川省委十一届三次全会《中共四川省委关于全面推动高质量发展的决定》指出"高水平建设一批现代农业产业园区、农产品加工园区、农业科技示范园区"，并明确提出"创办中国天府农业博览园"。成都市重点打造 66 个产业功能区，其中，由崇州市天府优质粮油功能区领衔的成都市涉农产业功能区集群，通过体制机制创新，招引优质项目技术资金，加快建成服务全川的农村社会化服务总部基地、农业科技"两化"服务总部基地、农商文旅体融合发展孵化基地，构建优质粮油产业生态圈，打造美丽宜居公园城市的乡村振兴示范区。二是以实施"再造一个都江堰灌区"和高标准田建设为重点，深入推进农田水利基础设施、村级公共服务和社会管理等重大项目建设，完善农业生产、流通和营销等配套基础设施，加快推动全国优质粮油产品生产基地、全国优质特色农产品供给基地、国家优质商品猪战略保障基地、全国优质农产品加工基地等

"四大基地"建设行动。三是以推进农村产业融合发展为示范和引领，成立四川省农村产业融合联席会议制度，强化资金整合、土地要素保障、科技创新支持、用电用水服务等政策集聚，加快推动全国农村产业融合发展试点示范县和现代农业示范园区建设，建设一批农村产业融合发展重点项目，推进全国农业绿色可持续发展示范区、全国农村一二三产业融合发展示范区、全国农村改革示范区、全国农业休闲养生示范区等"四区"发展。

四、优化施策方向，保障政策落实

四川省围绕市场在资源配置中起决定作用和更好发挥政府作用，注重理顺政府和市场的关系，全面激活市场、激活要素、激活主体，积极为新型经营主体提供优质高效服务，为农业供给侧结构性改革注入强大活力。一是推动建立省级财政奖补机制，支持各地设立农业产业投资引导基金，推动现代农业产业基地和园区建设，发展规模化标准化生产、改善基地物质装备条件、提高基地综合生产能力。二是综合运用支农、扶贫再贷款，引导金融机构支持现代农业、粮食产业、中药产业、创业惠农基地建设。通过资本金注入、风险金补偿、业务费补助等方式，支持构建覆盖四川全省的农业担保体系，引导金融资本推动新型经营主体壮大和现代农业产业发展。三是通过实施土地整治项目、城乡建设用地增减挂钩试点项目等新增的耕地和节约的建设用地，优先用于农村产业融合发展。探索将农产品初加工设施用地纳入农业附属设施用地范围，按农用地管理，不办理农用地转用审批手续。四是完善品牌创建激励机制，引导成立以企业为主体的品牌促进会，支持农业品牌企业获取核心技术专利权，支持现代农业园区、涉农企业、合作社、协会统一使用区域公用品牌。五是加快建立健全发展现代生态循环农业等政策和法规，建立以绿色生产为导向的农业补贴制度，采取PPP、政府购买服务模式，引导和鼓励社会资本参与农业农村基础设施建设，投资污水、垃圾、污泥处理等环境保护基础设施建设和运营。六是加大农业科技创新投入力度，财政农业科技投入占本级财政支出比重达到0.5%以上。

第二节　四川省农业供给侧结构性改革取得的成效

一、农业结构不断优化

（一）粮食作物播种面积逐年减少，粮食产量稳中有升

在两藏战略的统领下，粮食作物播种面积由 2016 年的 645.4 万公顷、2017 年的 644.1 万公顷减少至 2018 年的 626.6 万公顷，粮食产量分别为 2016 年 3 483.5 万吨、2017 年 3 498.4 万吨、2018 年 3 493.7 万吨，粮食安全得到保障。详见图 2。

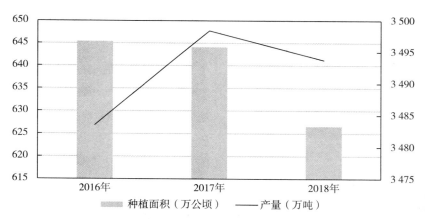

图 2　四川省 2016—2018 年粮食作物种植面积及产量变化图

（二）经济作物全面开花，特色农产品发展迅速

由表 3 所示，油料作物播种面积由 2016 年的 130.7 万公顷、2017 年的 133.7 万公顷增至 2018 年的 149.1 万公顷，产量则由 2016 年的 313.6 万吨、2017 年的 323.5 万吨增至 2018 年的 362.6 万吨，其中，油菜籽产量 290 万吨左右，菜油消费 100 万吨以上，产销量均居全国第一。中草药材播种面积由 2016 年的 11.7 万公顷增至 2017 年的 13.3 万公顷再调至 2018 年的 12.4 万公顷；产量由 2016 年的 45.9 万吨增至 2017 年 51.2 万吨再发展至 2018 年的 44.8 万吨，基本保持稳定。蔬菜播种面积由 2016 年的 137.2 万公顷发展至 2017 年的 140.6 万公顷再回落至 2018 年的

136.4 万公顷，蔬菜及食用菌产量则由 2016 年的 4 365.7 万吨增至 4 423.8 万吨，单位产出逐年递增。除此之外，茶叶、园林水果规模与产出也呈逐年增加的趋势，发展"竹叶青"为代表的高端名优绿茶 300 万亩，建成深受消费者喜爱的 200 万亩晚熟柑橘、100 万亩红心猕猴桃、100 万亩柠檬、100 万亩晚熟芒果、100 万亩晚熟荔枝龙眼产业带和集中发展区。花椒种植规模跃居全国第一。以川菜、川果、川药、川茶、川椒等为核心的"川字号"农产品愈发壮大。

表3　四川省 2016—2018 年经济作物种植面积及产量变化表

年份	油料作物		中草药材		蔬菜及食用菌	
	种植面积（万公顷）	产量（万吨）	种植面积（万公顷）	产量（万吨）	种植面积（万公顷）	产量（万吨）
2016	130.7	313.6	11.7	45.9	137.2	4 365.7
2017	133.7	323.5	13.3	51.2	140.6	4 523.0
2018	149.1	362.6	12.4	44.8	136.4	4 423.8

年份	茶叶	园林水果	花椒	
	产量（万吨）	产量（万吨）	种植面积（万亩）	产量（干）（万吨）
2016	26.4	845.4	—	—
2017	28.3	895.0	439	6
2018	30.2	937.0	550	10

（三）畜禽存量、产量基本稳定

四川生猪出栏量稳居全国第一，稻渔综合养殖面积超过 500 万亩，居全国前列。详见表4。

表4　四川省 2016—2018 年畜禽养殖及肉类产量变化表

年份	猪		羊		水产	
	出栏（万头）	猪肉（万吨）	出栏（万头）	羊肉（万吨）	养殖面积（万公顷）	产量（万吨）
2016	6 925.4	492.32	1 755.8	26.78	21.5	145.4
2017	6 579.1	472.23	1 780.4	27.24	22.0	154.4
2018	6 638.3	481.20	1 740.9	26.31	19.1	153.5

（续）

年份	牛			家禽		
	出栏（万头）	牛肉（万吨）	牛奶（万吨）	出栏（万只）	禽肉（万吨）	禽蛋（万吨）
2016	305.2	32.44	62.77	67 776.9	103.10	149.68
2017	267.3	33.31	63.79	65 259.8	99.05	144.50
2018	276.2	34.48	64.30	66 071.0	102.02	148.84

二、特色品牌不断壮大

（一）"三品一标"产品规模稳定增长

截至 2019 年 5 月，四川省认定"三品一标"累计达到 5 357 个，包括温江马坝河水稻等无公害农产品 3 684 个、资中血橙等地理标志农产品 166 个、仁寿曹家梨等绿色食品 1 385 个，四川华朴现代农业股份有限公司猕猴桃等有机食品 122 个，地区覆盖率达到 80% 以上；绿色食品产品数量位居全国前列，西部第一，农产品地理标志产品数量位居全国第二；产品涵盖粮油、蔬菜、水果、畜禽等产品及其加工产品。见图 3。

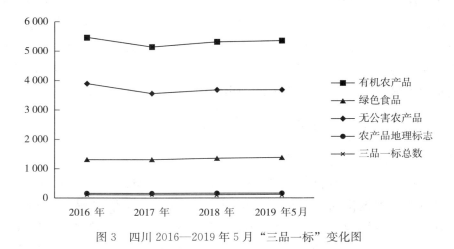

图 3　四川 2016—2019 年 5 月"三品一标"变化图

（二）大力发展区域公用品牌

四川培育并推介天府龙芽、四川泡菜、大凉山、天府源、广元七绝、华蓥山、遂宁鲜、甜城味、蜀道、阳光米易、崇耕等农产品优秀区域共用品牌 30 余个，优质品牌农产品 150 个，全省农产品品牌总产值达 1 580 亿元。

（三）以品牌建设助力脱贫攻坚

四川省 161 个扶贫任务县有效期内"三品一标"产品 4 658 个，建设绿色食品原料标准化基地 52 万公顷；88 个贫困县有效期内"三品一标"产品 1 304 个，建设绿色食品原料标准化基地 28.67 万公顷；45 个深度贫困县有效期内"三品一标"产品 226 个，建设绿色食品原料标准化基地 13.2 万公顷；带动了 3 200 多个贫困村、35 万余户贫困户、130 余万人实现人均增收 650 元。

（四）企业争创品牌意识不断增强

新型经营主体申报创建中国著名商标、中国质量奖、四川省著名商标、四川省质量奖、四川名牌等近 1 000 余件（个）。

（五）农产品品牌影响力不断扩大

四川泡菜、丹棱桔橙、唐家河蜂蜜 3 个地标荣获国家级地理标志示范样板称号。其中，丹棱桔橙入选"2019 年中国品牌价值评价信息发布"活动区域品牌（地理标志产品）前 100 强，四川泡菜和纳溪特早茶纳入中国和欧盟互换认证的首批产品清单目录。天府龙芽、纳溪特早茶、攀枝花芒果在第十六届中国国际农产品交易会农产品地理标志专展中荣获金奖。李记儿童菜芯等 11 个产品、西蜀雅禾山药等 3 个有机产品分别荣获第十九届中国绿色食品博览会和第十二届中国国际有机食品博览会金奖。

三、农村产业不断融合

（一）农产品加工业进展明显

2018 年，四川省农产品加工业与食品工业效益指标双双保持了增速 12%～13% 的较快增长；截至 2018 年底，规模以上农产品加工企业达 4 192 家，主营业务收入突破 9 800 亿元；规模以上农产品精深加工业企业总数 1 947 户，主营业务收入达到 4 271.3 亿元；农产品加工转化率增至 58%，与全国平均水平差距减小为 7 个百分点；农产品加工业总产值与农业总产值的比值增至 1.9∶1，与全国 2.2∶1 的平均水平进一步缩小。

（二）休闲农业与乡村旅游成效显著

2016 年实现乡村旅游收入 2 015 亿元，同比增长 22％；农民人均旅游纯收入达到 885.3 元，同比增长 12.6％；448 个贫困村通过发展旅游实现脱贫摘帽，占当年退出贫困村总数的 19.1％，199 个贫困村创建为省级旅游扶贫示范村。2017 年实现乡村旅游收入 2 283 亿元，同比增长 13.3％，省级旅游发展资金重点支持 86 个县实施旅游产业扶贫，占四川省有扶贫任务县的 54％，计划摘帽县 14 个，509 个旅游扶贫重点村退出，带动 3.7 万户贫困户 12.6 万贫困人口受益，占四川省 108.5 万脱贫人口的 11.6％。累计创建全国休闲农业和乡村旅游示范市县 19 个，入围中国美丽休闲乡村 24 个，详见表 5。建成产业基地景区 2 200 个，休闲农业专业村 1 400 个，农业主题公园 440 个，年接待游客达 4 亿人次。

表5 四川省乡村旅游示范区（村）名录

创建类型	创建年份	获批园区	数量
全国休闲农业和乡村旅游示范市县	2010	成都市郫都区、蒲江县	19
	2011	成都市温江区、汶川县	
	2012	绵竹市、长宁县	
	2013	苍溪县、平昌县	
	2014	武胜县	
	2015	泸州市纳溪区、江油市、西充县、雅安市	
	2016	成都市、西昌市、阆中市	
	2017	德阳市罗江区、高县、遂宁市船山区	
中国美丽休闲乡村	2014	苍溪县文家角村、南充市顺庆区青山湖村、武胜县庐山村、成都市龙泉驿区双槐村	24
	2015	成都市温江区幸福村、崇州市五星村、蒲江县金花村	
	2016	芦山县青龙场村、成都市新都区回南村、成都市郫都区青杠树村、内江市市中区尚腾新村、宣汉县洋烈村	
	2017	武胜县观音桥村、平昌县龙尾村入围特色民居村、平武县桅杆村、阿坝县神座村入围特色民俗村、彭州市宝山村、雅安市名山区红草村	
	2018	成都市郫都区战旗村、德阳市罗江区星光村、达州市开江县竹溪村、雅安市雨城区塘坝村、巴中市平昌县石龙村、凉山州西昌市丘陵村	

(三)"互联网＋农业"加快发展

截至 2018 年底，建成国家级电子商务进农村综合示范县 90 个，农村网络零售额实现 926.22 亿元，其中农产品网络零售额实现 167.75 亿元，详见表 6。分行业看，水果、茶饮、草药分别实现网络零售额 45.84、36.15、29.18 亿元，占四川农产品网络零售额比重分别为 27.33%、21.55%、17.40%。

表 6　2018 年四川省已建成国家级电子商务进农村综合示范县名录

年份	县（市、区）	数量
2014	安岳县、西充县、三台县、资中县、夹江县、仁寿县、渠县	7
2015	中江县、青川县、盐源县、岳池县、北川县、青神县、石棉县、宣汉县、简阳市、理县	10
2016	万源市、汶川县、苍溪县、通江县、平昌县、小金县、仪陇县、叙永县、广安区、雷波县、江油市、荥经县、乐至县、米易县、蒲江县、峨眉山市、邻水县、筠连县、洪雅县、隆昌县	20
2017	南部县、蓬安县、九寨沟县、沐川县、巴州区、马尔康市、泸定县、茂县、嘉陵区、马边县、松潘县、阆中市、昭化区、乡城县、大竹县、理塘县、金川县、喜德县、旺苍县、黑水县、普格县、南江县、甘孜县、甘洛县、丹巴县	25
2018	古蔺县、平武县、朝天区、剑阁县、屏山、阿坝州（壤塘县、阿坝县、若尔盖县、红原县）、甘孜州（康定市、九龙县、雅江县、道孚县、炉霍县、新龙县、德格县、白玉县、石渠县、色达县、巴塘县、稻城县、得荣县）、美姑县、金阳县、昭觉县、布拖县、木里藏族自治县、越西县	28
合计		90

四、农业基础不断夯实

(一)农业园区建设成效显著

截至 2019 年 6 月，创建国家级现代农业产业园 7 个，其中眉山市东坡区泡菜产业园已获得授牌，详见表 7。创建国家特色农产品优势区 8 个，国家农村一二三产业融合先导区 8 个，国家现代农业示范区 13 个，国家农业产业强镇 36 个，建成省级现代农业产业融合示范园区 430 个、现代农业示范园区 85 个，现代农业产业基地 280 万公顷，现代特色产业标准化基地 57 万公顷。

表7　四川省国家农业示范（园）区名录

创建类型	获批园区	数量
国家现代农业产业园	眉山市东坡区泡菜产业园、峨眉山市现代农业产业园、蒲江县现代农业产业园、苍溪县现代农业产业园、广汉市现代农业产业园、邛崃市现代农业产业园、安岳现代农业产业园	7
国家特色农产品优势区	苍溪县苍溪猕猴桃中国特色农产品优势区、攀枝花市攀枝花芒果中国特色农产品优势区、宜宾县宜宾油樟中国特色农产品优势区、资中县资中血橙中国特色农产品优势区、广安市广安区广安龙安柚中国特色农产品优势区、眉山市眉山晚橘中国特色农产品优势区、合江县合江荔枝中国特色农产品优势区、安岳县安岳柠檬中国特色农产品优势区	8
国家农村一二三产业融合先导区	金堂县、雅安市名山区、武胜县、成都市郫都区、遂宁市船山区、会理县、江油市、丹棱县	8
国家现代农业示范区	成都市、广安市广安区、南充市、攀枝花市、眉山市东坡区、泸州市江阳区、苍溪县、江油市、蓬溪县、大竹县、安岳县、红原县、犍为县	13

（二）基础设施建设不断夯实

截至 2018 年底，四川省累计建成高标准农田 166.4 万公顷；累计有效灌溉面积 292.6 万公顷；累计综合治理水土流失面积 992.4 万公顷；累计拥有农业机械总动力 4 658.7 万千瓦；累计建成幸福美丽新村 2.7 万余个。2014—2018 年五年内，新改建农村公路 14.4 万千米，新建和整治农村公路桥梁 1 013 座，建成渡改桥 887 座，新建安全生命防护工程 4 万千米，新增 324 个乡镇和 16 154 个建制村通硬化路，乡镇和建制村通硬化路率分别达 99.6% 和 99.4%。四川全省 88 个贫困县中有 64 个，已提前实现所有乡镇和建制村通硬化路，11 501 个贫困村通硬化路率达 97.4%。

（三）农业绿色生态发展态势良好

截至 2018 年底，共建成有机肥替代化肥示范县 13 个，化肥减量增效示范县 15 个，秸秆综合利用试点县 10 个。建成种养循环基地 80 万公顷，绿色防控示范基地 67 万公顷。农作物秸秆利用率 87%，畜禽粪污综合利用率 66%，化肥农药施用量连续三年负增长，主要产粮大县和果菜茶主产区农药包装废弃物回收率达到 39%。农产品监测 2.55 万批次（个），合格率均超过 99%。

五、服务水平不断提高

（一）新型经营主体培育加快

截至 2018 年底，四川省共培育省级重点龙头企业达 851 家（详见表 8），培育农业产业化龙头企业 1.2 万家；培育家庭农场 5.27 万家，农民专业合作社近 10 万户，累计培育新型职业农民 22 万人，吸引 65 万农民工返乡创业，创办企业 16 万户，实现总产值 3 796.5 亿元。

表 8　2018 年四川省农业化国家级龙头企业名录

企业名称		
四川菊乐食品股份有限公司	新希望集团有限公司	通威股份有限公司
四川白家食品产业有限公司	成都新繁食品有限公司	华侨凤凰集团股份有限公司
四川新绿色药业科技发展有限公司	四川省文君茶业有限公司	四川得益绿色食品集团有限公司
成都市棒棒娃实业有限公司	泸州老窖股份有限公司	四川光友薯业有限公司
四川铁骑力士实业有限公司	四川省青川县川珍实业有限公司	四川高金实业集团有限公司
四川五斗米食品开发有限公司	四川美宁食品有限公司	四川永丰纸业股份有限公司
四川省井研县食品有限责任公司	四川哈哥集团有限公司	四川省峨眉山竹叶青茶业有限公司
四川省茶业集团股份有限公司	四川东柳醪糟有限责任公司	四川省吉香居食品有限公司
红原牦牛乳业有限责任公司	四川濠吉食品（集团）有限责任公司	四川新荷花中药饮片股份有限公司
四川天味食品集团股份有限公司	四川金忠食品股份有限公司	四川华通柠檬有限公司
仲衍种业股份有限公司	四川李记酱菜调味品有限公司	成都佳享食品有限公司
四川省丹丹郫县豆瓣集团股份有限公司	四川徽记食品股份有限公司	四川逢春制药有限公司
四川国豪种业股份有限公司	四川回春堂药业连锁有限公司	四川省福元肉类食品有限公司

（续）

企业名称		
四川省犍为凤生纸业有限责任公司	四川巴山雀舌名茶实业有限公司	四川江口醇酒业（集团）有限公司
四川省五友农牧有限公司	四川特驱投资集团有限公司	四川省味聚特食品有限公司
四川省畜科饲料有限公司	四川省花秋茶业有限公司	四川永鑫农牧集团股份有限公司
四川天兆猪业股份有限公司	四川巴尔农牧集团有限公司	四川茂华食品有限公司
四川龙旺食品有限公司	成都三旺农牧股份有限公司	成都市新兴粮油有限公司
四川好好吃食品有限公司	成都市晋江福源食品有限公司	四川米老头食品工业集团股份有限公司
四川巨星企业集团有限公司	四川米仓山茶业集团有限公司	宁南县南丝路集团公司

（二）土地产权制度改革不断深化

因地制宜探索出"农业共营制"、"小集中"和"土地信托"等模式，截至 2018 年，土地承包经营权确权登记率、颁证率分别达到 93.1％、90.6％，集体资产清产核资和农村集体产权制度改革试点实现全覆盖。培育土地托管、代耕代收等社会化服务主体 9 957 个。

（三）农业服务化体系建设加快

四川全省 2/3 的县（市、区）累计就地就近建成筛选分级、冷藏保鲜等初加工和商品化处理设施 1.6 万座，果蔬、肉类、水产品冷链流通率提升至 18％、33％、30％；截至 2018 年底，建成村级益农信息社 3.7 万个，覆盖 80％的行政村，建设发展基层供销社 3 819 个，基层供销社乡镇覆盖率达 89％；成立全国首只乡村振兴投资基金，举办首届"中国农民丰收节·四川省庆丰收活动"，2018 年三台县举办了首届农民艺术节。

第四章 四川省农业供给侧结构性 改革问题分析

三年来，四川把推进农业供给侧结构性改革作为农业农村工作的主线，围绕优质化、绿色化、品牌化做大量工作，结构不断优化，特色品牌不断壮大，乡村产业不断融合，基础设施不断夯实。但是，农业供给侧结构性改革不能一蹴而就，仍然存在供给配置失衡、结构调整缓慢、质量安全堪忧等方面问题。

第一节 农业资源配置失衡，致使 农产品有效供给率低

推进农业供给侧结构性改革，其核心是依据市场需求进行生产，优化资源配置，调整农业产业结构，提高农产品的市场竞争力。四川农业产业结构、生产结构和区域结构不合理，现阶段，农业自身的需求结构已然发生较大变化：一是城乡居民对大米、小麦等大宗粮食类产品消费趋于稳定，对肉类、水产、水果及奶制品等高附加值产品的需求量日益增加，且个性化趋势明显；二是不同收入水平的消费者对农产品品质和农产品质量安全的要求表现出差异化分层态势，总体上对农产品品质和农产品质量安全的要求都越来越高。而四川以传统的粮猪、粮经二元结构为主，优质、特色农产品发展不足，大量的饲料、加工用粮和 70％的水产品长期依靠外省调入，生猪品种品质有待提高，草食牲畜比重较低，现有供给的结构不符合国内消费者对产品品质和质量安全的要求。低端、低质量的农产品生产数量过大，中高端质量的农产品供给不足。生产端与需求端不能形成很好的动态平衡。去产能和去库存的问题不仅仅是我国房地产需要调节的部分，在农业也是如此。四川 2017 年肉类总产量 653.82 万吨。其中猪肉

472.23 万吨、牛肉 33.31 万吨、羊肉 27.24 万吨。猪肉占比远远大于其他肉类。一方面问题：产业发展的盲目性较大，地理空间布局不合理。现阶段，四川农业产业的产值在四川整体产业结构体系中有持续下降的趋势，这虽符合区域社会经济发展的必然，却也与四川农业产业结构不合理有关。四川当前的农业产业结构体系中种植除甘孜、阿坝两地外，其余地区种植业占农业产值比例趋同；而畜牧业较为集中的地区，也呈现类似情况，畜牧业占农业产值比重趋同；林业上，资源较为丰富的川西北地区、攀西地区林业产值占农业总产值比例没有凸显地域特色。

　　四川农业产业结构在比例关系和构成形式上过于相似，在主导产业的选择上也出现雷同。近年花果产业市场行情好，大多地方都跟风种植。柑橘是四川传统果品之一，近年种植规模不断扩大，产量持续上升，仅蒲江就种植有 20 万亩柑橘，此外合江、资中、纳溪、罗江、广安等地也在大力发展柑橘，造成市场供过于求，特别是在纬度较低的地方也在发展晚熟柑橘，显然农业资源配置失衡；猕猴桃的高营养价值使其市场行情较好，苍溪猕猴桃种植面积已达 35 万亩，而仅蒲江联想佳沃猕猴桃示范试验园种植面积就达 10 万亩；合江发展的真龙柚已经使市场趋于饱和，但阆中仍继续发展 20 万亩蜜柚，产品滞销压力凸显；葡萄属于喜阳植物，在四川的凉山、攀枝花、阿坝等地种植较多，但近年包括广安、巴中等地也在大力发展葡萄；此外许多地区大力发展苗木花卉，包括温江、广安、巴中、达州等地，目前温江的花卉苗木已经大大超过了市场需求，其他地方的发展情况不难预见。

　　盲目发展的情况在四川省内同样突出。在产业选择方面，车厘子种植效益较高，但其对生长环境要求严格，需要在年日照时数 2 600～2 800 小时以上的区域生长，而广安某县多年平均日照时数仅在 1 200～1 342 小时，却仍有进行车厘子种植的意向打算，这无异于冬箑夏炉。在产业融合发展方面，广安某县积极推动一二产业融合发展，进行葡萄酒加工，而所需原材料却需要从甘肃、宁夏引进，葡萄长途运输成本较高，导致产业发展收效甚微。如此盲目进行产业融合，有企业无基地的做法亦是炊沙成饭，毫无必要。在种植规模方面，部分区域盲目扩大主导农产品种植面积，缺乏质量兴农的农业供给侧结构性改革意识，造成了主导农产品体量大而高品质产品少，降低了农产品竞争优势。在作业方式上，盲目作为的情况也屡见不鲜，部分区域盲目进行土地垦殖，导致土地蓄水能力变差，严重制约农业产业发展。在泸州市纳溪区还有大量毁竹栽种核桃的情况，不但生产没有和消费者挂钩，甚至对生态也是种破坏。

第二节　生产发展方式滞后，影响农业农村提质增效

农业面源污染、地下水污染等依然严重，既影响了农业自身的发展，还影响了人民的生活。农业已成为最大的面源污染产业，农业造成的污染远大于工业和城市。2017 年全省耕地灌溉面积为 287.31 万公顷，人均有效灌溉面积为全国平均水平的 70%；全省水资源利用率仅 11%，实际灌溉效益只达到设计能力的 70%，有效灌溉面积仅占全省耕地面积的 41.2%，过度的资源浪费是农业供给侧结构性改革面对的严峻挑战。许多地方仍然使用大水漫灌，特别是成都平原大田作物、经济作物的种植，未控制农业用水。

而且，我国化肥、农药生产和使用量都是世界前茅。但其实际利用率却比发达国家低 15%～20%。造成环境污染严重，农产品农残超标，进而造成农业生产成本上升。多年来四川农药、化肥施用的递增速度很快（近 3 年有所控制），全省年平均用药量 8 300 吨（含量为 100%），化肥使用达 117.8 万吨，但利用率仅为 30%。化肥施用量、农药施用量未减少，丘陵山区种植玉米普遍在土地直接追肥，既不挖窝，也不盖土，更不将化肥溶于水后再施用，在都江堰、彭州等地种川芎等经济作物依然如此施肥，严重导致化肥利用率降低，造成空气污染、地下水污染、土壤污染。在农药施用上，精准施药太差，不按时施药，不按阶段施药，有了虫害才施药，粗放施药，导致病虫未得到治理，也造成生态破坏。此外，四川还存在农产品重金属含量超标、畜禽粪便污染等严重的农业污染问题。

四川更是自然灾害频发区，近年来地震、暴雨、洪涝、干旱等灾害不断，严重影响正常的农业生产。面对自然的不可抗力，如何做好灾后重建

工作，如何采取有效的预防措施，合理布局水利设施，完善农业保险机制，最大程度减小农户损失，是四川省农业供给侧结构性改革应当着力解决的难题，治理更是离不开人。

一是农业经营人才缺乏和专业技术性人才比例低，现代农业难以实现。改革开放后，由于城镇化不断推进，为提高生活水平，不少农村青壮年劳动力向非农行业转移。近十年来，农业产值以 0.5％的速率下降，农业就业比例以年均 1.3％的速度递减。据中国科学院中国现代化研究中心预测，从 2008 年至 2050 年间，我国农业劳动力比例将由 40％下降到 3％，农业劳动力总量将从 3.1 亿下降到 0.31 亿，将有 2.8 亿农业劳动力发生转移。调查发现，当前我国 40 岁以上的农业劳动力占 50％以上，且在青年农业劳动力中，女性多于男性，在未来这一趋势将更加显著。尽管我国目前正大力发展新型农业经营主体，但在很长一段时间内，传统农户经营仍然是主流。因此，大量农村青壮年劳动力的转移势必会造成农业经营主体弱质化，撂荒更加严重。近年来，四川转移输出农村劳动力 2 472.2 万人，外出从业劳动力中，初中以上文化占 77.3％，比全省农村劳动力平均文化高 33.9％；男性占 60％以上；16～35 岁的青壮年占总数的 55.7％，外出劳动力的平均年龄仅为 26.8 岁。大量农村青壮年劳动力外出造成的农村空心化和农业劳动力老龄化等问题在四川省农村地区尤为严重，农业劳动力结构性短缺问题已经成为制约四川农业发展的一大瓶颈，不仅导致现代农业发展面临人力资源不足的问题，而且还造成从传统的精耕细作向粗放式经营的反向倒退。"谁来种田"的问题已成为四川农业发展所面临的一项重大挑战，着力培育新型经营主体，确保农业发展"后继有人"，不断提高农业生产比较效益和农产品竞争力是四川乃至全国实现农业产业化发展的必然选择。

另外，新兴先进经营主体替代率低。截至 2016 年底，四川共有农民合作社 7.4 万个，其中省级示范社 1 650 个、全国示范社 460 个；家庭农场 3.4 万家，其中省级示范农场 500 个；在 175 个县（市、区）实施新型职业农民培育工程，培训农民 35 万余人，其中新型职业农民 10.17 万人；全省龙头企业 8 873 家，县级以上龙头企业 6 510 家。从数量上看，较为可观。各类新型经营主体在农业产业发展过程中扮演着重要角色，但当前四川的各类农民专合组织和龙头企业的带动能力还有待提高。一是由于许多新型经营主体的发展还处于比较初级的阶段，缺乏稳固的实力基础；二是由于龙头企业和农户的利益不能时刻保持一致，龙头企业往往以自身短期利益为导向，在对农户的带动中并没有发挥积极作用；三是部分地区存在申报虚假合作社的现象，空壳合作社并不少见，通过申报合作社换取补贴的行为导致新型经营主体数量与实际需求不符合；四是部分新型经营主体对政策补贴的依赖度偏高，缺乏自主发展能力。

农业结构性改革政府行为应为主导，并落实到实处。我国从 2015 年开始强调，要着力加强农业供给侧结构性改革，提高农业供给体系质量和效率，使农产品供给数量充足、品种和质量契合消费者需要，真正形成结构合理、保障有力的农产品有效供给。"农业供给侧结构性改革"这一新鲜表述，通过中国最高级别的"三农"会议，首度进入公众视野。农业发展始终存在一个明显的问题，一个农产品卖得好，第二年产量就特别高，没有政策保护某一个产业的良性发展。供给和需求始终不能达到很好的平衡状态。调研表明，农村新产业新业态的扶持政策，对于引领产业发展，加强行业管理和行业规范，支持新型经营主体发展，有十分重要的作用。但扶持政策还与引领新业态发展不适应，与支持新型经营主体壮大不适应，与让农民群众充分受益不适应，与解决缺资金缺人才等突出问题不适应。有的业态还未引起有关行业和部门的足够重视，各地对农村产业发展中呈现出的新变化、新趋势认识不够，培育新业态的意识没有形成，面上情况不清楚，缺乏有针对性的政策措施。与此同时，四川省地方产业发展缺少项目支撑，针对农业农村的项目支持很少，争取项目支持很难，项目相对较小，发挥效益较难。如：调研发现资中县作为全国的血橙第一县，没有任何项目扶持资金；地方产业申请贷款有瓶颈，现存涉农贷款少，较少企业能够达到省上规定的要求，大多企业经营规模小，缺乏信息透明度，缺少有效担保，抵押品不足，金融机构不愿提供信贷服务，地方企业缺乏经营资本，导致产业打造进展缓慢。蒲江、眉山、温江都有大学生农村电商创业园区，但是政府一些部门反对农村电商的发展，因为可能会影响实体贸易商场，从而减少税费收入，对地方财政不利。

第三节　农产品质量堪忧，导致特色农产品出口受阻

　　农产品品牌建设水平不高是限制农产品附加值提升的重要因素。四川是我国重要的农业生产大省，其粮油、茶叶、柑橘等产量均位居全国前列，但与农业发达省份相比，农产品的总体产出价值相对较低。四川发展了很多区域性的名牌，如"天府龙芽""竹叶青"等茶叶品牌，但跟国内知名茶叶品牌（如：福建铁观音、浙江龙井、云南普洱）相比还有较大差距。四川农产品品牌效应不高，农产品市场竞争力不足还主要体现在两个方面：一是原料销售仍是农产品销售的主要模式，由于品牌的缺乏和品牌影响力等问题，更多的附加值被川外品牌赚取。二是农产品品牌创建数量虽多，2018年全省认定"三品一标"累计超过5 000个，数量居全国第二、西部第一，但农产品品牌小且较为分散，缺乏全国性的农产品品牌精品。

　　四川对外出口主要为劳动密集型农产品，生产技术水平较低，低价格是对外出口的一大优势。但近年来，受绿色贸易壁垒和技术贸易壁垒的阻碍，四川竞争力指数（TC）、显示比较优势（RCA）逐年下降，分别低于0.5和0.8。茶叶是四川的特色产业，对茶叶的检验项目就从6项增加到62项，2016年，四川茶叶综合产值达550亿元，居全国第三，而茶叶出口值却仅有1.58亿元，出口值仅有总产值的0.28%。生丝、白酒的出口也出现了不同程度的下降。特色水果作为四川近年来增量和增速均较快的经济作物产业，虽有攀枝花芒果、苍溪红心猕猴桃等品牌严控供给质量，打入欧盟市场，合江真龙柚远销加拿大，但出口量小、出口成本较高，市场话语权微乎其微。从整体上来说，水果及其制品的出口量亦是降幅明显。总体来看，农产品出口方面降幅明显，国际贸易情况不能令人满意。需求是生产的动力，广阔的国际市场蕴藏着无限的机遇，"一带一路"建设和自贸区建设又带来了政策支持，因而对于四川来说，如何突破贸易壁垒、建立通畅高效的国际贸易渠道、进一步打开国际市场是当前农业产业发展需要着重解决的问题。

　　除了品牌问题还有本身的产品质量问题，产品质量是品牌建设的地基。以 CPTPP 为代表的多个区域贸易协定，关于农产品国际贸易的标准都越来越高，我国标准已经和国际发达国家脱轨。比如日本对农产品农药残留限量标准及配套检测方法标准超过 30 000 项，美国超 30 000 项，回过头来看我国只有 5 000 多项。我国从 2001 年以来，虽然农产品贸易总额不断增长，从 279.4 亿美元增加到 2018 年的 2 168.1 亿美元，但是我国农产品贸易差额却是逐年下滑，如表 9。贸易顺差逐渐变成逆差，代表我国农产品在国际上竞争力越来越弱，长期以来对外汇和农业收入都有很大的不利。

表 9　2001—2018 年中国农业贸易差额

单位：亿美元

年份	对外贸易总额	进口额	出口额	贸易差额
2001	279.4	118.5	160.9	42.4
2002	306.3	124.7	181.6	56.9
2003	403.0	189.7	213.3	23.6
2004	514.4	280.5	233.9	−46.6
2005	563.8	287.8	276.0	−11.8
2006	636.0	321.7	314.2	−7.5
2007	782.0	411.9	370.1	41.8
2008	993.3	587.9	405.3	182.6
2009	923.3	527.0	396.3	−130.7
2010	1 219.9	725.7	494.2	−231.5
2011	1 556.6	948.9	607.7	−341.2
2012	1 757.7	1 124.8	632.9	−491.9
2013	1 866.9	1 188.7	678.3	−510.4
2014	1 945.0	1 225.4	719.6	−505.8
2015	1 875.8	1 168.8	706.8	−462.0
2016	1 845.6	1 115.7	729.9	−385.8
2017	2 013.9	1 258.6	755.3	−503.3
2018	2 168.1	1 371.0	797.1	−573.9

第五章　四川省农业供给侧
结构优化指数分析

推进农业供给侧结构性改革，是四川由农业大省向农业强省跨越的现实需要。本研究基于改进熵值法，设计一套测算农业供给侧结构优化指数的指标体系，定量分析农业供给侧结构优化水平，探析农业供给侧结构优化指数的影响因素，以期为推进农业供给侧结构性改革、探索农业发展新动力提供理论基础和决策参考。

第一节　农业供给侧结构优化指数

2015年12月，中央农村工作会议指出，着力加强农业供给侧结构性改革，提高农业供给体系质量和效率，使农产品供给数量充足、品种和质量契合消费者需要，真正形成结构合理、保障有力的农产品有效供给。据此，在构建指标体系的基础上，本研究基于改进熵值法计算四川省21市（州）的农业供给侧结构优化指数。尽管2015年12月农业供给侧结构性改革才被首次提出，但为考虑四川省农业供给侧优化水平的长期动态演进趋势，将之前年份也纳入考察时段，研究期间为2008—2017年。

一、指标体系的选择

安以质为本，质以诚为根。习近平总书记明确提出，要处理好数量速度与质量效益的辩证关系，追求更高质量、更有效益的发展。参考相关研究，供给侧结构性改革应致力于使供给体系形成结构、质量、效率相统一的有机整体（徐瑞泉，2016；黄雯，2017）。结合经济理论，考虑数据可得性，设计涵盖效率、结构和质量三个维度的农业供给侧结构优化指数测算体系，见表10。

表 10　农业供给侧结构优化指数测算指标体系

维度	准则	指标	计算方式
效率	土地效率	土地生产率	种植业产值/农作物播种面积
	劳动效率	劳动生产率	农林牧渔增加值/农林牧渔年末从业人数
结构	部门比例	部门比例优化指数	非种植业产值/农林牧渔总产值
	种植业结构	种植业结构优化指数	经济作物播种面积/农作物播种面积
	畜牧业结构	畜牧业结构优化指数	非猪肉产量/畜产品产量
质量	产业发展质量	农业经济发展水平	农林牧渔总产值/乡村人口数
	生态质量	化肥施用强度	化肥施用量/农作物播种面积

供给效率是保证有效供给的前提：合理的农业生产结构应与区域经济条件、自然资源保持协调，从而取得理想的经济效率。供给结构反映农业内部供给结构的优化能力：部门比例优化指数描述农林牧渔比例关系；种植业结构和畜牧业结构反映产业内部结构情况。供给质量维度涉及产业发展质量和生态环境质量两方面：提升产业发展质量是农业供给侧结构性改革的必然要求，用农林牧渔总产值表示；生态环境质量指农业生态环境优劣程度，本研究以化肥施用强度作为负向指标，化肥是面源污染和农业温室气体的主要来源，其施用强度可作为农业生态环境质量的重要测度标准。

所有资料来源于《四川省统计年鉴》《中国农村统计年鉴》及各市（州）统计局，形成 2008—2017 年四川省 21 市（州）的面板数据。为剔除价格等因素干扰，使各年农业增加值、农林牧渔总产值等指标具有可比性，本研究对原始数据进行平减处理，将各年对应值折算成以2008 年可比价格计算的实际值。此外，化肥施用强度为负向指标，需正向化处理。

二、农业供给侧结构性改革优化水平分析

利用熵值法进行赋权并计算综合指数，可得四川 21 市（州）各年农业供给侧结构优化指数，为更直观展示其整体演化过程，通过计算每年全省均值，绘制四川省农业供给侧结构优化指数趋势演变折线图，见图 4。

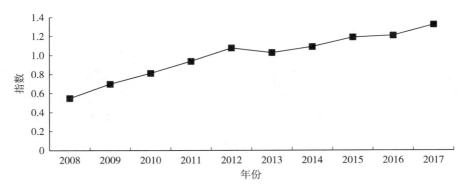

图 4　2008—2017 年四川省农业供给侧结构优化水平

由图 4 可知，农业供给侧结构优化指数存在一定波动，其基期得分较差，但随着时间推移，指数呈上升态势，表明四川省农业供给侧结构整体有所优化。为更明确展示 21 市（州）供给侧结构变化情况，采用等距分级法将各地指数由高到低分为高水平（2.001～2.500）、较高水平（1.501～2.000）、中等水平（1.001～1.500）、较低水平（0.501～1.000）和低水平（0.000～0.500）五个等级，以三年为间距，选取 2008 年、2011 年、2014 年和 2017 年作为样本年份，根据对应指数绘制空间分布图，以直观展示农业供给侧结构优化水平的空间格局变化，见图 5。

从时间演变而言：2008 年，全省农业供给侧结构优化指数为 0.549，整体水平较低，绝大多数市（州）的农业供给侧结构优化指数处于 0.501～1 000区间内，而甘孜、阿坝和凉山等地对应指数低于 0.500，其中甘孜的指数为 0.407，位列全省最末；到 2011 年，全省农业供给侧结构优化指数达 0.939，较 2008 年有较大提升，成都平原经济区多数市（州）的优化指数高于 1.000，已跨入中等区间，攀西、川西北和川南、川东北的部分市（州）尚处于较低水平；2014 年，全省平均指数已高达 1.091，成都供给侧结构优化指数为 1.463，率先进入较高水平区间，以之为中心辐射周边地区，雅安、乐山、眉山等 11 个市（州）进入中等水平区间；到 2017 年，全省供给侧结构优化指数平均为 1.216，成都保持名列前茅，成为首个农业供给侧结构优化高水平地区，邻近的德阳、绵阳、南充和内江对应指数进入较高水平区间，其余市（州）的指数大多也表现出不同程度

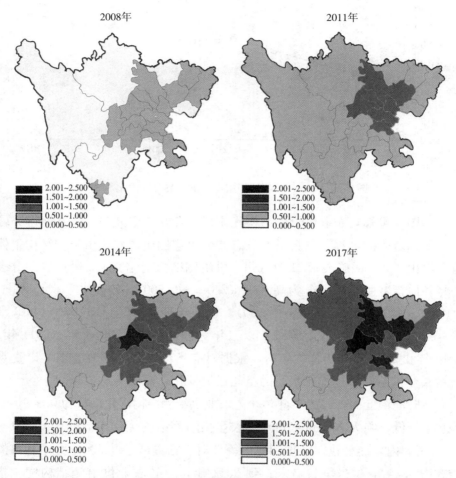

图 5　四川省 21 市（州）农业供给侧结构优化水平空间分布图

上升。10 年间，各市（州）不断实践探索多元农业发展方式和高效生产、经营体系，且相邻地区自然、社会条件相近，为政策措施和生产模式的互相借鉴、效仿提供基础，使四川省农业供给侧结构优化水平不断提升；但由于各地资源禀赋、农业生产条件不同，产业结构、经济结构以及发展定位存在差异，农业供给侧结构优化水平也有所区别。

　　从空间分布而言：农业供给侧结构优化水平最高的市（州）集中于成都平原经济区，水平较低的市（州）主要属于攀西经济区和川西北生态经济区。成都平原自然地理条件优越，雨量充沛，霜日少，平坝耕地面积大，耕作条件好，经济发达、人口稠密，工业化基础较好，可以为农业发展提供良种农机、农药、化肥等生产资料，作为传统粮、油、肉、菜产区，也是四川农业经济技术水平最高的地区，农业基础条件优越，供给侧结构优化水平处于全省前列。川东北经济区是四川粮食、生猪、水果主产区之一，热量条件较好而水分条件较差，日照较为丰富，农业供给侧结构优化潜力较大。川西北地形以山地、高原为主，坡度大、耕地质量低；海拔多为 3 300～4 200 米，气温低，属青藏高寒区气候；交通不便、水利设施不足，供给侧结构优化基础较差。攀西经济区光、热条件良好，但耕地面积小，水利设施差，干旱期长，技术水平较低，农业供给侧结构仍有较大改善空间。川南经济区人口众多，地貌以丘陵为主，人均土地资源紧缺，水分不足，农业生产条件较差，农业经济发展较为落后，供给侧结构优化指数相对较低。

三、四川农业供需结构偏离度分析

农业供给侧的结构演进受制于消费需求的影响作用，包括消费者对供给品数量与质量的需求，它决定供给侧与需求侧的吻合程度（黄祖辉，2016）。为定量描述这种吻合度，本书借鉴结构偏离度系数的基本构造思想（杨益民，2007；张金英，2013），建立供需结构偏离度指标，以把握四川的供需结构匹配情况。其中，农产品产量可以表示供给情况，农产品消费量能度量消费需求，一定地区的农业供给结构与消费结构应尽量匹配，超出匹配比例的程度即为供需结构偏离度，其计算方法如下：

$$D_i = \frac{S_i / \sum_{i=1}^{n} S_i}{C_i / \sum_{i=1}^{n} C_i} - 1 \qquad (1)$$

式（1）中，D_i 指某种农产品供需结构偏离度，S_i 和 C_i 分别为这种农产品当年产量和消费量，n 为农产品种数。式（1）实质为：计算某种农产品产量占农产品总产量的比重，用于衡量其在供给结构中的占比，再计算该种农产品消费量占农产品总消费量的比重，用于衡量其在消费结构中的占比，最终将所得的两个比值相除后减去 1。根据供需结构偏离度的计算方法，在理想状态下，一段时间内一个地区某种农产品的供给结构和消费结构能完全吻合，则偏离度为0。从大小角度而言，偏离度的绝对值越小，则供给结构与消费结构的吻合程度越高；相反，绝对值越大，吻合程度越低。从正负角度而言，若偏离度为正值，则这种农产品在供给结构中的占比大于消费结构中的占比，有必要缩减其占比以适应消费结构；偏离度若为负值，说明农产品在供给结构中占比需要增加。但值得注意的是，偏离度为正或负并不能说明该种农产品供给过剩或短缺，因为指标旨在衡量生产结构中农产品所占比例与消费结构中占比的差异大小，是一个相对偏离的程度，而非绝对产量的差值。从长期的动态变化来看，如果偏离度的绝对值随时间推移能收敛于0，说明供给结构和消费结构的匹配性得到改善，若偏离度的绝对值趋于增大，则表明匹配性越来越差。

将各农产品的供需结构偏离度的绝对值进行加总，可得到供需结构总偏离度，即：

$$D = \sum_{i=1}^{n} |D_i| \qquad (2)$$

式（2）中，D 为农产品供需结构总偏离度。根据供需结构总偏离度，结合农产品的产量和消费量，可以衡量农业供给结构的发展方向是否适应当前的消费结构，有效推进农业供给侧改革。

按照上述公式，在整理四川 2001—2017 年七类主要农产品的产量和消费量数据的基础上，计算出了四川主要农产品供需结构偏离度和总偏离度，见表11。

表11　2001—2017年四川省主要农产品供需结构偏离度

年份	主要农产品供需结构偏离度							总偏离度
	粮食（原粮）	蔬菜	食油	肉类	家禽	蛋及制品	水产品	
2001	0.022	−0.081	0.861	0.090	1.473	0.712	1.322	4.562
2002	0.095	−0.156	0.919	0.251	1.899	0.963	1.510	5.793
2003	0.109	−0.155	0.802	0.108	2.004	1.021	1.735	5.934
2004	−0.046	−0.077	1.721	0.092	1.811	0.844	1.612	6.204
2005	−0.072	−0.066	2.833	0.079	1.687	0.835	1.744	7.316
2006	0.008	−0.112	1.751	0.021	1.497	0.880	1.598	5.868

（续）

年份	主要农产品供需结构偏离度							总偏离度
	粮食（原粮）	蔬菜	食油	肉类	家禽	蛋及制品	水产品	
2007	0.208	−0.190	1.870	−0.189	−0.004	0.714	1.816	4.991
2008	0.254	−0.185	1.769	−0.320	−0.079	0.665	1.548	4.819
2009	0.284	−0.180	1.785	−0.354	−0.317	0.502	1.293	4.714
2010	0.298	−0.193	2.315	−0.320	−0.279	0.551	0.831	4.788
2011	0.253	−0.171	2.037	−0.349	−0.256	0.580	0.837	4.483
2012	0.321	−0.174	0.876	−0.408	−0.383	0.306	0.843	3.311
2013	0.308	−0.172	0.669	−0.408	−0.360	0.216	0.885	3.018
2014	0.445	−0.176	0.136	−0.479	−0.481	−0.032	0.572	2.321
2015	0.340	−0.057	−0.389	−0.434	−0.616	−0.267	−0.150	2.252
2016	0.354	−0.110	−0.020	−0.458	−0.611	−0.302	−0.152	2.007
2017	0.390	−0.052	−0.018	−0.462	−0.582	−0.279	−0.138	1.921

注：原始资料来源于《四川省统计年鉴》和《中国农村统计年鉴》。考虑数据可得性，仅将粮食、蔬菜、食油、肉类、家禽、蛋及制品和水产品七类主要农产品纳入测算范围。

（1）观察总偏离度的变化过程，发现四川主要农产品的供给与消费结构的偏离度虽有一定起伏，但总体呈下降趋势，近年供需结构吻合情况明显好转。2001—2005 年，供给结构与消费结构间的差异迅速扩大，2005年偏离度达到峰值 7.316，从各农产品供需情况寻找源头，发现食油、家禽和水产品的供需结构偏离度均大幅增加，推断是这几年来"三农"问题逐渐凸显，农业生产结构配置不合理，无法适应消费者的需求结构。自2006 年起，供需结构的匹配情况开始改善，生产结构逐渐与消费结构相适应，到 2017 年，总偏离度降至 17 年来最小值，供给结构逐渐优化。

（2）主要农产品的供需结构偏离度动态变化轨迹存在较大差异。研究样本期间，粮食在大多数年份的偏离度为正值且平稳增加，为吻合居民的消费结构，有必要减缩粮食在供给结构中的比例。蔬菜的供需结构偏离度始终稳定在−0.1 左右，说明供给结构中蔬菜占比略小于消费结构中的比例，应以市场为导向，适当增加蔬菜在供给结构中的占比。食油的供需结构偏离度波动十分剧烈，2001 年对应值为 0.861，2005 年达到峰值2.833，2015 年下降至−0.389，推测由于食油作为生活必需品，与其他农产品相比消费量比较固定，且产量和消费量都少很多，占总量比例相当小，其他农产品的量轻微变动，都会导致食油占比的剧烈变化，进而呈现偏离度起伏现象。肉类和家禽对应的偏离度变化比较一致，基期为正值，逐渐下降到 0，继续负向增加，其绝对值变动轨迹呈"U"形，以 2006 年和 2007 年两年为分界点，之前年份肉类和家禽在供给结构中的占比大于两者各自在消费结构中的占比，2007 年后表现相反，这是由于自 2001 年到 2017 年人们的消费结构中，肉类和家禽所占比例不断上升，肉类消费量占比从 6.4% 上升至 10.6%，禽类消费量占比自 0.7% 上升至 2.9%，但供给结构中两者变化呈相反态势，其中肉类产量占农产品供给总量的比重由 7% 下降至 5.7%，禽类产量占比由 1.6% 下降至 1.1%，导致偏离度先减少再负向增加的现象。最后讨论蛋及制品与水产品，2014 年以前，水产品的供需结构偏离度一直处于 0.8 以上，个别年份甚至在 1.7 附近徘徊，发展到近几年，偏离度绝对值基本控制到 0.5 以下，原始数据显示，早年这两类农产品的消费量较少，但随着人们消费观念的改变，消费量逐渐增加，其产量同样逐年递增，在供给结构中所占比例与消费结构中的占比越来越接近。

（3）总偏离度和各类农产品供需结构偏离度的发展趋势显示，四川省农业供给结构已经实现一定程度的优化，但还可继续改善。蔬菜、食油和水产品这三种农产品的偏离度已接近 0，而粮食、肉类、家禽、蛋及制品在供给结构中明显存在占比过高或占比不足的现象。随着营养认知水平的提高、膳食理念的转变，人们更加注重营养搭配，传统粮食性食物在四川人民消费结构中的占比逐年下降，而肉类、禽类、蛋类、水产品等动物性农产品的比重逐渐增加，因此，农业供给结构应该朝相应方向调整。总体而言，四川主要农产品的供给结构与消费结构尚处于相互适应的进程中，尽管四川主要农产品的供给结构日趋合理，吻合程度有所提升，但与理想状态还有一定距离。

第二节　农业供给侧结构优化指数影响因素

在测算四川省农业供给侧结构优化指数基础上，基于四川省 21 市

（州）2008—2017 年数据，构建面板回归模型，以进一步探索其影响因素及改进方向。

一、模型设定与变量选取

为保证解释变量选取和模型设定的科学性，根据前文所设理论分析框架，考虑数据可得性，参考经典经济理论和相关文献选择解释变量，如表12 所示。

表 12　农业供给侧结构优化水平影响因素面板回归解释变量

变　量	变　量	变量符号	说　　明	单位
被解释变量	农业供给侧结构优化指数	Y	反映农业供给侧结构优化水平	—
解释变量	劳均耕地面积	lan	耕地面积与农业劳动力的比值	公顷/人
	劳动力规模	lab	农林牧渔年末从业人数	万人
	技术效率	tec	基于包含劳动、土地、资本的 C—D 函数进行计算	—
	农村用电量	ele	作为农村基础设施建设情况的代理变量	亿千瓦时
	有效灌溉率	fac	有效灌溉面积与耕地面积的比值	%
	政策变量	pol	虚拟变量，2008—2015 年为 0，2016、2017 年为 1	—
	城镇化率	urb	非农业人口占人口总数比重	%
	对外开放程度	tra	各市（州）进出口总额占 GDP 比重	%

根据所选变量，构建如下面板模型：

$$Y_{it} = \alpha_i + \gamma_t + \beta_1 lan_{it} + \beta_2 lab_{it} + \beta_3 tec_{it} + \beta_4 ele_{it} + \beta_5 fac_{it} +$$
$$\beta_6 pol_{it} + \beta_7 fin_{it} + \beta_8 tra_{it} + \mu_{it}$$
$$i=1, 2, 3\cdots\cdots n; \quad t=1, 2, 3\cdots\cdots T \tag{3}$$

式（3）中，Y_i 代表农业供给侧结构优化指数；i 表示时间，跨度为2008—2017 年；n 表示各地（市）；β 为各变量对应回归系数；α_i 和 γ_t 分别为个体效应和时间效应；μ_{it} 为随机干扰项。各变量统计情况如表13 所示。

表 13　农业供给侧结构优化水平影响因素变量统计情况

变量	均值	标准差	最小值	最大值
Y	0.951	0.327	0.407	2.106
lan	2.450	0.969	0.710	5.265
lab	94.186	42.660	17.107	197.284
tec	0.441	0.140	0.204	0.856
ele	7.560	6.919	0.810	36.646
fac	0.581	0.218	0.219	1.729
pol	0.200	0.401	0.000	1.000
urb	0.270	0.114	0.119	0.624
tra	0.044	0.065	0.002	0.351

　　本研究数据属于短面板数据，故无需进行单位根检验或协整检验。Hausman 检验结果显示，宜采用固定效应模型。进行计量模型构建之前，需对劳均耕地面积、劳动力规模、农村用电量 3 个变量进行对数化处理，以保证数据平稳。

二、影响因素分析

　　根据前文所述模型设定及所选变量，进行固定效应模型估计，表 14 展示了农业供给侧结构性改革影响因素模型估计结果。

表 14　农业供给侧结构性改革影响因素模型估计结果

变量	回归系数	统计量	p 值
ln (*lan*)	0.163	5.50	0.000
ln (*lab*)	−0.033	4.10	0.000
tec	0.345	3.62	0.000
ln (*ele*)	0.050	0.15	0.878
irr	0.295	1.87	0.061
pol	0.093	1.85	0.064
urb	0.050	6.50	0.000
ope	0.241	2.47	0.033
constant	0.471	2.63	0.009

模型拟合优度 R - square 为 0.688 8，说明所选解释变量对被解释变量的解释力度较高，且与被解释变量有明显线性关系。表14显示，除农村用电量变量外，其余变量均能分别在 1%、5% 和 10% 的置信水平下通过 t 检验，表明这 7 个变量对于四川农业供给侧结构优化均具有不同程度的影响。

土地投入变量的系数为 0.163，每增加 1% 土地投入，优化指数增加 0.163%，表明增加土地投入对改善农业供给侧结构有积极影响。该结论蕴含的政策意义是：深化农村土地制度改革，推进农村土地流转，解决承包地细碎化问题，适度扩大土地经营规模，改变四川农地细碎化状况，对优化农业供给侧结构具有显著作用。

劳动力规模与供给侧结构优化指数呈负相关，农林牧渔从业人数每增加 1%，供给侧结构优化指数将下降 0.03%。目前，四川省农业劳动力素质相对较低，与产业发展需求不配套，劳动力规模扩大不会带来农业质量和效益的提升。四川农村劳动力还需大量转移，加快实施农业机械化、农村的现代化是实现农业供给侧优化的根本出路，同时应注重加强劳动力的专业技能和素质提升。

技术效率对于改善农业供给侧结构贡献最大，其数值每提高 1%，会带动农业供给侧结构优化指数提升 0.345%，印证了科技创新在农业供给侧结构性改革中的关键和引领性作用，也反映科技进步和创新才是提高农业综合生产能力的根本途径。

有效灌溉率变量的系数为 0.295，其影响程度仅次于技术进步。农业生产设施建设滞后，严重影响四川的农业生产效率。加强水利设施建设、推动农业生产方式转变，有助于发展农业适度规模经营，为四川省土地产出率、劳动生产率、资源利用率的提高提供基础。

政策变量的系数为 0.279，符号与预期相符，说明国家农业政策的转向对农业供给侧结构变动产生明显影响，结构性改革契合当前农业发展形势，对改善农业供给侧结构发挥了显著促进作用。

城镇化对农业供给侧结构性改革也存在影响，其变量系数为 0.05。一方面，城镇化往往伴随城镇人口规模扩张以及空间布局外延，导致农业生产要素稀缺程度提高，并推动农业专业化发展与集聚经济形成。在优化农业产业结构与资源配置效率的同时，带来规模经济效应，使得农业产出不断增加、农业经济不断发展成为可能。同时，产业结构转化效应、技术进步效应也会外溢至农业部门，并改善农业供给侧结构。

对外开放变量的系数为 0.241，该变量每提高 1%，会带动农业供给侧结构优化指数提升 0.241%。加强对外开放，可实现优质产品"走出去"、先进技术"引进来"，促成农业发展资源互补、优势互享，对于推进农业供给侧结构性改革具有重要战略意义。

第六章 "川字号"特色产业案例分析

习近平总书记在 2017 年农村工作会议上提出，要做好"特"字文章，加快培育优势特色农业，打造高品质、有口碑的农业"金字招牌"。本研究聚焦养殖业——生猪，聚焦种植业——柑橘，聚焦林业——花椒等具有优势的"川字号"特色农业产业，为推动四川省农业高质量发展，擦亮四川农业大省金字招牌提供经验借鉴。

第一节 生猪产业

一、总体情况

四川是全国生猪生产和消费大省，是国家"十三五"生猪生产重点发展省份之一，也是国家批准建设的全国唯一优质商品猪战略保障基地。2017 年全省共有国家生猪调出大县 63 个，全省生猪产业总产值约 3 600 亿元。出栏生猪 6 579 万头，约占全国生猪出栏总量的 10%，猪肉产量 472 万吨，占全省肉类总产量的 71%，生猪出栏量和猪肉产量位居全国第一。猪肉作为享誉省内外、四川人最爱"回锅肉"的主要食材，是四川数一不二的"金字招牌"。

根据国家统计局 2017 年全国各地人均主要食品消费情况显示，四川人均猪肉消费量全国第一。从地理特征角度来看，四川多山地丘陵，爬坡上坎体力消耗大，不吃动物油根本支撑不住身体的消耗；从产业发展角度来看，四川生猪产业整体发展态势良好，具有低成本生产优势、数量优势和价格比较优势；从饮食文化角度来看，四川人对回锅肉、水煮肉片、鱼香肉丝、蒜泥白肉、咸烧白等川菜的喜好，加之四川农村有杀年猪、腌腊肉、吃煲汤肉等传统习俗，这些因素都极大增加了四川猪肉消费量和依赖性。

近年来，四川把生猪产业供给侧改革作为推进农业供给侧结构性改革和实现四川由农业大省向农业强省跨越的重要抓手，提出"黑猪（本地猪）振兴行动方案"，加强政策引导、创新体制机制，优化生猪产业结构，加快生猪生产方式转变，使得全省生猪产业保持了持续稳定的发展态势。

二、发展现状

（一）生猪种业基础稳固

四川省是全国最早实施生猪改良计划的 5 个试点省份之一，已经建立了相对完善的遗传评估和性能测定制度。全省有区域性人工授精站 1 670 个，存栏公猪 1.87 万头，有遗传资源保护场（区）7 个（国家级保护场 2 个，省级保护场 5 个）；有核心育种场 2 个，外种猪核心育种场 10 个（国家级育种场 6 个，省级育种场 4 个），育种核心群规模达 6 000 余头；有扩繁场 674 个，存栏种猪达 29.7 万头；有省级种猪经营许可证场 100 个，存栏纯种猪 30 余万头，种业基础稳固。

（二）优质风味猪肉产业发展迅速

四川优质风味猪肉产业迅速发展，生产规模快速增加，建立起以"川藏黑猪"等地方品种和培育品种为依托的优质风味猪肉产业集群，将价格是白毛猪两倍多的黑猪肉销往全国各地。目前全省已形成年产 250 万头优质风味肉猪的产业链，猪肉供给结构多样化，满足了中高消费群体市场追求高品质生活的需求，创造了阿坝生态猪 2 万元直销上海等骄人成绩。近些年来，全省重点打造了一批以"庄园黑猪""乌金""金香"等为代表，具有相当知名度的优质风味猪肉品牌，建立了"网购＋连锁专销店＋会员"的优质风味猪肉制品营销网络体系，实现了优质风味猪肉的研发、生产、加工、销售一体化，形成了市场引领生产、科技带动消费的新格局，推动了优质风味猪肉产业不断发展壮大。

（三）生猪屠宰加工能力增强

四川共有生猪屠宰场 1 816 个，年屠宰加工总量可达 7 000 万头，生猪屠宰加工能力位居全国首位（猪肉精深加工 50 万吨，冷库储藏 33 万吨）。全省规模以上屠宰及肉类加工企业达 270 家，双汇、金锣、雨润等驰名全国的生猪加工企业均在川建有屠宰加工厂。新希望、高金、金忠等本土企业的年猪肉加工量超 100 万吨，屠宰量可达全省屠宰总量的 70％，形成了在全国肉类加工行业范围内具有较强竞争优势的企业集群。以猪肉为主的肉类加工业成为全省食品行业仅次于白酒的第二大产业。

（四）生猪产品质量得到保障

大力推行"龙头企业＋农民合作社＋农户"和"生态养殖＋沼气＋绿色种植"等发展模式，合理推广铁骑力士、华西特驱、温氏、正大、巨星等龙头企业"寄养"、"托养"和"订单养殖"等新模式，把龙头企业的资金、技术、市场和信息等资源和农户承包的土地、自身劳动力和享有的强农惠农政策等要素相结合，建立起了完善的育种、育肥、加工、销售等各个环节无缝衔接的生猪全产业链，有效保障生猪产品质量安全，打造了一批具有相当影响力的品牌，增强生猪产品的市场竞争力。

三、问题分析

（一）养殖成本上升，提前出栏导致猪肉品质下降

尽管四川生猪规模养殖集中度和技术水平有所提高，但总体上仍落后于河南等省份，生猪规模优势不明显，生猪养殖成本居高不下，大量外地生猪入川对四川生猪价格冲击较大。为达到环保要求、改进养殖环境，四川规模养殖场投入大量排污设备和基础设施，养殖成本增加。2017 年 3 月以来受中美"贸易战"因素影响，玉米、豆粕等饲料价格上涨进一步推高养殖成本。为应对养殖成本上涨问题，养殖场选择减少生猪存栏量或者通过料精饲养的方式缩短生猪生长周期，将原本生长周期为 8～10 个月的生猪提前出栏，严重影响猪肉风味和口感，降低猪肉品质。

（二）地方特色品种猪肉产量低，供给严重不足

黑猪肉因蛋白质丰富、胆固醇和脂肪含量低、口感好、风味佳等因素深受消费者喜爱。据统计，电商平台中黑猪肉消费量占线上猪肉消费量的 21％，市场需求量巨大，但 2017 年全省风味肉猪年生产仅 250 万头，与年出栏 6 579 万头相比仅占比 3.8％，"十二五"以来"川藏黑猪"累计生产风味肉猪仅 378.5 万头，供给严重不足。

（三）生猪价格波动大，风险抵抗能力差

调查显示，2017 年受猪周期及环保政策导致的市场供需变化影响，

生猪价格总体持续走弱，普通猪肉价格跌个不停，市场上非品牌类猪肉均价为 15.77 元/斤①，品牌白猪肉均价 26.5 元/斤。与此同时，品牌化程度高的黑猪肉价格却稳如泰山，均价为 51.5 元/斤，是白猪肉价格的 2～3 倍，这也导致猪肉市场价格出现明显分化。2019 年又因受到非洲猪瘟疫情影响，四川生猪生产下降明显，存栏、出栏明显低于上年同期，猪肉价格出现较大涨幅，生猪生产保供压力大。

（四）执法手段粗暴，人为因素影响猪肉供给

在全省环境整治行动中，部分地区对于达不到环保标准的猪场处置方法手段粗暴简单，不具备科学性。例如，某县 2019 年上半年关停 700 多家养殖场；全家举债 100 多万元新建养猪场，执法部门未给出整改时间而直接关停，导致家庭破产。这些人为因素为四川猪肉价格上涨起了推波助澜的作用，导致生产者对政府不理解，消费者对政府产生怀疑，严重影响了市场猪肉供给和社会稳定。

第二节　柑橘产业

一、总体情况

柑橘是四川重要的水果品种，占全省水果总产量的 52.6%。截至目前，四川柑橘种植总面积为 34.86 万公顷，居全国第六，产量 401.69 万吨。主要分布在成都平原及川东地区，为 4 大产业带：金沙江河谷鲜食柑橘产业带、宜宾南充鲜食加工兼用型柑橘生产加工产业带、安岳川中柠檬产业带以及金堂川西宽皮橘产业带，覆盖 16 个市、州：眉山市、成都市、资阳市、南充市、广安市、遂宁市、乐山市、雅安市、泸州市、内江市、凉山州、绵阳市、达州市、攀枝花市、自贡市、宜宾市。

主要栽培品种为四类：杂柑类——"不知火"、清见、春见、爱媛38、黄果柑（石棉）；宽皮橘类（椪柑、温州蜜柑）；橙类——夏橙、普通甜橙、脐橙、血橙（资中）、锦橙；柚类——沙田柚（蓬溪）、龙安柚（广安）、真龙柚（合江）、蜜柚及柠檬。

---

① 斤为非法定计量单位，1 斤＝500 克，下同。

其中，杂柑种植面积 13 万公顷，年产量超过 200 万吨，主要分布在眉山、南充、自贡、成都金堂、蒲江、青白江、双流等地。脐橙主要分布在凉山雷波、眉山丹棱、泸州古蔺等地。血橙主要分布在资中、遂宁、资阳等地。柚子种植近年来出现萎缩，目前主要分布在眉山、彭山、阆中等地。柠檬种植主要集中在资阳安岳、遂宁、广安等地，4 万公顷的面积为全国之最，占全国 80％。夏橙分布在宜宾江安，温州蜜柑分布在成都蒲江、眉山仁寿、青神等地。椪柑分布在眉山青神、丹棱、仁寿、东坡区和自贡荣县等地。

二、发展现状

（一）柑橘投产面积不断扩大，产量逐年上升

近年来，四川柑橘种植面积逐渐稳定在 33 万公顷左右，种植面积的变化幅度不大。同时，柑橘投产面积不断扩大，年均增长率为 7％，投产面积的增加以及新品种更换使得四川柑橘产量逐年上升，全国柑橘主产区的发展态势已在四川基本形成。

（二）柑橘品种丰富，优质品种种植率高

四川优质柑橘品种种植比例高达 95％。同时，各类优质品种产量较高，其中甜橙类产量占比 44.6％，宽皮橘类为 32.5％，柚类为 13.9％，柠檬为 8.1％。柑橘品种的多元化调整和产业结构的优化，在很大程度上提高了四川柑橘产业的市场竞争力。

（三）产业逐步向优势区域集中，产业带布局特色明显

继《四川省柑橘产业"十二五"发展规划》出台后，四川不断将柑橘产业向优势区域集中调整，目前已初步形成金沙江河谷鲜食柑橘产业带、宜宾南充鲜食加工兼用型柑橘生产加工产业带、安岳川中柠檬产业带以及金堂川西宽皮橘产业带四条特色产业带。柑橘产业区域化布局的不断优化，构成了支撑其优质化生产、规模化经营的重要基础。

三、问题分析

（一）供需矛盾突出，同质化现象严重

近年来，四川柑橘产业发展迅速，各地基地面积快速扩张，投产面积

不断扩大，产量不断提高。但如果消费水平没有显著的提升，四川柑橘产业将无法避免出现供大于求的供需失衡状态，因为消费能力不足而导致的产品供给过剩问题将趋于尖锐。同时，四川柑橘品种过于集中，成熟期大致相同，无法形成时间上的错位竞争，同质化现象严重。

（二）盲目种植扩张导致效益下滑

随着近几年柑橘种植面积不断扩大，以柑橘为主体打造特色产业是不少地区的发展趋势。当前，全省东西南北中都在发展晚熟柑橘，但"量变"反而导致"质变"艰难，尤其是川南河谷、川北高纬度、高海拔地区等非适宜种植区也在不断扩大柑橘种植面积，只重量不重质的"疯狂扩张"已经导致资源配置错位，效益下滑显而易见。

（三）产销脱节矛盾趋于尖锐

从总体上看，四川柑橘产业发展中产销脱节矛盾已全面凸显，不仅现代市场营销体系建设极其薄弱，而且采后商品化处理和贮藏环节发展也严重滞后，导致产地销售价格与市场零售价格差距较大，柑橘生产者利益往往被边缘化，柑橘产业综合经济效益难以有效提升。

（四）产业支持政策失衡问题突出

一方面重生产基地、轻流通加工，各级政府大都将扶持柑橘产业的工作重心放在生产环节，对生产基地建设高度关注，但缺乏对产业链的整体扶持，对市场营销、品牌打造、产品加工、仓储物流等流通环节政策激励不强。另一方面重龙头企业、轻专业大户。对龙头企业大规模流转土地扩大种植面积等支持政策较多，而对更稳定和更具规模理性的适度规模种植大户的政策支持则明显不足。

第三节　花椒产业

一、总体情况

四川的"川味"享誉中外，"川菜"（火锅）是巴蜀人特色的名片，而花椒作为"川味"的重要食材，凝聚了"麻""鲜""香"等独具四川特色的魅力元素，具有极其厚重的历史文化价值，在巴蜀文化中占有极其重要的地位。"川味"体现了四川巴蜀人的性格特征，四川人对"川椒""川味"的嗜好可以说是祖祖辈辈，一代又一代，无不彰显花椒在川菜中的重要、独特性。

据 2017 年花椒面积产量统计表所示，四川花椒种植面积合计 33 万公顷，分布在全省 21 个市（州）、144 个县（区、县级市）。产业种植面积位列全国第一，占全国种植面积（93 万公顷）三分之一以上，产量达 8.36 万吨，产值 62.7 亿元。四川具有较长的花椒栽培历史，在许多地方在长期的栽培选择中，形成了具有当地特色的地方品种。"三州"区域主要是红花椒，主要有汉源花椒、越西贡椒等为代表的"贡椒"以及油重粒大、色泽红亮、芳香浓郁、醇麻可口的茂县大红袍。而青花椒主要集中分布在四川盆地、盆周低山区以及金沙江干热河谷地带的攀西地区。四川花椒主要以烘晒等方式进行初级加工，年加工能力 5 万吨，有幺麻子、五丰黎红、梓州农业科技、建华、友加等生产企业 100 余家，以干花椒、保鲜椒、花椒粉、花椒油等产品投放市场。花椒系列产品远销 30 多个国家，出口量约占全国出口量的 76%，年均出口创汇 2 000 多万美元。

花椒元素已凝聚成独具四川饮食文化产业特色的重要标志，成为提升四川美誉度和知名度的金字招牌。花椒产业一直是四川发展农村经济和推动农民增收的重要渠道，是四川实现农业供给侧结构性改革重点关注的特色产业。

二、发展现状

（一）花椒产业研发能力不断提升

"十五"时期以来，涉林科研院所、大专院校及企业联合开展花椒良种选育、丰产栽培、病虫害防控、呈味物质分析、加工综合利用等技术攻关与成果转化。全省已选育出经四川省林木品种审定委员会审（认）定的良种 20 余个，建立 40 余个丰产示范园，带动 3 000 余户科技示范户。研发与推广花椒容器育苗、以采代剪、测土配方水肥管理、病虫害防治、椒油超声萃取等实用技术 30 余项，探索创新以"良种"为基础的花椒产业化推广模式。围绕花椒栽培与加工利用申请了多项国家发明专利。

四川专门从事花椒研究的机构有：四川省农科院园艺研究所、成都市农科院园艺研究所、四川省川椒种业公司、四川种都种业公司等。

（二）花椒产业组织架构不断完善

四川现有花椒加工企业及农民专业合作社 200 余家，2018 年四川成立"川椒产业联盟"，主要负责全省花椒产业基础数据库的构建，产品及加工标准的制定，加工设备及技术交流会的组织，集收储、展示、商贸、物流为一体的大型产业综合体的建立，价格指数形成机制的探索，统一品牌的运营，与省农行、省邮储银行、省农信社战略合作协议的落实等工作，凝聚全省加工企业、农民专业合作社、个体农户的力量，共同推动四川省花椒产业转型升级提质增效，共同促进全省花椒产业健康可持续发展。

（三）花椒产业品牌文化建设不断丰富

四川省人民政府办公厅发布《推进花椒产业持续健康发展的意见》。该意见提出，到 2022 年全省要建成省级以上花椒产业融合发展示范园区 10 个、省级以上花椒产业特色优势区 10 个，培育区域公共品牌和企业知名品牌 20 个。更提出鼓励打造创意农业、休闲农业、乡村旅游、特色文化等产业，推进花椒产业与电子商务等产业深度融合。建设花椒博物馆和主体公园，编纂四川花椒史、花椒趣谈等文史科普资料，提高花椒产业文化内涵。规范举办"花椒采摘节"，推进花椒一三产业融合。依托国家或省级林业产业化龙头企业，加快建设一批集良种繁育、标准化种植、储藏保鲜、精深加工、质量检测、产品展销、物流配送、康养保健、乡村旅游为一体的花椒产业示范园区。加大对四川花椒历史文化的挖掘力度，组织媒体开展主题宣传活动，借助"川菜"品牌优势，把花椒融入美食文化，讲好四川花椒故事。鼓励利用传统媒体和新兴媒体大力推介四川花椒品牌，提高品牌知名度和美誉度，打造花椒文化强省。

三、问题分析

（一）产业结构发展不均衡，品种改良创制进程较慢

在花椒产业发展过程中，尚未形成系统完善的现代产业体系，产业结构和品种质量均存在一定问题。前者主要体现在产业内部结构不均衡、产业空间结构不合理、与相关产业融合程度低，根源在于产业规划缺乏预见性、盲目扩大种植规模、缺乏市场预警机制、尚未形成分工协作链条；而

品种质量问题包括品种退化严重、品系杂乱、育种技术落后和育种研究缓慢四方面，是种质资源搜集工作不到位、生物技术利用不足、种质创新工作投入不够、育种目标缺乏前瞻性和多样性、品种选育与加工企业缺乏联系的结果。

（二）生产规模化程度较低，精深加工及科技支撑欠缺

在花椒种植业的发展过程中，尚未形成规范健全的现代生产体系，在生产规模、精深加工和科技支撑三方面均存在不同程度的问题。生产规模问题主要体现在连片种植做不到位、现代化生产程度低和缺乏标准化生产意识，根源在于机械化种植比例不高、农村土地流转存在问题、规模化种植专业服务不到位和规模化经营管理不完善；而精深加工问题包括自动化生产程度低、原料运输损耗较高、产品科技含量低以及精深加工产品开发不足，系成本上升、种植品系杂乱、制品标准缺失导致的结果；科技支撑方面的问题在于病虫害愈发严重、设施农业发展起步晚、科技运用转化率较低、采后处理和贮藏技术落后，源于产业重视不足、科技投入不够、高新技术推广较慢、科技人才匮乏。

（三）经营主体带动能力弱，产品种类和品牌建设有待加强

花椒产业经营体系不成熟，表现在小规模经营管理方式不当、大规模经营主体竞争优势小以及龙头企业带动力量不明显。花椒产业的产品体系仍存在过于单一的情况，科技研发的不足导致花椒高品质产品较少，对于产业发展有一定的制约，使其市场影响力不足，无法进一步强化产业的发展。产业联盟发展处于起步阶段，相关机制建设步伐有待加快，另外关于花椒的品牌建设步伐有待加快，产业文化内涵有待进一步挖掘。

（四）政策支持体系不到位，顶层设计和监督管理尚未完善

有关花椒产业的发展，目前尚未建立完善的制度体系，包括政策支持、质量监管以及标准制度等方面都存在不同程度的问题，缺乏顶层设计、有效的监督管理以及协调的利益机制，没有人才培养、资金扶持、风险防控、电商扶贫等方面的全省性产业融合战略规划，花椒鲜品没列入《鲜活农产品品种目录》，无法享受"绿色通道"等相关优惠政策。导致整个政策支持体系乏力，配套设施跟不上产业发展步伐。

第七章　四川省农业供给侧结构性改革路径分析

本研究提出四川省农业农村改革路径应坚持以"供给侧结构性改革"为主线，"盘活存量，做优增量，提高质量，发挥效量""强化二基础，构建三体系，抓好九产业，培育新经济"的总体发展思路：以四川粮油为基础，构建产业、生产、经营三大现代农业体系，擦亮川猪、川果、川菜、川茶、川椒等九大金字招牌。以优化产业布局为前提，以标准化生产为抓手，以激活生产要素为手段，以变革经营服务为支撑，着力建设农业强省美丽四川，坚持绿色发展，生态效益优先，不断提高四川省农业综合效益和竞争力。

第一节　"擦亮金字招牌"路径

2017年，习近平总书记参加十二届全国人大五次会议四川代表团审议时指出，四川农业大省这块金字招牌不能丢，要带头做好农业供给侧结构性改革这篇大文章；2018年2月，习近平总书记来川视察时强调，要着力实施乡村振兴战略，把四川农业大省这块金字招牌擦亮，加快实现由农业大省向农业强省转变。同时，习近平总书记在2017年农村工作会议上提出，要做好"特"字文章，加快培育优势特色农业，打造高品质、有口碑的农业"金字招牌"。四川应深刻认识并牢牢抓住历史机遇，用好、用活、用足支农惠农政策，牢牢守住农产品质量安全底线，重点培育"川字号"特色农产品，全面提升农业质量效益竞争力、持续擦亮农业大省金字招牌、开启供给侧结构性改革新征程。

一、调整农业产业布局，扩大特色农产品有效供给

在系统分析四川各地区地理区位、自然资源、产业基础、经济发展状

况等要素的基础上，合理调整农业产业分布，从省级层面规划并落实各农业发展区产业优化布局方案，有效规避各区域产业发展的同质化现象，使耕地资源得到最佳的组合利用。优先布局确保粮食供给安全的农业基础产业，平原平坝优质永久性基本农田优先发展蔬菜粮油产业。因地制宜布局农业生产，在成都平原发展柑橘、核桃、柚子等水果产业，在丘陵地区发展种草养畜、特色杂粮、经济作物等，在盆周山区发展川茶、经济林木、道地中药材等产业。合理布局农业产业，重点发展中小规模综合型产业和上下游衔接紧密的专业化大规模产业。

二、争创名优特新品牌，增强特色农产品市场竞争力

以市场为导向，把"一地一品"作为名优特新产品主攻方向，注重对独特资源、传统工艺、农耕文化的发掘，促进农业结构向名优特新调整，培育四川农业的"中国名牌""驰名商标""著名商标"，提高优质特新产品的市场营销与研发、知识产权保护能力。大力发展"三品一标"农产品，培育一批有认知度和美誉度的农产品区域公共品牌，支持重要产品品牌、重点企业品牌做大做强，积极发展"川字号"特色农业产业，保护和利用好品牌价值，扩大优势区域公用品牌影响力。开展"川"字号农业产业联盟建设，促使联盟活动紧紧围绕市场实际需求展开，通过联盟实现农企合作、产学研合作、产品营销，打造绿色优质的原料基地。建立以企业为主体，以特色产业为优势，以科学技术为支撑的创新平台和覆盖国内外的销售网络，促进"川"字号特色产业提质增效和转型升级，让四川优质农产品真正走上国际市场。

三、推进农业标准化生产，提高特色农产品品质

加快特色农产品优势区高标准农田、农田水利工程和产业基地路网、水网、电网等配套基础设施建设，大力提升川猪、川椒、晚熟柑橘等特色农产品基地的标准化生产能力。建立和完善涵盖农业生产、管理、服务的规范标准体系、质量保证体系和检验检测体系，整体提升农产品品质。支持川猪、川椒、晚熟柑橘等特色农产品优势发展区创建一批农业标准化生产示范园（区）、示范场（企业、合作社）、示范乡（镇），带动农户推行

标准化生产。加快制定保障农产品质量安全的生产规范和标准，健全农产品产地环境、生产过程、收储运为一体的全程标准体系和组织实施的工作机制。建立健全农产品质量安全监管、检测、执法三大体系，深化国家级、省级农产品质量安全监管示范市、示范县创建。健全农产品质量安全可追溯体系，完善农产品质量安全法规体系，落实农产品质量管理责任。

第二节　新产业新业态发展路径

2017年和2018年中央1号文件中指出，要壮大新产业新业态，拓展农业产业链价值链；要利用农村闲置建设用地发展农村新产业新业态。发展壮大农村新产业新业态、推动农村一二三产业融合发展，是推进农业供给侧结构性改革的重大举措，是培育农业农村发展新动能的突出亮点。把握城乡发展格局发生重要变化的机遇，培育农业农村新产业新业态，有利于打造农村产业融合发展新载体新模式，有利于推动要素跨界配置和产业有机融合，有利于农村一二三产业在融合发展中同步升级、同步增值、同步收益。

一、做强休闲农业，重新审视乡村价值

深入挖掘农业农村重要的生态涵养功能、令人向往的休闲观光功能和独具魅力的文化体验功能，注重产品与服务双提升，促进农业功能从提供物质产品向提供精神产品拓展，从提供有形产品向提供无形产品拓展。充分发挥各地区独特资源优势，不断丰富农业农村业态和产品，发展富有乡村特色的民宿和养生基地，打造各类主题乡村旅游目的地和精品线路，规划符合不同年龄、不同爱好游客的体验农业园，把田园变公园、农房变客房、劳作变体验，把人们向往的田园风光、诗情山水、乡土文化、民俗风情、农家美食，追求与自然和谐相处的乡村慢生活变成一种时尚。

二、发展农村电商，强化农产品流通体系建设

深入推进农产品电子商务示范行动，通过以奖代补等措施，重点培育一批农产品电子商务示范县、电子商务示范企业和电子商务品牌，建立和完善县乡村三级电子商务运营服务网络，促进农村电子商务发展。充分运

用各方有利因素，推动商贸、供销、邮政、电商互联互通，加强从乡镇到农村的物流体系建设，实施快递下乡工程。促进新型农业经营主体、农产品加工企业、物流企业与电商企业之间的全面融合，推动农产品线上销售与线下销售互动发展。加快建立健全符合农产品电商发展需求的标准体系，支持农产品电商平台和农村电商服务站的建设。

三、推动农产品加工业优化升级，提高整体效益

以特色优势农产品为依托，大力支持农产品精深加工，延伸农业产业链条，提高农业整体效益。加大企业培育力度，建立政府部门与重点加工龙头企业联系机制，精准实施"一企一策"，建设一批现代化的农产品精深加工龙头企业。加快农产品加工中小微企业梯度培育，重在落实中小企业扶持政策，加快扶持骨干型企业跨阶成长。提升产业创新驱动能力，着重探索建立以企业为主体、科研院所为依托的产业技术研究院、产业技术创新战略联盟，加强农产品精深加工业重大关键共性技术攻关和成果转化应用。

第三节　培育新乡贤助力乡村人才振兴路径

"新乡贤"这一概念是于第十三届中国农村发展论坛在丰顺定义的。新乡贤是心系乡土、有公益心的社会贤达，一般包括乡籍的经济能人、社会名流和文化名人，财富、权力、声望是其外在表现形式，公益性是其精神内心。2017年和2018年中央1号文件中指出，要培育与社会主义核心价值观相契合、与社会主义新农村建设相适应的优良家风、文明乡风和新乡贤文化；要积极发挥新乡贤作用。情系家乡的新乡贤有实力、有能力、有责任助推农业供给结构性改革，有效解决生产要素配置中"人"的问题，为本土本乡的产业转型升级、产品提质增效、经济高质量增长贡献自己的力量。

一、推进职业经理人种田，破解"谁来种地"难题

搭建新型职业农民培育和服务体系，主动适应农业规模经营所形成的

专业化需求，开展以农业职业经理人为重点的新型职业农民培育。一是建立选育机制。选择有志于农业的大中专毕业生、返乡农民工、种养能手等作为培育对象，建立专家学者、农技推广人员互为补充的教学师资队伍，探索形成职业农民"双培训"机制，培训生产经营型、专业技能型、社会服务型人才。二是健全管理机制。建立农业职业经理人初、中、高级"三级贯通"的晋升评定制度、管理制度、考核制度等，构建形成"农业职业经理人＋职业农民"专业化生产经营管理团队。三是构建激励机制。制定和健全农业职业经理人产业、社保、金融等扶持政策体系，保障农业职业经理人福利待遇。

二、多措并举内外兼修，加强队伍建设

强化内部农业从业人员培育，优化农业从业者结构，实现乡村人才振兴。深入推进现代青年农场主、林场主培养计划和新型农业经营主体带头人轮训计划，探索培育农业职业经理人，培养适应现代农业发展需要的新农民。支持家庭农场主、合作社带头人、新型农业职业经理人等用好农村土地确权成果，提高土地流转率，合理引导农民以土地入股，推进土地结构调整，有效解决小农生产经营、风险抵抗力弱等问题，带动农户发展适度规模经营，提升农业服务规模水平，促进农业专业化布局、规模化生产，促进小农户与现代农业有机衔接。

三、盘活农村闲置资源，引导产业融合发展

鼓励新乡贤返乡实施农村"三变"项目，盘活农村闲置资源，通过把村集体土地设施评估折价变成可入股资产，把涉农资金和村集体资金变成股金，把农民的土地承包经营权、宅基地使用权等资产评估折价入股，引导产业融合发展。鼓励新乡贤整合农村闲置宅基地和农房资源，通过集中流转闲置、撂荒农地等形式开展土地适度规模经营，通过租赁集体建设用地等形式开办农产品加工厂，通过租赁空闲农房和宅基地等形式发展"共享住宅"、民宿、乡村旅馆，引导地方优势特色农产品种植业、农产品加工业、农村旅游业融合发展。

第四节　绿色生态农业发展路径

2018 年中央 1 号文件中指出乡村振兴战略的基本原则之一就是"坚持人与自然和谐共生"。2018 年四川省委 1 号文件也指出要实施质量兴农和绿色兴农战略，全面建立农业绿色生产评价体系、政策体系、工作体系和考核体系，健全创新驱动与约束激励机制，完善农业生态补贴制度，建立绿色农业标准体系和农业资源环境生态监测预警体系，完善绿色农业法规政策体系。绿色发展理念注重对生态环境的保护，强调在经济发展的同时不能以破坏生态自然环境为代价，最终实现人与环境的和谐共赢。与之对应的农业供给侧结构性改革也应该通过保障产品安全和保护生态环境的方式来发展农业生产，正确处理资源与环境、经济和生态、目前和长远的关系，实现农业生产、经济发展和生态保护三者的可持续发展，建立绿色、高效、均衡的农业发展模式。

一、重塑绿色生产体系，优化产业结构

一是去低效产能。淘汰过量以及污染严重的生产体系，追求生产过程的绿色和可持续发展，提高资源利用率。二是去落后杠杆。绿色生产体系注重对品质的追求，因此要提高农产品品质，适当调整种植业结构，在坚持种粮面积和总产量稳定发展的前提下，培育、推广良种、良法，淘汰落后和不适应市场需求的品种，形成优质、安全、绿色的产业导向。落实"田保水，地保绿，山保林"产业、生态空间格局，实现农业内部结构优化。三是去超量库存。粮食生产要从"以量取胜"转为"以质取胜"，通过减少增量去库存。提质增效，增强高品质绿色农产品供给，满足人民对高品质产品的需求。

二、推行绿色生产方式，降低种养成本

生态环境的恶化使得耕地的耕种能力严重超支，加重了农业的生产成本。对此应推行化肥农药零增长行动，引导农民科学施肥、合理用药，加快高标准农田建设绿色转型，推进废弃物无害化处理，杜绝工业和城市污

染流入农业。保护和修复农业生态，在一些严重失去土壤肥力和受污染的地块采取休耕、退耕措施，达到保护地力和土壤改良的目的。积极发展多种形式的适度规模经营，提高农业组织化程度，提升农业社会化服务水平，从而提高土地、人工和资源的利用效率。

三、创新绿色科技机制，补齐质量短板

加强农机和农业产业技术研发，创制一批优良新品种、新机器、新技术，把提高农产品质量放在更加突出的位置。加强科技成果转化推广体系建设，加强基层农技人员培养，提升农技推广整体服务效能。推动我国农业发展向现代化转变，就要大力发展"智慧农业"，包括运用物联网技术帮助农业生产基地实现智能化管理，利用大数据开发整合农业信息资源，通过电子商务解决农产品经营销售缺渠道的问题以及通过网上讲堂的方式开展农民职业技能培训。

第五节 开放农业发展路径

2018年中央1号文件明确提出要构建农业对外开放新格局，提高我国农产品国际竞争力，扩大高附加值农产品出口，建立健全我国农业贸易政策体系。2018年四川省委1号文件指出要建立健全农业农村对外开放合作长效协调机制，营造吸引国内外资本、技术、管理等资源要素投资四川的良好环境。

全面落实开放、共享的发展理念，把握全局，统筹用好国际国内两个市场、两种资源，着力提高农业对外合作水平。利用国外资源优势，提升农业领域要素、产品和制度的供给质量和水平，对中国农业供给侧结构性改革意义重大。

一、把握国外农产品市场需求，提高农业对外合作水平

瞄准国外市场行情，从农产品生产入手，合理开发适应国外市场的农产品，把四川农产品的资源优势转化为高附加值的竞争力优势，通过进出口贸易调整优化农产品生产和供给结构。统筹推进双向投资，既要重视引

进来，扩大对外资开放，引导外资投资农产品精深加工、观光农业、休闲农业等高附加值领域，又要重视"走出去"，通过兼并重组等多种方式，充分利用国外先进技术、人员等创新要素，不断拓展农业产业链，提升国际竞争能力。

培育具有国际竞争力的农业企业，加强国际型农业人才队伍培育和科技体系建设，统筹谋划重点国别、重点产业和重点产品的战略布局，推动农业装备、技术、标准、品牌、服务等方面的对外合作，着力提升两种资源、两个市场的利用能力，为保障国内高品质农产品的有效供给，推进农业现代化，实现农业供给侧结构性改革做出积极贡献。

二、加强农业国际贸易的配套体系建设

四川应加快建成一套机构完善、功能齐全、手段灵活、运转高效并适应我国国情和国际规则的农业贸易配套体系。例如，为企业提供完备的信息服务，包括相关国家的市场供求信息、有关贸易的法律、法规等。提供便捷的农产品出口渠道，加大农产品出口的资金支持和免费服务力度。加强农产品品牌建设，通过支持进出口示范基地建设、品牌建设、国际认证、互认合作及公共品牌宣传推荐等系列活动将四川优质特色农产品打造成国际品牌，促进形成一批农产品出口龙头企业和一批出口"拳头"产品。强化农产品对外营销促销，以成都为核心建立代理商平台，将各市州农产品聚集，打造国际品牌农业展会。政府辅助企业制定海外拓展计划，引导企业和协会有效参加国际展会，开拓海外市场。政府加强农产品质量监管，提升农产品出口质量，积极应对贸易救济案件，打破四川农产品出口"绿色壁垒"。

第六节　政策支持保障路径

2018 年中央 1 号文件指出要创新完善政策工具和手段，扩大"绿箱"政策的实施范围和规模，加快建立新型农业支持保护政策体系。2018 年四川省委 1 号文件也提出健全实施乡村振兴战略财政投入保障制度，各级财政更大力度向"三农"倾斜，加快建立涉农资金统筹整合长效机制。现阶段，我国农业的主要矛盾已由供给不足转为结构性矛盾。农业支持政策的主要目标，应从农产品增产转向增产与提质并重、增强农产品的市场竞争力、追求生态的可持续发展。要按照新的目标定位，进一步完善四川省农业支持政策的顶层设计与总体框架，加大农业补贴、农产品最低收购价格和农业保险等政策的协调配合力度，保障强农惠农政策力度不减弱，工作力度不放松。

一、调整完善农业补贴政策，保障经营主体利益

加快构建以直接收入补贴为基本保障、以定向补贴为调节手段、以保险补贴为重要支撑的农业补贴政策体系，简化补贴程序和方式。第一，重点支持适度规模经营优质粮油生产业主。随着我国农村土地流转速度进一步加快，流转规模不断扩大，规模化、集约化、现代化的农业经营模式越来越普遍，因此应该实行"谁种地，补贴谁；种的多，补贴多"，重点对种粮大户、家庭农场、农民合作社等经营主体补贴，减免其土地租金。深化农业"三项补贴"制度改革，加大对耕地地力保护和粮食适度规模经营的补贴力度，承包 100 亩以上耕地用于农业生产的，可以享受政府每亩 200 元左右的补贴。第二，保障优质特色农业产业符合区域规划。对在指定区域内种植特色农产品的经营主体给予土地流转费补助和特殊政策补贴，如给予在川南地区发展柑橘产业的业主补贴，川北地区则不享受补贴。第三，表彰农业供给侧结构性改革成效显著的大县、强县。建立全面科学的评价考核体系，划定一部分财政预算在年终评选出 18 个改革成效显著的先进县市区发放 100 万元奖金。

二、强化农业投入政策，补齐农业基础设施短板

农业农村基础设施建设，是推进农业供给侧结构性改革的基础性工作。尽快建立农业投入稳定增长机制，紧密围绕粮食安全、水资源安全和生态安全三大重点领域，以粮食生产功能区、重要农产品保护区、特色农产品优势区为重要抓手，切实加强高标准农田和农田水利设施等基础设施建设。充分发挥规划统筹引领作用，多层次、多形式推进涉农资金整合，避免重复建设，提高投入效率。加快创新体制机制，注重发展政府投资的

引导和推动作用，努力吸引各类社会资本投入现代农业建设，构建农业农村基础设施多元化投融资新格局。健全政府和社会资本合作机制，规范推进农业、林业和水利领域 PPP 试点，鼓励社会资本以特许经营、参股控股等形式参与农林水利等项目建设和运营。

三、改革创新农村金融制度，加强"三农"服务供给

一是实施差异化政策。通过奖补、减税、免税、贴息、担保等方式，降低"三农"信贷成本和风险。二是扩大担保抵押范围。逐步把土地经营权、宅基地使用权、集体资产股份等纳入担保抵押范畴，盘活更多农村闲置资产。三是创新农村金融供给制度，依据农村熟人社会的特点，发展以信用为基础的金融产品和金融机构，支持农村资金互助合作，培育村镇银行、小额信贷公司等地域性小微金融机构。四是大力推广农业保险。抓紧完善农业保险保费补贴政策，实现从目前的"保物化成本"向"保生产成本""保产量"的转变，让农业保险成为保障农民收入的重要支柱。

第八章　四川省主要农副产品供需市场价格传递及对策

四川省农业供给侧结构性改革出发点是供给端，但是最终决定改革的信息必须依赖农副产品价格传递，广大农户生产行为由市场需求和价格的高低决定，研究成都市主要农副产品价格的变化规律、价格传递的效率对四川省农业供给侧结构性改革具有较高的参考价值。因为成都市常住人口超过 2 000 万，占四川总人口的 1/4，拥有巨大的农副产品消费市场。

第一节　调研路线及点位

本研究分 4 个小组，10 条路线，70 余个点位对成都各区域农副产品价格调控进行了实地调研，采用了实地观察法、访问调查法和问卷调查法三种方法，主要调研了生产基地、批发市场和零售市场三类，以及企业业主、农户等。总共发放了 300 份问卷，回收了 270 份，回收率 90%。

一、彭州：蔬菜生产基地、批发市场、零售市场调研

共发放 30 份问卷，回收 27 份。具体调研点位是：

（1）蔬菜生产基地：三界镇（九尺镇）——丰碑合作社、家庭农场、蔬菜公司、散户；

（2）批发市场：四川国际农产品交易中心、彭州白庙市场；

（3）零售市场：市区内各市场。

二、龙泉驿区：批发市场、零售市场

共发放 30 份问卷，回收 25 份。具体调研点位是：

（1）批发市场：四川三联禽产品物流中心；

（2）零售市场：市区内各市场。

三、双流区：蔬菜生产基地、批发市场、零售市场

共发放 30 份问卷，回收 30 份。具体调研点位是：

（1）蔬菜生产基地：蔬菜及经济作物种植公司为主、家庭农场、散户、合作社（协会）；

（2）批发市场：白家镇成都农产品中心批发市场；

（3）零售市场：市区内各市场。

四、金堂县：蔬菜生产基地、批发市场、零售市场

共发放 30 份问卷，回收 30 份。具体调研点位是：

（1）蔬菜生产基地：散户（种植大户）为主、家庭农场；

（2）批发市场：官仓蔬菜批发市场；

（3）零售市场：市区内各市场。

五、郫都区：蔬菜生产基地、批发市场、零售市场

共发放 30 份问卷，回收 28 份。具体调研点位是：

（1）蔬菜生产基地：公司、散户为主；

（2）批发市场：海霸王农副产品批发中心、沙西农产品批发交易市场；

（3）零售市场：市区内各市场。

六、邛崃市：生猪生产基地、零售市场

共发放 30 份问卷，回收 25 份。具体调研点位是：

（1）生猪生产基地：金忠猪业；

（2）零售市场：市区内各市场。

七、锦江区：零售市场、综合超市

共发放 30 份问卷，回收 25 份。具体调研点位是：

（1）零售市场：东光综合市场、新牛沙综合市场、东润农贸市场、狮

子山农贸市场等；

　　（2）综合超市：家乐福、永辉超市、伊藤洋华堂。

八、高新区：零售市场、综合超市

共 30 份问卷，回收 30 份。具体调研点位是：

（1）零售市场：新北农贸市场、益群菜市场等；

（2）综合超市：家乐福、永辉超市、伊藤洋华堂、麦德龙。

九、成华区：零售市场、综合超市

共 30 份问卷，回收 25 份。具体调研点位是：

（1）零售市场：万年农贸市场、建设路菜市场、东升农贸市场等；

（2）综合超市：沃尔玛、伊藤洋华堂。

十、温江区：零售市场、综合超市

共 30 份问卷，回收 30 份。具体调研点位是：

（1）零售市场：市区内各市场；

（2）综合超市：家乐福、永辉超市。

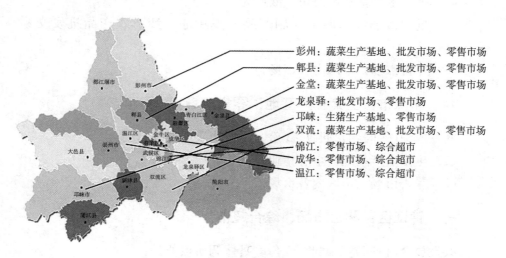

彭州：蔬菜生产基地、批发市场、零售市场
郫县：蔬菜生产基地、批发市场、零售市场
金堂：蔬菜生产基地、批发市场、零售市场
龙泉驿：批发市场、零售市场
邛崃：生猪生产基地、零售市场
双流：蔬菜生产基地、批发市场、零售市场
锦江：零售市场、综合超市
成华：零售市场、综合超市
温江：零售市场、综合超市

图 6　调研路线安排

第二节　成都市主要农副产品市场问题及原因

一、成都市主要农副产品市场问题分析

(一)中间商获取了大量的价差收益

调查发现，许多农副产品在到达最终零售环节前，已经经过了数个环节，层层加价，导致终端消费者消费抬高。在这个过程中，大量差价收益被中间商获取，导致农民卖价很低，但市场买家支付了较高的买价。比如在白庙市场调查过程中发现，本地商贩来市场批发蔬菜后，分发到市区各市场卖，并加价严重。还有些商贩直接到批发市场采购，然后卖给市区商贩，市区商贩再卖给零售商。层层加价，损害了消费者利益。

(二)蔬菜生产基地未起到保证本地蔬菜供应的作用

虽然成都建立了蔬菜生产基地，着力从供给的角度保障蔬菜的持续稳定供给，平定价格，但是调研中也发现，蔬菜基地的大量蔬菜是直销到重庆的，导致成都蔬菜价格比重庆高，因此，成都的蔬菜基地并未起到稳定本地物价的作用。

(三)生产技术落后，种植成本较高

农民在农业生产上缺乏科学的技术指导，很多农民提到购买到假种子、假农药的情况，农民在一年一般种植两季到三季农产品，一旦买到假种子或者假农药，相当于农民全年的农业生产收入将减少30％左右。农户普遍认为目前的化肥、农药和种植的人工成本过高。在调查中问到一户种植8亩地的菜农，每年花在化肥、农药上的钱将近1万元，人工费平均14元/小时。高额的农业生产成本影响了农民生产的积极性，特别是菜价较低的时候，由于采摘费用固定，出现菜烂在地里也不收获，或者眉山"水稻—蔬菜"田改种柑橘，出现眉山泡菜工业园区无菜可泡的现象。

(四)运输及储存保障不健全

运输仓储环节方面，除了超市和龙头企业使用冷链运输，大部分经销商均采用货车运输，难以保障运输物流环节农副产品质量，而由于运输缺乏保障导致损耗增加，提高了流通成本，进一步导致终端价格增加。另

外，农产品由于其特殊产品性质，对于储藏要求较一般商品更加苛刻，由于成本原因和当下仓储物流设施建设情况，目前蔬菜肉禽各级市场难以实现农副产品的安全有效的贮存，加剧农副产品市场波动，同时也造成了一定的食品安全问题。

（五）政策保障难落实

对于农副产品生产以及流通环节相关主体利益的保障，政府出台了政策和补贴，但由于政策实施的重重限制，以及政府政策宣传力度不够，农业生产者或终端消费者并未完全了解和享受这部分优惠，导致绝大多数被调查者认为政府未对价格形成进行任何调控。另外，面向农副产品的价调，主要是针对已有的市场价格进行调控，在主要农副产品价格已经上涨较快或跌幅较大的情况下才进行调控，价格调控存在滞后性。

二、成都主要农副产品市场存在问题原因分析

（一）从生产到零售中间环节过多

由于自身实力不强、同时为了寻求便利，绝大多数市场经营商会选择从城区附近或城区内的批发市场进货，而这些产品在到达最终零售环节前，已经经过了产地、一级批发市场、二级批发市场甚至三级批发市场等数个环节，不断加价，造成最终环节消费者支付的价格比较高。并且各个流通环节中，各方争夺利益的现象明显，造成各环节成本进一步增加。在这个过程中，菜农卖价很低，但市场买家支付了较高的买价，消费者抱怨蔬菜价格过高，但是农民却赚不到钱。

（二）生产基地的配套设施不健全

成都蔬菜基地未起到稳定本地价格作用的主要原因是由于基地的建设还需要相应的配套设施。由于有都江堰灌区的保障，成都平原露地蔬菜种植几乎全是传统方式，采用大水漫灌，没有"渠管结合、管喷（滴）结合、水肥结合"，这不仅导致成本增高，而且导致地下水污染。包括运输渠道、销售渠道等，只有各个配套设施健全了，本地的农业生产基地才能更好地为本地服务，而不会舍近求远。

（三）农业生产信息不对称

在农产品生产过程中，个体种植户是主体，且大多直接与经销商或消

费者交易。然而农户分散经营、信息不对称现象严重，产品定价权无法把握，只能服从市场安排。这种现象在导致最终利润分配不合理的同时，也导致我国农产品行业为实现产业升级提高运营效率而进行的原始资本积累不断延迟，并形成了恶性循环，也就无法缓解农产品价格的波动。市场信息不对称，农户很难根据市场需求及时调整种植结构与产品产量，生产带有较大的盲目性，容易造成低水平重复或压价竞争，使农产品供给短缺和过剩现象交替出现。

（四）农产品监管体系不完善

由于市场准入的要求低，执法机构不健全，不同质量的农产品都可以进到批发市场销售，然而，市场缺少完整的监测记录以及科学的监测方法。大部分的农产品被贴上了有机蔬菜或者绿色蔬菜的标签，严重损害了消费者的权益。甚至一些化学残留品超标的蔬菜也进到了市场销售，消费者购买使用后对身体健康有不利的影响。

（五）政策执行力度和宣传力度不够

国家和四川都出台了许多稳定农副产品价格的政策措施，但是效果并不明显，农民也没有感觉到政府在调控价格，就其根本原因在于政策执行力度不够，有时候的政策执行时为了应付上级而没有实实在在落到实处为农民服务。还有些是因为政策制定后宣传力度不够，农民并不知道，也无法保证政策效果。

第三节　成都市农副产品价格调控手段和困境

一、成都市主要农副产品价格调控主要手段

（一）实施生猪价格指数保险

近年来，我国猪肉市场价格经历 2 次"过山车"式的剧烈波动，不仅影响了广大城乡居民的消费和生活，也给整个猪肉产业链带来了重大的影响。借鉴美国的经验，成都作为四川省开展生猪价格指数保险的试点城市，2013 年 8 月 13 日，隶属成都的县级市彭州生成了全川第 1 张生猪价格指数保险保单，走在了全国各省（区、市）的前列，2015 年在全市范围内进行推广。生猪价格指数保险的开展一方面保障了农户的基本利益，

使其养猪的积极性不会快速下降。彭州市生猪养殖大户徐少华为自己的1 200头育肥猪投了保，缴纳了 3 万多元保费，一年收获理赔款超过 7 万多元；另一个试点县龙泉驿区，张斌、汪钻两位养殖户签订了生猪价格指数保险合同，共承保育肥猪 1 万头，获得理赔款 30 万元和 74 万元。可见，猪价格指数保险在保障农户利益上取得了较好成效。由于保障了农户的基本利益，使成都的猪肉实现了较为平稳的供给。另外，由于生猪价格指数保险的成功开展，也使指数保险的思路能够在更多农产品的价格调控上得到运用和推广。

（二）探索蔬菜价格指数保险

成都作为全国西部副省级城市率先开展了蔬菜价格指数保险，将占全市蔬菜生产总量70％以上的 11 个大宗蔬菜种类作为价格指数保险品种。首批蔬菜价格指数保险参保农户 409 户，覆盖蔬菜种植面积 2 760 亩，总保额 406.92 万元，涉及莲花白等 6 个蔬菜品种。由于其理赔公正公平、淡期收期双保的运行特点，该类保险投保规模快速扩展。2013 年，投保规模为 7.74 万亩，保额为 1.09 亿元，到 2014 年，这个数字增长至 7.79 万亩和 1.12 亿元。2015 年，成都市蔬菜价格指数保险从最初的 9 个试点区县扩展到 13 个区县，投保规模和保额也增长至 11.4 万亩和 1.8 亿元。蔬菜价格指数保险的开展明显抑制了"菜贱伤农"的现象，为菜农蔬菜种植经营活动提供了抗市场风险的保障，实现了全市农业保险从保障自然风险到保障市场风险的升级，确保了蔬菜种植面积。

（三）实行水果价格指数保险

2015 年 5 月，人保的首张水果价格指数保险在成都签发，保额为5 000元/亩、费率为9％，采取政府财政承担80％、农户自担20％的保费筹集方式，极大地提高了农户参保的积极性。到目前为止，该保险已为龙泉驿 100 多位皮球桃种植户提供了共计 3 000 亩的保险保障。水果价格指数保险成功落户成都，不但破解了水果种植的一大困境：价格一高，农户盲目跟风种植，可能会出现大面积水果烂在地里的情况，农民遭受巨大的经济损失，生产积极性下降；价格一低，农民觉得种植水果无利可图，选择进城务工，造成农村劳动力流失以及土地资源闲置的情况。而且价格指数保险对平抑水果市场价格，促进水果产业发展，保障市场稳定供给和实现果农创收增收起到了积极作用。

（四）设置农副产品价格监测系统

目前，成都已经建立了农副产品价格监测平台和制度，包括监测粮食、蔬菜、肉类、水果、蛋类、花木和茶叶共 7 类产品的价格，并规定了采价单位和报送单位。这是目前为止比较规范的价格监测制度，其建立便于及时搜集主要农副产品的价格数据和把握价格波动信息。在未来，不光要及时、准确、全面地获取农副产品的价格数据，还需要对数据进行深入的分析，建立起农副产品价格调控体系，以便将价格调控方式从事后搬到事前，而农副产品价格监测制度正为进一步建立价格调控体系奠定了数据基础。

（五）建立"年分析、月商会、周巡查、日监控"工作制度

成都将深入市场、了解市场、掌握市场行情作为价格调控工作的前提，建立了"年分析、月商会、周巡查、日监控"的工作制度来实现对"菜篮子"市场价格动态波动的及时、连续监测。其中，年分析的重点是在半年和年终分析"菜篮子"价格形势，确定调控的方向和重点；月商会是每月召集农业、商务、工商、成都调查队共商稳定价格的措施；周巡查是每周安排人员到菜市场、超市了解行情；日监控即抓好日常物价监督。通过此项制度不但可及时把握价格的动态变动，还能发现价格异动和明确价格调控的重点方向。

（六）扶持主要农产品生产基地建设

成都充分利用价格调节基金，积极扶持主要农产品生产，每年安排 1.5 亿元，扶持菜篮子基地建设，打造了 35 万亩标准化常年蔬菜生产基地，以保证蔬菜的持续供给，稳定价格；同时，每年安排 1 亿元，用于粮食规模化种植补贴，另外还每年安排 0.35 亿元探索试点蔬菜、生猪价格指数保险工作，保障和激发农户的生产积极性。这些措施均从供给的角度有效促进了重要农副产品的正常供给，防止了价格异动。

（七）创建价格补贴保障制度

成都从 2011 年起就建立了价格补贴联动机制，启动条件为"城镇居民基本生活费用价格指数同比涨幅达到或超过 3%"，最大限度减轻了低收入群体的生活压力，补贴对象包括城乡低保家庭、失业人员、农村五保

户、在校贫困学生、低保边缘家庭困境儿童，同时还建立了价格临时补贴制度等，防止价格上涨对低收入人群的正常生活产生较大影响。

二、主要农副产品价格调控存在的困境：供给改革难点

（一）对主要农副产品供给源头监督难以实现

目前为止，成都还未实现对主要农副产品供给源的全面、连续监督。一方面，由于现有价格调控并未对农副产品的供给来源做过全面的调查和登记，在不明确来源的前提下很难控制好供给侧；另一方面，由于成都市进行了产业转型升级，使得以前主要农副产品的生产基地不再生产这些农副产品。两方面造成主要农副产品供给渠道不稳定，导致主要农副产品供给量呈现波动，使得其价格出现起伏。2018年四川提出了"五区协同发展"战略，这为延伸监控带来可能。

（二）对农副产品价格调控的区间、频度和幅度难以确定

农副产品价格调控的关键环节是要把握农副产品价格波动的非正常状况，以便确定在什么时候进行价格调控，即调控的频度，并根据价格非正常波动的程度进行调控区间的划分，进一步确定调控的幅度。但是从现有的调控措施来看，更多注重的是日常调控，比如益民菜市，长期以低于周边价格15％的幅度进行调控，虽然在一定程度上抑制了价格，但是也会在一定程度上破坏由供需决定的市场竞争，所以是否应该选择时机进行调节可能是更为关键的问题。而除了调节时间外，在价格异常波动的不同阶段也应该区别对待，而不能一刀切，这就涉及调控的区间和幅度问题。如2019年春季蔬菜、水果、猪肉等零售价格明显高于2018年和往年同期，蔬菜价格上涨与气候密切相关，猪肉价格上涨因非洲猪瘟导致，这为农产品供给侧改革带来更加复杂的因素。

（三）对主要农副产品价格调控各主体的职责难以界定

调控主体的不健全体现在两个方面，一方面是价格调控上中央政府和地区政府职能划分的问题，另一方面是如何让市场组织参与进来的问题。现有的调节都是地方政府的行为，地方政府价格调控手段的有效性在很大程度上取决于中央政府政策的支持，比如财政上的支持，但是现阶段并没有专款的价调基金了，造成价格调控措施由于财政拨款滞后而存在滞后

性，同时存在一个区域间产品调拨对市场价格的影响，那么中央政府和地方政府在价格调节中应该各自承担什么样的职责还没有明确的划分。同时，政府的价格调节措施毕竟只能是短期行为，市场价格的长期稳定还是需要市场组织充分发挥作用，但现在并没有一个可以将市场组织纳入进来进行价格调节的机制。

（四）对主要农副产品价格预测和预警机制难以建立

当前的价格调控更多考虑的是事后调节和保障供需双方利益，缺乏事前的预警。要做到事前预警，就必须建立起完整的农副产品价格预测和预警机制，而现阶段仅仅是单一价格调控手段的运用，缺乏在数据信息平台的基础上建立的统一、协调的价格调控机制。我们需要更多地在主要农副产品供应链的前端搜集实时的信息，构建成都市主要农副产品未来一段时间的价格预测系统。在该系统中，可以综合运用云计算、大数据，结合航拍、卫星照片等确定成都市主要农副产品供给地的种植和养殖规模。此外，还可以通过跟踪重要养殖企业，获得其养殖畜禽的信息，从而获得更前端的价格预测信息，更好地指导调控政策的发布。据专家估计，在"十三五"末，四川花椒种植面积将达到 600 万亩，柑橘栽种也将达到 600 万亩（截至 2018 年底已经达到 523 万亩）。这些一方面是价格传递作用，另一方面科学技术的进步，新品种起到了关键作用。

第四节　国内城市和省份主要农副产品价格调控经验及启示

一、广州市农副产品价格调控经验

（一）建立了农副产品价格预警信号灯管理系统

2011 年底，广东省物价局出台了《关于防范和应对农副产品价格异常波动的暂行办法》，对群众基本生活必需的家常农副产品实行预警信号灯管理，依据对粮食、食用油、蔬菜、猪肉、鸡肉和鸡蛋等六类农副产品市场价格的监测数据，设置亮灯级别，用绿灯、黄灯和红灯三类信号灯，分别标示正常、黄色警情、红色警情 3 个等级。当粮食零售均价旬环比涨幅超过 2%，食用油零售均价旬环比涨幅超过 2%，蔬菜零售均价旬环比涨幅超过 10%，猪肉零售均价旬环比涨幅超过 5%，鸡肉零售均价旬环比涨幅超过 3%，鸡蛋零售均价旬环比涨幅超过 3%时，相关农副产品的价格预警信号灯显示为黄灯；当这六类农副产品均价旬环比涨幅分别超过 5%、3%、15%、10%、5%、5%时，则亮红灯，认定该商品价格出现明显异常上涨，对群众基本生活有较大影响。此机制不仅仅起到了监测农副产品价格的作用，同时还能通过价格区间的设置指明需要进行价格调控的区间。

（二）形成了严格的准入、退出和责任义务机制

按照企业申请、市区发改部门审核等程序，对平价商店建立了严格的准入机制，审核内容包括常年开展农副产品销售、经营台账健全、农副产品种类齐全，蔬菜品种不少于 15 种、签订了产销对接合同，以及经营面积不少于 50 平方米。每年都对平价商店进行考核，如果平价商店建设标准不符合准入条件、有违法经营行为或重大安全事故、不按要求执行价格调控、年度绩效考核不合格则退出。并明确了平价商店的责任和义务，平价商店的基本义务为在农副产品价格异常波动时，按政府要求参与价格调控，接受发改部门检查监督，并保证提供凭证的真实和完整。平价商店的权利为共享政府扶持农副产品生产基地、储存配送中心等企业信息，享有执行价格调控后调控补贴的权利。

（三）设置了统一的农副产品调控目录

平价商店所经营的平价商品应依据农副产品调控目录进行，并设置统一的标签。其经营平价商品种类有统一的规定，按照《家常农副产品目录》执行，但也允许根据当地农副产品生产、流通情况以及居民消费情况，经征求有关部门意见后，适当增列其他类别或具体品种，报省物价局备案后向社会发布。《家常农副产品目录》包括了粮油、猪肉、家禽、鸡蛋、蔬菜共 6 大类 40 个小类，涵盖了居民日常所需农副产品。平价商店所列平价商品，应当采用专用标签进行明码标价，标签样式由物价局统一规定，在非调控时期的非平价商品不允许采用专用标签。

平价商店的补贴根据价格调控后的价差补偿"先控后补"，并根据年度考核结果按等级发放年度奖励，价格调控结束后，由市发改委组织第三方机构组成验收小组，查验相关凭证资料，对平价商店参与价格调控的农

副产品种类、价格、数量和价差进行核算，以调控期间市场平均价为参考系，运用价格调节基金进行全额价差补偿，并及时将价差补偿发放给平价商店，规定为 20 个工作日。同时根据年度考核结果将全市平价商店分为 A、B、C 三个等级，并按统一标准给予相应的年度奖励，采用价差全额补偿加年度考核奖励的方式充分激发平价商店价格调控的积极性。

(四) 制定了定点供应生猪奖励补贴政策

坚持"相对集中、平等自愿、市场引导、财政扶持、互利双赢"的原则，按照"以广州市内养猪场及广州市内企业在市外建设的养猪场为基础，认定定点基地，保障自主供给"的思路进行建设，逐步建立大型定点基地主导广州市的生猪市场供给格局。严格审核定点基地申请，按照生猪出栏具备一定规模，对广州年供生猪 1 万头以上作为批准条件。由广州各动物卫生监督机构负责监测和核对生猪供应数量，由财政按每头补贴 15 元，同一企业最高补贴不超过 500 万元发放补贴。同时，以属地管理为原则，基地接受当地人民政府和相关行政主管部门监督，实行动态管理，一旦不符合标准，立即取消定点基地资格。

(五) 设立了价格调控目标责任制

广州建立了比较细致和完善的价格调控目标责任制。广州价格调控目标责任制考核从 20 个方面选择指标，建立了比较完善和细致的考核体系。包括保障"米袋子""菜篮子"生产供应方面、强化粮油收购储备管理、稳定猪肉储备规模、加强重要生产资料流通管理、转变平价商店建管模式、落实鲜活农产品运输"绿色通道"政策、清理整顿市场摊位费、清理整顿大型零售企业向供应商违规收费、推动农产品电子商务平台建设及物流组织优化、加强市场价格监测预警、发挥价格调节基金作用、完善价格异动应急预案、强化市场价格舆论引导、强化市场价格监管、加强房地产市场调控、规范教育收费次序、加强医药价格监管、规范行政事业性收费管理、执行物价补贴联动机制和稳步推进居民阶梯水价改革方案。在每个方面选择具体考核指标，并设置详细考核分值。考核体系包括了粮油、蔬菜、肉类各种农产品，涵盖了生产、流动、销售各个环节，比较全面地落实了价格调控目标责任制。

二、武汉市农副产品价格调控经验

（一）发挥价调资金的稳定器作用

价调资金作为价格的"稳定器"，仍起重要作用。武汉市的价格调节基金从 2015 年 1 月 1 日停止对社会征收，转由各级政府保障。从实践来看，价格调节资金不可或缺。特别是近年来在雪灾、洪灾、旱灾等突发事件导致价格异常波动时期，价格调节基金对平抑人民生活必需品价格起到了"稳定器"的作用，对维持社会稳定起到了"减压阀"的效果。如 2016 年 5 月应对洪灾导致的蔬菜价格异常攀升，以及应对春节和国庆两大节日的菜价高企都起到了很好的作用。尽管武汉市价调基金已经停征 2 年，但是武汉市把价格调控所需经费纳入同级政府财政预算，财政全额保障了物价调控部门的调控价格的资金需求。

（二）打造便民店价调模式

武汉市从 2012 年 10 月起，启动了农副产品平价店建设工作，大力推进蔬菜直通车、社区便民店和电子菜箱等新型业态为主的"三进工程"，社区便民店中择优建成 100 家农副产品平价商店，在大中型超市确定了 100 个平价专卖区。2015 年，根据湖北省物价局下发的文件精神，将日常低价模式，改为应急低价模式，即平时物价处于正常波动区间时，各店按市场价格正常经营，当启动应急调控预案时，各店按照政府要求对规定的蔬菜品种定价销售，价差损失由政府全额补贴。而且还建立便民店的退出机制，年度考核机制、强化了菜篮子供给应急机制，建立了重要节假日菜篮子产品储备制度。同时建立了蔬菜市场价格应急调控措施，出台了《武汉市蔬菜价格异常波动时期价格调控工作实施意见》，建立了涵盖 100 家大型超市和 100 家社区蔬菜便民店的平价销售网络体系，在蔬菜市场价格异常波动时期，按照市菜篮子领导小组规定的低于市场的指导价格进行销售，以平抑蔬菜市场价格。此种模式转变，减轻了政府补贴负担，减少了市场经营主体间的矛盾冲突，化解了对平价店干预市场公平竞争的质疑，在平抑物价方面起到了"四两拨千斤"的作用，稳定了社会预期。

（三）完善价格补贴联动机制

武汉市 2011 年 6 月实施对全市优抚人员、城乡低保人员、农村五保户、领取失业保险金人员，按照联动机制的规定，适时给予临时价格补贴或者提高保障标准。2015 年则加大保障力度，将农村低保户列入补助对象，同时，完善启动临界条件，明确联动方式等。2016 年，武汉市又将特困人员纳入保障对象中，并持续降低补贴启动阀值，将居民消费价格指数 CPI"连续三个月上涨"改为"单月同比涨幅"达到 3.5％，将 CPI 中的食品价格"连续三个月上涨"改为"单月同比涨幅"达到 5.5％即启动联动机制。通过现有渠道向困难群众发放价格临时补贴时，武汉市特别强调要注明所发补贴为"价格临时补贴"，以免在群众中造成新的矛盾。

（四）推进产销对接农业产业化经营

支持鼓励鲜活农产品生产企业和专业合作社与本地高校、企业、部队、机关建立稳定的产销对接机制，发展订单生产，扩大定点供应批量、减少流通环节；大力引导中百仓储、武商量贩、中商平价等有规模、有影响、覆盖广的连锁超市开展农超对接，提高超市农产品经营比重和农业规模化、标准化生产水平；鼓励蔬菜专业合作社和蔬菜生产企业，就近在标准化集贸市场和超市设立直销点开展平价直销；组织农业企业在元旦、春节等重要节假日期间，在武汉市各大型社区开展"冬储春供"农产品直销进社区活动，实现农业产业化经营。

三、外省农副产品价格调控的启示

（一）全面监测农副产品价格是基础

价格调控手段基于对大数据的动态掌握，因而，为了更好地稳定成都市主要农副产品的价格，我们首先应做好主要农副产品的基础数据搜集工作。我们可以参考广东省《关于防范和应对农副产品价格异常波动的暂行办法》中的做法，对群众基本生活必需的家常农副产品实行预警信号灯管理，依据对粮食、食用油、蔬菜、猪肉、鸡肉和鸡蛋等六类农副产品市场价格的监测数据，设置亮灯级别，用绿灯、黄灯和红灯三类信号灯，分别标示正常、黄色警情、红色警情 3 个等级。当粮食零售均价旬环比涨幅超过 2％，食用油零售均价旬环比涨幅超过 2％，蔬菜零售均价旬环比涨幅超过 10％，猪肉零售均价旬环比涨幅超过 5％，鸡肉零售均价旬环比涨幅超过 3%，鸡蛋零售均价旬环比涨幅超过 3%时，相关农副产品的价格预警信号灯显示为黄灯，当这六类农副产品均价旬环比涨幅分别超过 5%、3%、15%、10%、5%、5%时，则亮红灯，认定该商品价格出现明显异常上涨，对群众基本生活有较大影响。通过建立四川省主要农副产品的信号灯制度，不仅仅起到了监测主要农副产品价格的作用，通过价格区间的设置指明需要进行价格调控的区间，也提供了实施价格调控时补贴平价商店所需的价格信息。

(二) 积极打造农副产品价格调控平台是关键

设立成都市主要农副产品平价商店，有利于稳定成都市主要农副产品价格。为了使平价商店建设工作顺利推进，我们可以从"便民店"中择优选择产生"平价商店"。一方面，切实为百姓解决了买菜难、买菜贵的两个问题；另一方面，也为商店的发展提供更加有利的政策环境，避免了恶性竞争和重复建设问题。

此外，适宜允许平价店构建主副结合的综合经营机制。调查中我们了解到：平价蔬菜店仅靠经营单一的农副产品和蔬菜难以为继。要想使平价店建设得以健康稳定发展，还应走主副结合、综合经营之路。即对蔬菜平价店的刚性要求指标不能变，必须以经营蔬菜和农产品为主，同时也允许其兼营烟酒、百货等其他商品，通过对其他商品的经营盈利，来弥补主营的亏损。这样，既可以弥补蔬菜平价店经营者的亏损，又可以在一定程度上减少政府的财政支出。

(三) 广泛选择农副产品固定供给源是核心

受本地风俗的影响，四川偏爱"回锅肉""梅菜扣肉"等菜肴，因而市民对猪肉的需求量较大。随着四川省外出务工人数增多，导致生猪供应量下降，从生猪调出大省逐渐转向生猪调入大省。为保证成都市生猪供应，使得猪肉价格稳定，可建立成都市定点生猪补贴，保证外省的生猪流入四川省。可以由外省的生猪养殖基地提出申请，按照运往成都市生猪屠宰场屠宰的数量，对成都市年供生猪 1 万头以上的生猪养殖企业进行补贴。具体由成都市各动物卫生监督机构负责监测和核对生猪供应数量，由财政按每头补贴 10～15 元，同时限定对于同一企业每年发放的补贴不超过 500 万元。此外，以属地管理为原则，基地接受当地人民和相关行政主管部门监督，实行动态管理，一旦不符合标准，立即取消定点基地资格。该举措可以扩大四川省生猪供应量，在需求稳定的情况下，稳定猪肉价格。

（四）快速发展新型流通业态是手段

大力引导各类投资主体投资建设、改造农产品批发市场、农贸市场和生鲜连锁超市为主体的农产品流通主渠道；继续扶持新型农产品流通企业大力推进社区蔬菜便民店等新型鲜活农产品"产销直供"业态的建设步伐；鼓励传统鲜活农产品生产、流通企业开展电子商务应用；引导电子商务企业开展鲜活农产品"O2O"服务。

（五）积极构建行业组织自律机制是保障

由价格部门牵头，建立由平价蔬菜店经营者、蔬菜基地生产者和蔬菜种植大户为会员的蔬菜行业价格协会。对入会的企业、单位和人员，在供求信息上实现共享，在蔬菜的产销上实现互助。一方面当蔬菜种植者出现卖菜难或菜贱伤农的时候，由蔬菜平价店对基地和种菜大户的蔬菜实行直销；另一方面当蔬菜价格出现上涨时，由蔬菜基地和种植大户按合理的价格保障对平价店的供给。用行业组织规范自律机制，增强蔬菜行业抗风险、抗价格波动的能力。

第五节　四川省农业供给侧结构性改革对策

随着我国农业科学技术的发展进步，以及机械化在农业方面的广泛应用，农副产品种植规模不断扩大、产量不断增加，收成也日趋稳定。但是好的收成并不意味着种植户有良好的收益，粮食丰收后"谷贱伤农"在农副产品中也常常发生，最终往往陷入蛛网模型的困境。农副产品销售价格的大幅波动直接影响到城市居民的日常生活。在稳定主要农副产品价格方面，由于四川居民对主要农副产品的年需求量基本稳定，因而稳定主要农副产品价格的关键在于稳定主要农副产品的供给，使四川主要农副产品的供给与需求趋于一致。

在稳定主要农副产品供给的供给侧改革中，关键在于"一降一补"：降成本、补短板。在"降成本"方面：进行规模化种植，降低主要农副产品的生产成本，将农副产品生产中多余的劳动力转向服务业等第三产业。在进行规模化种植、形成大农场式的主要农副产品生产模式后，逐步克服主要农副产品生产领域的跟风等羊群效应，使得主要农副产品的生产更具有计划性和科学性，避免过多的资源投入导致的供过于求，同时也能避免由于生产不足导致的主要农副产品价格大幅上涨。另外，可以首先找出主要农副产品生产及供应链中的短板，通过"补短板"提高主要农副产品生产、流通过程中整体资源的配置效率，实现主要农副产品供需平衡。

我们通过对成都市主要农副产品批发和零售市场、生产基地等的走访调查，以及通过学习借鉴广州和武汉主要农副产品价格调控的经验，提出四川省主要农副产品供给侧结构性改革及价格调控的对策建议。

一、稳定四川主要农副产品的供给来源

其一是可借鉴发达国家的农副产品供货模式，采取订单农业的方式，提前向农业生产者订货。其二是通过大数据、云计算、航拍、卫星图片等现代科技手段，对四川主要农副产品供应地的生产情况进行监测，建立四川省主要农副产品供应地监测系统。同时还可以对作为主要供货来源的养殖企业进行编号并一一跟踪，或要求其每季度上报相关养殖数据，纳入监测系统。一旦发现某一主要农副产品未来将面临短缺时，或是某个主要种植养殖基地发生自然灾害时，则及时向系统之外的养殖种植基地进行订货，或是及时进口相关的主要农副产品，以保证四川特别是成都市场主要农副产品的稳定供给。

二、搭建惠民菜市、平价商店互促共进的调控平台

目前，成都市已建立了公有性质的惠民菜市，一定程度上满足了市民的日常生活需要。然而，伴随着市民消费方式的转变，大多数市民喜欢去大型超市购物，包括日常所需的主要农副产品，永辉、家乐福、沃尔玛等大型超市收银台前经常排长队。为此，四川可以在保持惠民菜市这一价格调控手段的基础上，与非公有制形式的大型超市、蔬菜零售店等进行合作，建立主要农副产品平价商店，从而形成惠民菜市、平价商店这两种并

行的价格调控手段，惠及更多市民。

设立四川省主要农副产品平价商店，可以在主要农副产品价格暴涨时为百姓提供平价的农副产品，从而保障百姓的日常生活需要。在调研中，我们观察到：一个区域市场内，尽管各商家主要农副产品的成本有差异，但其售价却趋于一致。这说明在该区域市场内，主要农副产品的卖方在某种程度上形成了价格联盟，共同垄断了该区域市场，成本并不是决定该农副产品价格的主要因素，这时市场手段失灵，如果任由市场进行调节，则主要农副产品的价格会居高不下。因而，在市场失灵时，我们可以有所作为，采取适当的措施，保障主要农副产品的价格稳定。此时增加物美价廉的主要农副产品的供应成了解决问题、打破区域市场垄断的关键。因此，为了稳定主要农副产品的价格，平价商店可以作为政府调控主要农副产品价格的重要手段。

在选择什么样的店铺作为平价农副产品的定点供应店时，我们可以首先选择信誉好的大型连锁超市，如永辉超市、家乐福、沃尔玛、红旗超市等，与这些超市进行合作，在该超市内选择市民日常采购较多的十来个蔬菜品种，以及猪肉、禽类、油类品种（或参考上文中的成都市主要农副产品价格调控目录），在价格出现异常攀升时，以及在国庆、春节期间，对这些蔬菜品种实行政府补贴的一元价，在该平价区域醒目地标明"政府补贴平价商品区"，并单独设置价格标签，同时在电视台、报纸、超市门口进行宣传，保证市民获得信息的渠道通畅，从而使市民采购到物美价廉的主要农副产品，保证基本生活需要。实施价格调控期间，派市场督察专员对超市供应平价商品的情况进行实地检查，保证超市的供应。对于合作的超市，根据监测到的合理市场价格与1元售价之间的差额，乘以调控期间超市出售调控商品的数量，对其在价格调控期间的损失进行事后及时补贴。在发放补贴之前，应聘请独立的会计师事务所对该超市的实际损失进行审计，确保超市不存在虚报。在非节日期间，且主要农副产品的价格较平稳时，可以不对主要农副产品的价格进行干预，让市场发挥其调节作用，这期间不需要对选作平价商店的超市进行补贴。

当然，除了选择大型连锁超市作为平价农副产品的定点供应店，还可以挑选一些信誉较好的社区蔬菜供应店作为平价农副产品的定点供应店，采取上述类似的调控措施，且对这些连锁超市和社区蔬菜供应店进行调控期间的审计和绩效评价，按照考核业绩将其评为 A 级、B 级和 C 级，对应给予相应等级的补贴。

对于平价商店，我们应建立严格的准入、退出和责任义务机制，明确和保证平价商店的价格调控功能。平价商店所经营的平价商品应依据主要农副产品调控目录进行，并设置统一的标签，向市场发送价调信号。通过平价商店的建立，以及运用市场和调控的手段，提高财政资金的运用效率，更好地稳定主要农副产品价格、保障市民对主要农副产品的日常生活需要。

通过建立惠民菜市、平价商店这两种价格调控手段，可以让公有制的惠民菜市和非公有制的平价商店相互补充，提高财政资金的使用效率，扩大"平价"农副产品的供应范围，从而惠及更多的市民，提升市民的幸福感。

三、建立主要农副产品供给及价格预测与预警系统

该系统包括三个部分：农副产品价格信息披露支持系统、农副产品供求信息系统、农副产品价格预警系统。

（一）农副产品价格披露支持系统

在主要农副产品价格信息的及时披露方面，可以借鉴武汉市物价局的经验，建立高效及时的四川省主要农副产品价格披露网站及支持系统，从而为居民提供及时的主要农副产品价格信息（当天和前一天的主要农副产品价格）。建立四川省主要农副产品价格披露网站，充分利用好该网站披露的主要农副产品价格信息，让各区域主要农副产品的价格更加透明，引导市民跨区域比价，避免由于局部垄断导致的主要农副产品价格大幅涨价。在该网站的农产品地图上，还可以增加各蔬菜生产基地、批发市场、零售市场负责人的联系方式，包括微信、QQ 和业务电话，从而让顾客能方便地货比三家，避免由于信息不对称而导致的农产品价格上涨。

四川省主要农副产品价格披露网站及支持系统的特色体现在以下三个方面：

一是在网站首页滚动播放主要农副产品当天或前一天的价格，包括最

高价、最低价和平均价，

二是在网站首页清晰标明全市及各个区的价格监测点，并配以全省价格监测地图。在价格监测地图上，每个区对应的监测点以红色或绿色五星标明。点击绿色五星监测点，则会出现该价格监测点的详细信息，包括监测点名称、地址、属性、联系人及其电话和手机号。当百姓想要进一步了解该监测点主要农副产品的价格信息时，只需要点击该监测点的超级链接则可查阅该监测点主要农副产品及时的价格信息。除了能在该网站上很方便地比较省内各区主要农副产品的价格，还可以便捷地查询到周边城市主要农副产品价格、国内重要商品价格，以及监测预警分析。

三是高效及时性。对于百姓来说，获得主要农副产品的价格越及时，越能更好地指导其购买决策，则该信息的有用性越大。在实施信息化改造、建立主要农副产品价格信息网页及其支持系统之前，四川省物价部门大约每周发布一次主要农副产品的价格信息。而在进行信息化改造，建立主要农副产品价格信息网页及其支持系统后，物价部门可以很高效便捷地从以前的每周发布一次继而转向每周发布三次主要农副产品价格信息，例如分别在周一、周三、周五下午发布，从而大大提高了发布的主要农副产品价格信息的及时性，更及时的信息对百姓也更具有指导作用。从运行效率来看，采用信息化改造后，工作人员发布物价信息的工作量也将减少，从而提高工作效率。

在选择主要农副产品价格信息披露和监测网站的开发公司时，我们可以选择既熟悉网站开发又精通价格调控业务的公司承担，从而保障主要农副产品价格信息的高效及时披露。

除了建立四川省主要农副产品价格披露网站及支持系统之外，还可以配套开发一个覆盖四川省主要农副产品生产基地、批发市场、零售市场在内的 APP 软件，并将该 APP 扫码下载程序公布在四川省主要农副产品价格披露网站，方便生产者和消费者下载安装。主要农副产品的生产者和消费者自行在该 APP 软件中发布自己的生产和需求信息，从而达成交易。此举可进一步打破主要农副产品区域市场垄断，为消费者和批发零售商提供更多可选的进货渠道，从而降低价格信息不对称带来的交易成本，同时也进一步节省房屋租金等不必要的加价，通过整合主要农副产品供给的产业链，从而让百姓购买到物美价廉的主要农副产品。

（二）建立一体化的农副产品供求信息系统

公开、准确、透明的信息发布与交易体系则可以规避生产者的"羊群效应"，进而可以有效避免农产品价格的异常剧烈波动。根据近三年主要农副产品的需求量确定基准需求量，绘出主要农副产品的需求曲线，有效实现预测。

【方案概述】该方案为数据收集、分析、预测、预警、信息发布的整体解决方案，主要功能如下：数据采集、存储数据、分析数据、预测数据、预警信息发布。

【系统构成】该方案包括两个部分，即："数据中心"和"信息收集发布终端"。①数据中心：负责海量数据的收集、存储；并提供对收集的数据进行分析、预测、预警的功能、输出统计的分析报表、信息发布，以及调控决策意见。在进行数据搜集时，不光要搜集本月产出的农副产品数量的信息，而且还将搜集本月种植（或养殖）的农副产品的数量信息，从而将物价调控前移。同时，农副产品生产者也能通过该农副产品信息系统了解到各种农副产品的生产（或养殖）状况，以优化自己的生产决策，避免由于信息不对称而导致投入浪费。②信息收集发布终端：为独立的子系统，负责收集数据中心所需要的信息，并上报数据中心，同时也接收数据中心所发布的消息。一体化的农副产品信息系统的构成如图7所示。

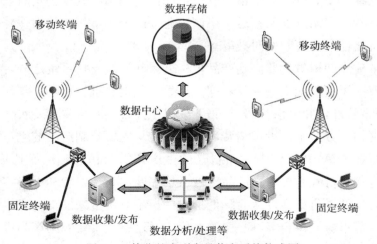

图7　一体化的农副产品信息系统构成图

　　如图 8 所示，在进行信息搜集时，为方便运作，可以通过手机 APP 软件的方式进行搜集。农副产品生产者可以通过在手机上安装一体化的农副产品信息系统 APP，就可以了解到现有农副产品生产者目前种植（或养殖）的农副产品情况，同时还可以接收到系统关于未来一段时间内农副产品的预测价格信息，以及相应的预警信息，这将大大缓解农副产品生产者通过观察现有市场价格进行生产决策（如"蛛网模型"所述）导致的资源浪费问题。

　　【数据中心】如上所述，将"数据中心"划分为如下若干子系统，包括：数据收集和存储子系统，数据处理和分析子系统，数据预警子系统，统计分析报表子系统，信息发布子系统，调控决策子系统。

　　【信息收集发布终端】"信息收集发布终端"作为一个独立的子系统，由两个模块组成，即：信息收集上报模块和发布信息接收模块。下面对各个模块做逐一说明。①信息收集上报模块：养殖户、种植户、农副产品收购点或各县市农副产品统计部门进行数据的统计，并通过终端（手机 APP 或电脑）向数据中心上报信息，包括：农业供给侧的农副产品供给数量信息。也可设置专人将养殖户、种植户、农产品收购点的数据统计整理后集中录入该信息系统。②发布信息接收模块：数据中心对当前数据及历史数据做出分析预测后，将相关信息向终端进行推送，及时通知养殖户、种植户及发改委等相关部门。

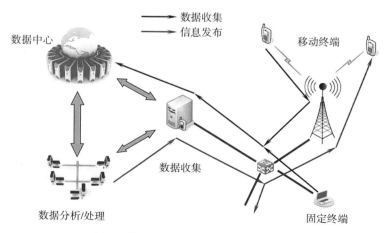

图 8　信息收集和发布的信息流走向图

总之，通过构建一体化的农副产品信息系统，可以合理预测到未来农副产品的价格走势，在很大程度上解决农副产品供给侧的问题，为种植户、养殖户及发改委等相关部门提供决策有用的信息，同时也能更好地优化社会资源配置。

（三）建立主要农副产品价格监测预警调控系统

良好的价格预警机制可以帮助我们防患于未然，将过去农副产品价格的事后调控转变为事前调控，通过指标体系建立，设计从农户供给—田头价格—中间渠道商—零售商……消费者全过程预测、采集、监控、预警、反馈系统链。预警机制实现将物价调控前移，延伸搜集到种植端和养殖端的大数据，通过对接生产系统（农业系统），从而克服现有物价调控的滞后性，也可以为生产者提供更好的生产决策，从而及时采取预防措施，减少不必要的损失，在价格发生剧烈波动之前就将其控制在一定范围内，保持市场价格的稳定。

首先，明确调控的目标。这不是一个单目标问题。一是要促进农业生产稳定，保证重要农副产品的有效供给，通过价格调控，将农副产品价格控制在合理区间，引导农业要素的合理配置，增强农副产品市场供应能力和供给效率。二是保护农民利益，使供给结构能够有效对接需求结构，使农民的收入来源更为稳定。三是保证农副产品价格合理，保证消费者利益，防止有效供给短缺或供给过剩。四是实现原料的有效和稳定供应，部分农副产品作为工业原料，是连接农业生产与第二、第三产业的桥梁，其价格稳定才能保证原料的稳定供应，促进整个产业系统的协调发展。通过对几个目标的综合加权，形成总体目标函数。

其次，根据四川居民消费的实际情况确定主要农副产品价格调控目录。在制定四川省主要农副产品价格调控目录时，主要根据日常消费量和居民消费习惯进行筛选，同时可向社会公示、广泛采纳各方建议，并听取平价商店经营者的意见。初步拟定的四川省主要农副产品价格调控目录如表15所示。

除上述主要农副产品品种外，各地级以上市政府价格主管部门可根据当地农副产品生产、流通情况以及城乡居民消费习惯，适当增列其他类别或具体品种。

表15　四川省主要农副产品价格调控目录

序号	具体品种	规格、等级	序号	具体品种	规格、等级
一	粮食		18	油菜	新鲜一级
1	普通大米	小包装或散装	19	土豆	新鲜一级
2	优质大米	小包装或散装	20	花菜	新鲜一级
二	食用油		21	椰菜	新鲜一级
3	花生油	罐装或散装	22	冬瓜	新鲜一级
4	调和油	罐装或散装	23	南瓜	新鲜一级
三	猪肉		24	黄瓜	新鲜一级
5	精瘦肉	新鲜	25	西芹	新鲜一级
6	肋条肉	新鲜	26	红萝卜	新鲜一级
7	排骨	新鲜	27	白萝卜	新鲜一级
8	上肉	新鲜	28	生菜	新鲜一级
9	腩肉	新鲜	29	大白菜	新鲜一级
四	家禽		30	茄子	新鲜一级
10	鸡肉	白条鸡	31	玉米	新鲜一级
五	鸡蛋		32	青椒	新鲜一级
11	鸡蛋	新鲜完整 鸡场蛋	33	莲藕	新鲜一级
六	蔬菜		34	奶白菜	新鲜一级
12	西洋菜	新鲜一级	35	圆白菜	新鲜一级
13	本地菜心	新鲜一级	36	菠菜	新鲜一级
14	红薯	新鲜一级	37	苦瓜	新鲜一级
15	空心菜	新鲜一级	38	丝瓜	新鲜一级
16	西红柿	新鲜一级	39	莴笋	新鲜一级
17	辣椒	新鲜一级	40	豆角	新鲜一级

第三，建立监测预警指标体系。建立主要农副产品监测预警指标体系，是一个涉及面广且非常复杂的系统工程。经济运行是一个不断运动的生产销售过程，在选择指标时，要依据农副产品的特殊性、价格的复杂性和经济运行的规律性质来进行。具体包括：①四川省农副产品总量指标。

总量指标是反映四川省农副产品总体规模和水平的一系列指标所构成的有机整体。它既有实物量指标，也有价值量指标。主要有第一产业增加值、农林牧渔业总产值、粮食总产量、油料作物产量、糖料作物产量、棉花总产量、水果总产量、主要牲畜出栏量等指标。通过这些指标实现对四川省农副产品总体水平的监测预警。②农副产品结构指标。结构方面指标主要有：产值结构指标、播种结构指标、农产品结构指标、畜产品结构指标等。③农副产品效益指标。运行效益方面的指标主要有：土地生产率、农业劳动生产率、农业物质费用生产率等。

第四，测算调控区间、频度、幅度。价格作为经济的杠杆，其波动其实是一种正常行为和反应，有利于引导资源的有效配置。若价格在合理的波动区间内波动，则无须进行调控，因为正是这种正常的价格波动体现了农副产品的供需均衡状况的改变，也是市场调控的正常结果。而关键的是要把握农副产品价格波动的非正常状况，以便确定在什么时候进行价格调控，即调控的频度，并根据价格非正常波动的程度进行调控区间的划分，进一步确定调控的幅度。一方面，编制价格景气指数，包括主要农副产品综合价格景气指数和各类主要农副产品个体价格景气指数，以便监测主要农副产品和每一类农副产品价格运行的周期性规律，描述价格运行所处状态，确定价格波动是市场调控的正常结果，还是出现了非正常状况；若个体价格景气指数的变动幅度超过了同期的10%，则认为此类农副产品价格出现非正常波动；若综合价格景气指数变动幅度超过同期的10%，则认为农副产品整体价格出现非正常波动。反之，则价格处于正常的波动范围。另一方面编制价格预警指数，包括主要农副产品综合价格预警指数和各类主要农副产品个体价格预警指数，以便对未来价格运行状况进行预报，确定价格有无警情及警情程度（警态），警态包括巨警、重警、中警、轻警、无警五种状态，分别对应价格超过100%的波动、价格超过50%的波动、价格超过20%的波动、价格超过10%的波动、价格低于10%的波动，用红灯、黄灯、绿灯、浅蓝灯、蓝灯五种信号来展示价格波动的五种状态，以明确价格调控的区间划分，及根据不同的警态采取不同的调控措施。编制景气指数和预警指数所用指标如表16所示。

表 16 农副产品价格监测预警指标体系

供给类数据	需求类指标	供需环境类指标
农业成本类指标（生产成本和运输成本）	人口规模类指标	农副产品价格市场化程度类指标
种养殖规模类指标（是否有垄断行为）	收入类指标	货币币值变动类指标（通货膨胀和通货紧缩因素）
农副产品进口状况指标	城镇化进程类指标	气象条件类指标
种养殖病虫害指标	工业化进程类指标	国家政策类指标
农副产品结构类指标	需求结构类指标	国际影响类指标

第五，选择调控主体，包括市场调节和政府调节的边界问题和中央政府调节和地方政府调节的协调性问题。市场和政府是调控价格的两个主要主体，而市场和政府的调控目标有所区别，市场更注重效率，政府更注重公平和各方利益的均衡。而在农副产品价格调控中，既要实现效率目标，又要保证各方公平。在价格的正常波动区间内，可以利用市场作用使价格主动回归，但价格处于非正常波动时，政府就应调控，使各方损失最小化。市场调控和政府调控的边界即为农副产品价格波动的警态，根据不同警态，政府的参与程度和方式都应有所差异。在巨警和重警状态，政府应起价格调控的主导作用，并立即采取直接干预措施减缓价格波动；中警和轻警状态，市场仍是价格调控的主导，政府应进行间接干预，通过供给方和需求方的引导，使市场重新回归均衡状态，价格得到有效控制。可见，价格警态作为政府调节和市场调节的边界，使政府在"价格干预型"和"供需调节型"间进行角色转换。地方政府价格调控手段的有效性在很大程度上取决于中央政府政策是否与其相统一，当地方农副产品价格出现非正常波动时，一方面应建立起农副产品价格应急响应机制，及时将区域价格的剧烈波动信息向上传递，以便在信息对称下解决国家政策与地方政策的统一性问题；另一方面，地方政府应建立起农副产品区域调度机制，若某类产品由于非垄断原因出现价格的剧烈上升，在采取价格调控措施时增加调入量，缓解供小于需的状况，若某类产品由于非垄断原因出现价格剧烈降低，在采取价格调控措施时增加调出量，缓解供大于需的状况，若是由于垄断原因造成的价格剧烈波动，则限制此类产品的调入调出。

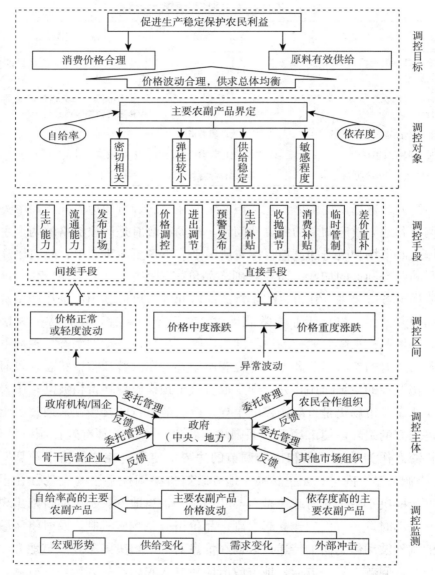

图 9　农副产品价格监测预警系统

第六，选择价格调控工具。包括了经济手段（间接调节）和行政手段（直接调节）两种，经济手段是政府根据价格形成的内在规律和市场供求规律，调节商品的需求和供给，影响价格形成的各种要素，从而达到调控市场价格的目的，包括了进出口调节、价格调节基金制度和储备调节等方式。行政手段是政府用行政命令方式，对商品价格的形成、变动所进行的直接管理，包括了直接定价、物价管制等。采用什么样的工具进行农副产品价格调控一方面要取决于价格的警度，另一方面也要取决于价格波动的原因。当农副产品价格处于巨警和重警状态时，应先启动行政手段直接干预价格，并寻找价格波动剧烈的原因进行间接干预，当价格处于中警和轻警状态时，启动经济手段调节，并寻找价格波动原因进一步间接干预。若是由于供求关系变化、成本变化、国际市场价格变化和信息不对称引起的价格波动，在正常范围内则无需调控，超过了10％，则通过经济手段进行调控，并加强政府提供信息等公共服务的职能。若是由于市场垄断或行政垄断引起的价格波动则应采用行政手段直接干预，并制定反垄断措施。具体到农副产品，对于自给率较高的粮食、生猪和果蔬等农副产品，以生产调节和储备调节为主，而对于对外依存度较高的棉花、油料和食糖等产品，以进出口调节、差价直补和需求调控手段为主。

四、形成区域联动的主要农副产品价格调控机制

在建立区域联动的主要农副产品价格调控机制时，我们可以建立对应的农副产品价格调控联席会议机制：价格调控工作由发改委牵头，会同财政、市场、农业农村、供销、连锁经营协会和平价商店建设项目单位共同实施，并明确各方义务和责任。商务、农业和供销每年对平价商店进行年度考核评价；财政局负责发放审核通过的平价商店补贴；连锁经营协会做好行业内部自查和沟通联络工作，按要求规范平价商店经营行为，并协助平价商店的价格调控；各地市发改局组织人员对辖区内平价商店进行巡查和监督，保证价格调控措施执行到位；同时平价商店建设项目单位按调控要求开展工作，对销售人员进行培训，并及时做好记录工作。

五、完善四川农副产品相关市场及机制

（一）培育足够的能满足市场需要的农产品批发市场

培育足够的能满足市场需要的农产品批发市场，大力推进物流园建设；按照改扩建为主、适当新建的原则，加快推进产地批发市场建设；按

照合理布局、方便市民、满足多样需求的原则，建立和完善销售终端体系，如超市、集贸市场、小区便民店；进一步探索市场流通新业态，着力推进蔬菜直通车、社区便民店和电子菜箱等新型业态为主的"三进工程"，开通蔬菜直通车，在各个小区内铺设电子菜箱，新建社区蔬菜便民店，让这三种流通新业态覆盖各个社区，提升蔬菜产销直供比例，从而节省市民开支。大力推进产销对接，努力减少流通环节。支持鼓励鲜活农产品生产企业和专业合作社与本地农贸市场、高校、企业、部队、机关建立稳定的产销对接机制，发展订单生产，扩大定点供应批量、减少流通环节；大力引导有规模、有影响、覆盖广的连锁超市开展农超对接，提高超市农产品经营比重和农业规模化、标准化生产水平；鼓励蔬菜专业合作社和蔬菜生产企业，就近在标准化集贸市场和超市设立直销点开展平价直销；组织农业企业在元旦、春节等重要节假日期间，在全省各大型社区开展"冬储春供"农产品直销进社区活动。

此外，还应强化主要农副产品供给应急机制，建立重要节假日主要农副产品储备制度，同时建立主要农副产品市场价格应急调控措施。建立涵盖大型超市和社区蔬菜便民店的平价销售网络体系，在主要农副产品市场价格异常波动时期，按照低于市场的指导价格进行销售，以稳定主要农副产品市场价格。

（二）完善四川农副产品的期货、远期市场

为了减少农副产品未来价格波动带给农副产品生产者的损失，同时降低农副产品需求方由于未来农副产品价格上扬导致的风险，可以进一步建立和完善农副产品的期货和远期市场，从而锁定未来农副产品的交付价格。通过大力发展与农副产品相关的诸如期货、期权、远期等金融衍生品，降低农副产品生产者和需求方所面临的市场风险。

（三）大力发展农副产品合作社

农副产品合作社是一种共担风险的机制，通过将农户所生产的各种农副产品集合起来，共担风险和收益，可以将自然灾害或价格变动的风险分散，从而提高合作社成员的整体福利。比如：将种蒜的、养猪的、种苹果的农户联合形成农副产品合作社，则在猪肉价格较低时，养猪的农户可以从种蒜和种苹果的农户处获得补贴；而当苹果的价格低到触发补贴条款

时，种苹果的农户又可以从种蒜的、养猪的农户处获得补贴，因而在农户内部形成分散价格风险的机制。

（四）建立政策性农副产品价格保险制度

我国的政策性农业保险主要针对农林牧渔行业中关系国计民生与粮食安全的大宗农产品，而针对小宗农产品尤其是鲜活农产品的保险仅在上海等地试点，因此在农业生产的市场风险日益凸显的情况下，构建政府财政补贴下的农副产品价格保险制度尤为重要。

六、利用媒体宣传政府调控政策

利用媒体宣传在稳定主要农副产品价格中的作用，健全信息服务体系，引导农产品生产和消费。依托四川（成都）电视台、四川（成都）日报、大成网、成都农业信息网、成都市物价局网站等新闻媒体建立健全覆盖鲜活农产品生产、流通、消费全程的信息服务体系，为生产者、消费者提供及时准确的供求和价格信息服务；加强农产品市场行情的采集和发布，改进信息采集技术手段，提高鲜活农产品供求、质量、价格等信息质量。在主要农副产品出现价格快速上涨时，在这些媒体上发布诸如"一元菜"等政府补贴后的平价农副产品信息，告知市民在哪里可以采购到这些物美价廉的农副产品，从而打破部分区域市场的价格垄断，稳定主要农副产品价格。

总之，为稳定四川省主要农副产品价格，我们可以采取一系列针对农副产品供给侧结构性改革及价格稳定的措施。首先是通过平价商店和益民菜市这两种宏观调控手段，在主要农副产品出现大幅上涨时稳定其价格，保障市民能买到物美价廉的主要农副产品。二是通过建立全省各个监测点主要农副产品的价格信息披露网站，缓解在农副产品交易过程中由于信息不对称导致的交易成本，打破区域市场垄断。三是从系统整体的角度，建立四川省主要农副产品价格监测预警调控系统，及时发现主要农副产品价格波动，并采取相应调控措施，同时也提高财政资金使用效率。四是在组织保障方面，形成全国联动的主要农副产品价格调控机制，并完善主要农副产品相关体系建设，增强稳价保供能力。五是在宣传方面，充分利用好媒体在稳定主要农副产品价格中的作用，健全信息服务体系，引导农产生产和消费。六是从制度方面，建立和完善农副产品的期货、远期市场，锁定未来农副产品的交付价格，降低农副产品生产者和需求者所面临的市场风险。大力发展农副产品合作社，在农户内部形成分散价格风险的机制，促进农超对接，并建立政策性农副产品价格保险制度。通过"互联网＋农副产品＋大数据"，配合平价商店和惠民菜市，加之组织、宣传、制度保障，可形成主要农副产品供需均衡的状态，实现农副产品价格稳定目标。

第二部分　专题报告

专题一　四川农业强省建设研究报告

本研究深入基层"大调研"，先后赴米易、盐边、汉源、北川、安州、苍溪、南部、射洪、三台、中江、简阳、资中、泸县、合江、富顺、荣县、犍为、宜宾（县）、珙县、天全、芦山、宝兴、大邑、邛崃、蒲江、仁寿、洪雅、武胜、邻水、宣汉、南江 31 个县（市、区）调研。共发放问卷 500 余份，召开座谈会 20 余场，深入基地 30 多个，考察新型农业经营主体 40 余家。涉及粮油、生猪、川果、川茶、川椒、中药材、川菜（泡菜）等大宗和特色产业 7 大类。总共出动调研队伍 135 人次。针对农业强省建设的重大意义、农业强省建设基本内涵和科学评价体系、四川农业强省建设的现状以及存在的问题和原因、农业强省建设的政策需求及重要举措等等问题进行了认真的探讨和调查分析。

第一节　研究背景与意义

党的十八大以来，习近平总书记站在党和国家事业全局高度，着眼农业农村现代化和人民群众美好生活需要，深刻洞察"三农"问题在新时代的实践变化，在深刻总结"三农"工作的历史经验后，作出一系列重要论述，实现了党的"三农"理论的飞跃性发展。四川既是经济大省，更是农业和农业人口大省，在全国经济格局中占有重要地位。因此，习近平总书记 2013 年 5 月 23 日来四川视察时指出，四川是农业大省，具有丰富的农业自然资源，具有做好"三农"工作的良好条件，必须扎实做好"三农"工作，加快发展现代农业。2017 年 3 月 8 日，习近平总书记在参加十二届全国人大五次会议四川代表团审议时强调，四川农业大省这块金字招牌不能丢，要带头做好农业供给侧结构性改革这篇大文章，推进由农业大省向农业强省跨越。2018 年春节前夕，习近平总书记到四川考察时进一步强调：四川是"天府之国"，要加快推进乡村产业振兴、推动乡村生活富裕，把四川农业大省这块金字招牌擦亮。由此可见，总书记对四川强省建设寄予厚望。

近年来，尽管我国农业出现持续增长的良好态势，但随着社会主义市场经济的完善和发展，四川这样的传统"农业大省""大而不强"的问题严重地制约着全国农业及农村经济的整体发展水平的进一步提高。推进农业大省向农业强省跨越，是农业农村产业转型换代的迫切需要；是促进农业提质、农民增收、农村进步的战略选择；是补齐农业这个弱项、如期全面建成小康社会的必然要求，对于保障国家粮食安全、做到农产品数量与质量并重、实现富民强省、加快推进我国由传统农业大国跨步成现代农业强国意义重大。

一、农业农村强省建设政治、理论、实践价值

（一）推进农业大省向农业强省跨越是建设社会主义现代化强国的需要

全面建成小康社会，农村是短板、农业是短腿。习近平总书记在2013年中央农村工作会议上提出：中国要强，农业必须强；中国要美，农村必须美；中国要富，农民必须富。进入新时代，随着经济社会发展，农业人口占总人口的比重、农业占国内生产总值的份额将进一步下降，但农业的基础地位不会改变，大量农民生活在广大农村的国情不会改变，农业农村现代化不能局限于农业资源丰富、农产品产量高等高规模指标，而应注重提质增效的高质量指标，从"大而强"提档升级为"优而强"，走产出高效、产品安全、资源节约、环境友好的中国特色农业农村现代化道路，稳住经济社会发展的基本盘，下好改革发展稳定的"先手棋"，更好地满足人民群众对美好生活的新期待，更加有力地为社会主义现代化建设全局提供基础支撑，使农业农村现代化跟上国家现代化的步伐。

具体而言，推进农业大省向农业强省跨越，就是要将农村产业发展摆在突出位置，将城市先进、现代化的资本、技术、人才等要素引导进入农业农村，将广大农民的积极性、创造性调动起来，建立现代化的农业农村产业体系，从而达到城乡产业融合发展的目标，使农业农村的经济发展始终呈现出旺盛活力。农业强省的核心内涵是实现农业生产经营的高效益、

高产出和高质量三者同步。更深层次是说，与其他地方的同期发展水平相比，现代农业具有发展速度较快、程度较高、规模较大的特点，农业生产的劳动效率更高，农业投入的产出能力更强，农业发展的质量和效益更高，农业供给不仅可以切实保障国民生计，还能够推动和实现区域产业化。到 2020 年农业现代化将取得明显进展，争取到 2035 年农业农村现代化基本实现，到新中国成立一百年时在全世界位列农业现代化强国之中。因此，农业强省建设是实现农业农村现代化、建设社会主义现代化强国的题中应有之义。

（二）推进农业大省向农业强省跨越是实施乡村振兴战略的需要

乡村落后，全局被动。中国（四川）是一个农业大国（省），也是一个农民大国（省）。在巨量农村人口的背景下，中国（四川）无论如何不能让农村衰败。习近平总书记多次强调"任何时候都不能忽视农业、不能忘记农民、不能淡漠农村。"

乡村振兴，产业兴旺是重点，必须把大力发展农村生产力放在首位，坚定不移地加快转变农业发展方式，尽快将下一步工作转到数量质量效益同时提高、注重增强农产品竞争力、注重农业科技创新、注重集约可持续发展上来，这也正是农业强省的关键点所在。具体来看，重点是稳定和增强粮食等主要农产品的生产能力，实施"藏粮于地、藏粮于技"战略，确保国家粮食安全，把中国人的饭碗牢牢端在自己手中；深入推进农业供给侧结构性改革，加快推进农业转型升级，构建现代农业产业体系、生产体系、经营体系，提升农业发展质量和效益；大力推进农业科技进步，提升设施装备水平，培育新型农业经营主体，发展多种形式农业适度规模经营和社会化服务；积极推进农业绿色发展，加强农业面源污染防治，扩大轮作休耕试点，实施山水林田湖草综合治理；促进农村一二三产业融合发展，采取政策措施为农民就业创业提供支持，拓宽农民增收渠道，让农民的钱袋子进一步鼓起来，日子更加好起来。因此，农业强省建设是实现产业兴旺，进而实施乡村振兴的必由之路。

（三）推进四川从农业大省向农业强省跨越是解决新时代社会主要矛盾的需要

党的十九大报告明确指出：中国特色社会主义进入了新时代，中国社会主要矛盾已经转化为人民日益增长的美好生活需要和不平衡不充分的发展之间的矛盾。当前，中国社会中最大的发展不平衡，是城乡发展不平衡；最大的发展不充分，是农村发展不充分，这是我国经济社会发展中最为突出的结构性矛盾，也是我们面临的许多问题的总病根。这一问题不仅严重制约农业农村发展，也制约城镇化发展水平和质量的提升，是现代化进程中无法回避、亟待解决的问题。

改革开放以来，中国农村的变化可谓是翻天覆地，农业和农村经济快速发展，生产条件进步巨大，农村基础设施建设日趋完善，农村居民生活水平和生活质量实现了飞跃式提高。但是与城市的发展水平相比，农村的经济社会仍处于滞后状态。城乡经济发展不平衡，城市居民收入与农村居民之间拉开了巨大的差距，农村居民生活水平和消费水平也远远比不上城市居民；城乡公共服务发展不平衡体现在城乡社会保障覆盖水平和基本公共服务上的差距；城乡公共投资比例不均衡，也使得农村经济增长进度缓慢。同时，农业农村也存在总体发展基础薄弱的问题，表现在农业综合生产能力、农业可持续发展能力和农产品市场竞争力不强，农村区域发展也存在不同大小的差距，农民增收后劲不足，农村的内生动力欠缺，自我发展能力不足。这就要求我们提高农业农村发展的速度，全面推动农业大省向农业强省的转变，在城乡融合发展的制度设计、政策创新上谋求解决措施和重大突破。

破解农村发展不充分、城乡发展不平衡的矛盾，对农业强省建设提出了新的要求。具体表现在四个方面：一是农产品供给。保证农产品数量已经成为最基本的要求，提高农产品质量、保证农产品安全才是当代群众的呼声。二是农村产业发展。过去主要强调农业这一单一产业的发展，现在在农村这一大的背景下强调一二三产业融合发展，由增产增收进一步提高到提质增效。三是农村生态环境。以前注重改善农业生产条件和农民生活条件，提出了"村容整洁"的要求，现在强调挖掘乡村经济、文化、生态价值，吸引城里人到农村投资创业和休闲旅游；在乡村宜居宜业的前提下，还应为整个社会提供优良的精神文化产品和生态产品。四是农民收入。过去讲增加农民收入是为了满足农民基本生活需要这一硬性要求，现在则要千方百计拓宽农民增收渠道，不仅要使农民吃穿不愁，有安全稳定的房屋居住，在教育、医疗、社会保障等方面也要向城市看齐。总之，要打破城乡经济社会之间的二元结构，推动要素配置、资源条件、基础设施、公共服务向农业农村倾斜，才能加快解决农业农村发展这一薄弱环节，才能显著缩小城乡差距，让农业成为有前途的产业，让农民成为有吸引力的职业，让农村成为安逸闲适的美丽家园。因此，农业强省建设是破解新时代社会主要矛盾的有力抓手。

二、农业强省建设研究意义

（一）理论意义

本课题旨在通过研究，建立科学合理的评价农业强省的指标体系，并给出各项指标的量化与获取方法以及综合评价方法，据此对四川农业发展水平进行评价与对比分析，为指导四川农业强省建设提供科学依据。评价指标体系的建立将为"农业强省"这个相对概念的横向比较提供统一的标准。据此才能对四川农业的发展状况进行较为客观的评价，认清目前四川农业在全国所处的地位，甚至可以对四川及其他省份未来的农业发展趋势进行预测。因此，四川农业强省建设衡量标准具有重要的理论价值。

（二）现实意义

四川特色农业资源丰富，农业农村发展潜力大、任务重。由农业大省向农业强省跨越是习近平总书记新时期对四川农业农村改革发展提出的殷切希望和要求。因此，建立一套科学有效的评价指标体系，对四川农业强省实现水平进行量化分析，不仅对认清本省农业发展的新形势新要求、找准农业发展的新方向新坐标有重大现实意义，同时，通过比较研究，有利于找出四川农业与全国平均水平或与山东等农业先进省份之间的差距，研究成果可以用于评价四川农业的强弱水平，也可以用于评价省内各区域的农业的强弱水平，及时发现自身的不足，有的放矢地提出强省建设的政策举措，对四川继续引领西部乃至全国农业发展、探索农业强国之路具有重要的借鉴作用和政策价值。

三、农业强省建设研究前沿及经验借鉴

（一）国外区域农业竞争力提升研究

国外没有"农业强省"这一完全相同的概念，但针对区域农业建设、

农业竞争力提升等相近主题，许多国家已有丰富研究和实践。

Chenery（1961）提出，一定区域内的农业资源配置是否有效，会影响其农产品生产和出口的比较优势。Michael R. Reed（1994）认为美国农业竞争力的影响因素包括收入水平、外汇储备、外债、国际收支余额、税率等经济因素和文化、法律、政治等非经济因素。Gopinath 和 Kennedy（2000）探讨了农业生产要素积累与要素生产率提高对农业竞争力的积极作用。Osborne Stefan 等（2001）指出，一国的农业核心竞争力来源于该国资源比较优势和政府行为的科学导向。Diakosavvas（2002）则专门讨论政府农业补贴对美国和欧盟农业竞争力的重要影响。Pierrev 等（2004）认为某些东南亚国家低成本劳动力加上低产出生产技术组合的劳动生产率水平比一些人口密集程度高的国家更高，这就是缅甸、泰国和越南粮食生产的比较优势所在。Mosoma K.（2004）通过对阿根廷及澳大利亚两国农产品产业链的研究，发现提升农产品附加值提高农业竞争力的空间有限，而整合产业链、进行必要制度变迁形成战略联盟、加快技术推广应用、挖掘出农产品产业链潜能才是实现农业竞争力有效提升的关键。Janno Reiljan 等（2005）发现，源于政府没有对农业进行保护，爱沙尼亚农业生产力自 1991 年开始持续下降，使之无法得到从大规模农业向小规模农业转移所需的现代技术与工具，在加入欧盟后借助欧盟的共同农业政策才获得活力。Asmah E. 和 Routman B.（2011）通过研究 AGOA 国家与美国农产品贸易状况，发现 AGOA 国家农业竞争力弱是由于农产品补贴、关税与配额、农产品深加工程度三个因素，故而提出从基础设施建设、投资环境、农产品深加工及农产品补贴、关税改革出发，增强 AGOA 国家农业竞争力。澳大利亚农业部（2015）则讨论了农产品交易、基础设施建设、灾害管理、智慧农业与市场开拓五个方面对澳大利亚农业竞争力的影响。

（二）国内农业强省建设研究

从初次提出农业强省至今，该思想被国内许多学者运用于具体省份研究中，为更好建设农业强省，学者们围绕农业强省的定义、内涵特征、水平评价及建设路径等方面展开相关研究。

1. 农业强省概念界定

早在 1994 年，山东首次提出建设农业强省，但到目前为止，其概念界定尚缺少统一标准。赵贺春（2001）指出，所谓强省，一般指主要总量指标和主要人均占有指标在全国各省、市、区的位次居前列，或排在本省总人口位次的前面。李树斌（1998）认为农业强省应从绝对和相对两个方面定义，从绝对角度说，农业强省必须有一个量化界线，在农业生产规模、产品产量、劳动生产率等方面都应有明确数量标准；从相对角度说，农业强省需与各个时期自身发展水平纵向比较和与其他省市区的农业生产先进水平横向比较，其量化标志也应不断变化。陈希玉（1994）明确提出，建设农业强省就是利用现代科学技术和综合手段，充分合理地开发、利用自然资源和社会资源，促进生产要素的合理流动和最佳配置，把农业建设成为整体布局合理、结构优化、技术先进、管理科学、环境优良、经济总量和人均占有量大、产品质量优、综合效益高的发达的市场农业。孟枫平（1999）对农业大省和农业强省进行了对比，认为后者重在一个"效益"的概念，其核心是"质"，农业强省应具有农业经济总量大、农业投入产出效果好、农业科技水平高和农村经济结构优的特点。王晓燕（2003）指出，建设农业强省作为一种战略目标，要求把全省农业建设成为整体布局合理、结构优化、技术先进、管理科学、环境优良、经济总量和人均占有量大、产品质量优、综合效益高而发达的市场农业。李晓燕（2000）强调要建成农业强省，不但要保障本省某种或某些关系国计民生重要农产品的供给，还要提高农业的国际（区际）竞争力，在促进农业发展的同时，又能支持全省经济社会的发展。

2. 农业强省内涵特征

王晓燕（2003）发现，虽然相关产业和发展模式有所不同，但农业强省通常有共同特征，包括健全的科学管理体制、较强的综合生产能力、较高的综合效益和雄厚的科技力量。赵贺春（2001）指出农业强省建设要求在实现农业经济总量大的同时，提高农产品质量。王玲（2015）认为农业强省的特征在于提升市场竞争力，彭素、胡新艳（2012）更强调保障重要农产品的供给。陈希玉（1994）则认为"农业强省"的农业可以支持全省的社会经济发展，推动城乡之间、地区之间协调发展，实现经济、生态和社会效益的统一。吴海峰（2017）明确提出了现代农业强省的内涵特征，突出表现为产出较高、品质优良、效益显著、绿色安全、结构优化、基础设施完善、科技创新先进、组织化程度高、工农城乡协调等。

3. 农业强省建设水平评价

孟枫平（1999）构建了包括主要农产品供给能力、农业投入产出效果、农业科技进步、农村经济结构、农业基础条件五大类指标的农业强省评价指标体系，运用统计学中的"功效系数法"，对安徽省的农业强省实现程度进行了具体的测算。李晓燕（2000）以黑龙江省为研究对象，系统提出了包含4个层次、22项具体指标的强省评价指标体系，利用AHP法测算了各指标的相对权重，再采用线性加权函数法进行多指标综合评价。侯方高、杨少华（2001）则以山东省农业现状为例，构建了包括30个指标的农业强省评价指标体系，通过比较山东省的实际值与所设置的农业强省标准值之间的差距，从总体上判断山东省是否达到农业强省。万忠、康艺之等（2010）在构建农业强省综合评价指标体系基础上，运用指标体系综合评价法对国内几个主要农业强省进行分析评价，并重点探讨了广东农业发展所处的客观水平。彭素（2012）运用探索性因子分析与聚类分析，分别对我国25个省区的农业综合竞争力进行排名和分类，分析表明，我国25个省区可以划分为规模主导型、资源匮乏型、结构优化型、规模偏优型、结构偏优型和特色发展型共六大类型。

4. 农业强省建设策略研究

从国内研究来看，学者们针对山东、湖南、广西、安徽、黑龙江、广东等省份进行了农业强省建设策略研究。山东省农业委员会（1994）认为发展农业龙头企业是实现由农业大省向农业强省跨越的必由之路。王克英（1995）在总结湖南省实践的基础上，提出实现农业强省的战略目标根本途径是实行农业产业化经营，按产业化的要求来改造传统农业建设现代农业。蒙福贵（1996）指出农业强省建设重点在于依靠科技进步。青先国（1995）、黄承（1997）均认为农业强省必须以保障粮食生产稳步发展为基础。李明山（2000）建议四川应重视农业产业结构优化，在农产品质量、附加值和流通环节下功夫。乔爱书（2008）提出在安徽由农业大省向农业强省跨越发展过程中，需加强农业基础建设、调整农业产业结构、大力发展农产品加工业、提高农民综合素质、合理利用农业资源和保护农业环境。王俊河（2000）就黑龙江省的实际状况，提出了黑龙江省优化和调整农业结构，全力推进科教兴农和服务体系建设，加强农业基础设施建设等建议。同样以该省为研究对象，黑龙江省农村发展研究中心课题组（2017）在分析建设农业强省面临的挑战及发展潜力基础上，指出其在建设进程中需重视深化农村改革、市场需求、要素禀赋优势、科技含量、新型经营主体、营销渠道、业态创新、综合生产能力、提质降耗、生态环境共十个方面。在建设现代农业强省进程中，吴海峰（2017）认为要以深入推进农业供给侧结构性改革为主线，加快科技进步，完善支农政策，推行绿色生产方式，创新农业经营机制，构建现代产业体系，加强农业基础设施建设，提高农村公共服务水平。

（三）研究评述

国外对于区域农业建设及竞争力提升的研究已比较成熟，研究方法多使用相对科学客观的定量分析方法，对农业强省建设研究具有重要启示作用，但研究内容多集中于某区域农产品在成本或价格上的竞争力及比较优势评价，而农业竞争力的构成要素及其形成机制方面的研究重视程度还有待提高。实际上，农业生产和经营是综合利用知识、资金、技术和资源的结果，它包含农产品生产经营、资源开发利用、农业信息咨询服务等多个环节，区域农业竞争力不仅仅体现在农产品竞争力一个方面，还应该包括对于农业产业竞争力的系统分析。此外，由于国情、社会制度、经济体制等方面存在差异，农业强省建设不应照搬某一种措施，必须深入把握发展特点，形成符合当前发展背景的建设策略。

国内学者们从多个视角对农业强省概念进行了界定，阐述了农业强省的内涵特征，通过构建指标体系对某些省份的农业强省建设水平进行了测度与评价，并提出农业强省的建设策略。根据相关研究，农业强省内涵包括三个方面：第一，农业强省是一个相对的、发展的概念，强和弱是相比较而产生的。第二，主要围绕农业现代化、农业竞争力和农业可持续发展三个方面。具体表现在：①农业整体布局合理、结构优化；②技术先进、管理科学；③经济总量和人均占有量大、产品质量优、综合效益高；④环境优良，经济、生态和社会效益的统一。第三，是省与省（市、区）之间、地（市州）各区域之间通过比较，基于全方位综合评价得出的结果。针对农业强省建设策略这一主题，学者们从不同角度出发展开研究，一致强调结构调整、科技进步、基础设施建设等方面对农业强省建设的重要性，为本课题提供了较好借鉴，但现有文献中尚存不足之处，宏观、抽象的研究较多而具体、深入的研究相对缺乏，且进一步对省域内部的细化分析比较的研究文献有限。

综上所述，如何有效推进农业强省建设，这一问题仍有探讨空间，而四川作为我国农业大省，其跨入农业强省行列的经验举措，将具一定引领、示范作用。因此，研究四川农业大省如何跨入农业强省行列，有重要理论价值和现实意义。

第二节　农业强省建设的科学内涵、衡量标准及水平测度

一、农业强省建设的科学内涵

（一）农业强省建设的指导思想

以马克思列宁主义、毛泽东思想、邓小平理论、"三个代表"重要思想、科学发展观、习近平新时代中国特色社会主义思想为指导，坚持创新、协调、绿色、开放、共享发展新理念，以农业供给侧结构性改革为主线，构建现代农业产业体系、生产体系、经营体系，实现四川农业大省向农业强省跨越。

（二）农业强省建设的基本思路

农业强省建设的基本思路：一是区域选择重点在丘区，关键在大县，率先建（农业）强县，由点到线，由线连片。全省建 5 片（川北、川中、川南、川东、川西），首选 20 个示范县（不含区、市）；二是产业选择是主导产业与特色产业相结合，坚持"盘活存量、做优增量、提升质量、发挥效量"建设思路。

（三）农业强省建设的目标任务

农业强省建设不能一蹴而就，必须与中华民族伟大复兴的"中国梦"紧密结合，必须与谱写美丽繁荣和谐四川建设新篇章相结合，必须与实施乡村振兴战略推进农业农村现代化相结合，奋力实现新时代四川农业强省建设"三步走"战略目标。

到 2020 年，实现农业产业区域布局的优化和法规化。做好农业农村"多规合一"工作，农产品优质率达 70%，农产品国际、国内两个市场占有率明显高于西部其他省（市、区），主要农产品有效供给率超过 85%，农产品加工率达 60%，产业结构优化指数达 65%，农业机械化程度不低于 60%，土地规模经营超过 40%，设施农业覆盖率超过 60%，标准化生产发展程度逾 70%，农业信息网站覆盖率达 70%，农业科技进步贡献率超过 60%，现代农业产业体系、生产体系、经营体系初步建成，生产组织化程度和社会化服务水平均为西部先进水平。在此阶段，应谋划各区域内不同现代农业产业示范标准，制定农业强省的战略目标。

到 2035 年，在西部率先基本实现农业农村现代化。特色优势产业实现从量变到质变，农产品优质率达 80%，农产品国际、国内两个市场占有率排名全国前五，主要农产品有效供给率超过 90%，农产品加工率达 70%，产业结构优化指数达 75%，农业机械化程度不低于 65%，土地规模经营率达 70%，设施农业覆盖率超过 70%，标准化生产发展程度逾 80%，农业信息网站覆盖率达 90%，农业科技进步贡献率超过 65%，现代农业产业体系、生产体系、经营体系完全建成，生产组织化程度和社会化服务水平较 2020 年有大幅提升，"川"字号品牌农产品在国内外进一步提升知名度，关联产业高度融合，打造"川菜""川椒""川（农）机"等多个 1 000 亿元级产业，实现农业大省向农业强省质的飞越。

到 2050 年，全面实现农业农村现代化和建成农业强省，城乡居民收入均衡化。农产品优质率达 90%，农产品国际、国内两个市场占有率居全国前三，农产品加工率不低于 85%，主要农产品有效供给率超过 95%，产业结构优化指数达 85%，农业机械化程度不低于 75%，土地规模经营率达 90%，设施农业覆盖率超过 85%，标准化生产发展程度逾 90%，农业信息网站覆盖率达 100%，农业科技进步贡献率超过 80%，现代农业产业体系、生产体系、经营体系高度发达，生产组织化程度和社会化服务水平均为国内先进水平，农业多功能得到充分发挥，农产品"总量稳定、质量保障、结构优化、生态安全"，农民成为时尚的职业，农业成为较高收入行业，农村成为乡村居民的美好家园、城市居民休闲度假的理想乐园。

二、农业强省建设的衡量标准

基于四川农业发展实际和需求，全面考虑建设农业强省所涉及的各个方面及其内在联系，多角度、多层次逐步展开分析，构造包含产业体系、生产体系、经营体系三个维度的四川农业强省衡量标准指标体系。

（一）产业体系

按照产业体系的维度，5 个准则层 14 个指标：一是四川主要农产品的有效供给率，包括粮油肉蛋奶；二是农产品加工率，包含粗加工和精深加工；三是产业结构优化指数，主要考虑三产比重和融合度；四是农民增收的贡献率，指产业发展对增收的贡献率；五是农产品国内"际"市场占有率，主要考察口粮和畜禽产品。

（二）生产体系

生产体系我们选择了 7 个准则层 9 个指标：基础设施建设程度，农业机械化程度，设施农业覆盖率，标准化生产发展程度，信息化程度，农产品优质率和农业科技支撑度。

（三）经营体系

本维度我们共选择了 6 个准则层 11 个指标：农地规模化程度，组织化程度，农业成本利润率，要素生产率，金融服务支撑度，社会化服务水平。

标准值设立在参阅研究文献和《四川省"十三五"农业和农村经济发展规划》等相关规划的基础上，参考当期全国范围内已实现的极值（如山东省、河南省等），再结合四川省往年数据最终确定。

表 1-1　农业强省建设水平衡量指标体系

维度	准则	指　标	权重	标准值*
产业体系	主要农产品有效供给率	粮食有效供给率	0.046	98%
		油料有效供给率	0.029	98%
		肉类有效供给率	0.036	95%
		蛋类有效供给率	0.022	95%
		奶及奶制品有效供给率	0.015	95%

（续）

维度	准则	指　标	权重	标准值*
产业体系	农产品加工率	粗加工农产品占农产品总量比重	0.028	25%
		精深加工农产品占农产品总量比重	0.028	60%
	产业结构优化指数	农村第三产业增加值占比	0.044	85%
		一二三产业融合度	0.048	85%
	农民增收贡献率	农民增收贡献率	0.042	40%
	农产品国内市场占有率	口粮国内市场占有率	0.016	30%
		畜禽产品国内市场占有率	0.016	25%
	农产品国际市场占有率	口粮国际市场占有率	0.015	15%
		畜禽产品国际市场占有率	0.015	10%
生产体系	基础设施建设程度	农村道路通达率	0.020	100%
		作业道覆盖率	0.022	95%
		水利设施覆盖率	0.020	95%
	农业机械化程度	农业机械化率	0.030	75%
	设施农业覆盖率	设施农业占比	0.031	85%
	标准化生产发展程度	标准化生产占比	0.030	90%
	农业信息化程度	信息化建设投资占固定资产投资比重	0.020	30%
		农业信息网站覆盖率	0.021	100%
	农产品优质率	农产品优质率	0.038	90%
	农业科技支撑度	农业科技进步贡献率	0.078	80%
经营体系	农地规模化程度	土地规模经营率	0.031	90%
	组织化程度	产加销一体化合作社占比	0.021	75%
		加入农民合作社农户占比	0.023	80%
	农业成本利润率	粮食种植成本利润率	0.030	35%
		禽畜养殖成本利润率	0.022	40%
	要素生产率	土地生产率（粮食）	0.032	6 500 千克/公顷
		劳动生产率	0.032	43 800 元/人
	金融服务支撑度	基础金融服务覆盖率	0.030	100%
		农业保险参保率	0.015	100%
	社会化服务水平	农村社区服务覆盖率	0.024	95%
		新村建设覆盖率	0.030	100%

　*标准值设立在参阅研究文献和《四川省"十三五"农业和农村经济发展规划》等相关规划的基础上，参考当期全国范围内已实现的极值（如山东省、河南省等），再结合四川省往年数据最终确定。

三、农业强省建设水平测度

在构建农业强省衡量标准指标体系的基础上，将德尔菲法和层次分析法相结合以确定各指标权重，采用线性加权法计算综合得分，再与得分标准进行比较，可直观测度四川农业强省建设水平。

（一）农业强省建设是一个动态过程

农业强省建设是一个动态过程，参考孟枫平（1999）、康艺之（2010）以及万忠（2011）等人的做法，先对案例的个体指标进行分析研究，找到一个较为合适的标准值，通过将实际值与标准值比较，就可以得到这一指标目前所处水平。

（二）农业强省建设水平指标权重的确定

指标权重是基于层次分析法确定的，由于各个指标重要程度不同，每个维度下指标的权重是由每个维度对实现农业强省贡献的大小来确定的（孟枫平，1994），分别为：产业维度为 40%，生产维度和经营维度均为30%，具体各指标的权数见表（一）中所列。

（三）农业强省建设水平测度方法

每个指标农业强省的实现程度为：该指标实际值 A 除以农业强省标准值 C，各指标得分值实行封顶计算，即指标实际值大于标准时，只按标准值计算（万忠，2011），再用该指标的权数 W 乘以这一比值，即得到该指标农业强省实现程度的得分，所有指标的得分之和即为该年农业强省实现程度的总得分 S，计算公式如下：

$$S = \sum_{i=1}^{n} \frac{A_i}{C_i} \times W_i$$

若综合分数低于 59.9 分，说明四川农业强省实现程度较低；高于 60分而低于 79.9 分，则农业强省建设有一定成效；达到 80 分，可认为四川已跨入农业强省行列。衡量标准见表 1-2。

表 1-2　四川农业强省建设水平综合得分衡量标准

综合得分	0~59.9	60~79.9	80~100
建设程度	弱	中	强

第三节　四川农业发展现状

一、产业发展现状

(一) 种植业

种植业一直在四川的农业结构中占据绝对优势，在进入 21 世纪以后，种植业产值占农林牧渔总产值的比重始终徘徊在 50% 左右，在四川农业经过多年的发展和结构调整后，其内部各作物所占比例发生了一定的变化。

2017 年，四川粮食作物播种面积 9 662.1 万亩，比 2016 年减少 0.2%；棉花播种面积 12.9 万亩，比 2016 年减少 5.1%；油料作物播种面积 2 005.2 万亩，比 2016 年增长 2.3%；稻谷播种面积 2 986.5 万亩，比 2016 年增长 0.05%；小麦播种面积 1 557.0 万亩，比 2016 年减少 4.6%；玉米播种面积 2 096.3 万亩，比 2016 年减少 0.1%；豆类播种面积 816.0 万亩，比 2016 年增长 4.5%；薯类（折粮）播种面积 1 948.5 万亩，比 2016 年增长 1.2%；油菜籽播种面积 1 591.6 万亩，比 2016 年增长 2.6%；园林水果播种面积 1 050.6 万亩，比 2016 年增长 5.6%；茶叶播种面积 534.4 万亩，比 2016 年增长 8%；中草药材播种面积 200 万亩，比 2016 年增长 3.0%；蔬菜及食用菌播种面积 2 109.4 万亩，比 2016 年增长 1.9%。同时，四川粮食产量 3 498.4 万吨，比上年增长 0.4%；棉花产量 0.85 万吨，比上年减少 3.4%；油料产量 323.5 万吨，比上年增长 3.2%；稻谷产量 1 564.9 万吨，比上年增长 0.4%；小麦产量 400.1 万吨，比上年减少 3.2%；玉米产量 800.8 万吨，比上年增长 1%；豆类产量 113.6 万吨，比上年增长 7.4%；薯类产量 536.7 万吨，比上年增长 1.1%；油菜籽产量 252.2 万吨，比上年增长 4.6%；园林水果产量 895.0 万吨，比上年增长 5.2%；茶叶产量 28.3 万吨，比上年增长 7.2%；中草药材产量 51.2 万吨，比上年增长 11.3%；蔬菜及食用菌产量 4 523.0 万吨，比上年增长 3.0%。

(二) 林业

四川位于全国第二大林区，森林资源丰富，森林覆盖率 36.88%。全省林地面积 3.61 亿亩，占全省面积的 49.5%，居全国第 3 位；森林面积 2.69 亿亩，居全国第 4 位；森林蓄积 17.53 亿立方米，居全国第 3 位。完成荒山荒（沙）地造林 1 294 万亩，其中完成退耕还林工程 44.1 万亩。建成林业系统管理的森林、湿地和野生动植物类型自然保护区 123 个，建成森林公园 127 个、湿地公园 56 个。

林业作为四川一项重要的基础产业，承担着提供无形生态产品、有形林产品供给的重要职责。近年来，四川林业牢固树立践行"绿水青山就是金山银山"理念，推进林业供给侧结构性改革，突出发展川椒、木竹、特色经济林、林下经济、生态旅游、野生动植物繁育利用、种苗花卉等几大重点产业，着力打造成都平原区林木家具、川南竹产业、川东北特色经济林、川西生态旅游四大林业产业集群。全省建成林业产业基地面积 1.03 亿亩，实现林业产业总产值 3 060.2 亿元。林业三次产业结构优化为 37.5∶31.2∶31.3。林产加工能力得到提升，木竹人造板产能突破 1 300 万立方米，木竹家具产能突破 3 400 万件，特色经济林产品加工能力达到 255 万吨，竹浆造纸和板式家具产能居全国第一位。

四川主要的林产品中，核桃产量逐年攀升，竹笋干在经历了 2012—2013 年的大幅减产后，于 2014—2017 年逐步恢复攀升。油桐籽产品产量在 2000—2013 年呈现逐渐下滑后，自 2014 年开始爆发性增长。而生漆和油菜籽的产品呈现出比较稳定的状态，波动幅度较小。

（三）畜牧业

四川作为畜牧业大省和全国最大的商品猪生产基地，一直将畜牧养殖业作为调整产业结构，帮助农民增收的一个主要途径，其主要品种有：猪、牛、羊、马以及各类家禽等。2017 年畜牧业产值（2 326.7 亿元）占农业总产值（6 963.7 亿元）的 33.41%，畜牧业是除种植业以外农民收入的另一重要来源。2017 全年肉猪出栏 6 597.1 万头，比 2016 年下降 5%；牛出栏 267.3 万头，比上年下降 0.5%；羊出栏 1 780.4 万只，比上年增长 1.4%；禽出栏 65 259.8 万只，比上年下降 3.7%；兔出栏 21 609.6 万只，比上年下降 8.0%。肉类总产量为 662.5 万吨，比上年下降 4.2%。

近年来，四川畜牧业质量安全监管也不断强化，"川猪"市场声誉不断提高，开展了畜产品质量安全专项整治行动，加大了饲料、兽药等投入品在生产、经营、使用过程中的监管力度，推动养殖过程公开化、透明化，在全省 178 个县实施"放心肉"工程，在全省 146 个县（市、区）开展牲畜标识及疫病可追溯体系建设工作，生猪产地检疫率以乡为单位达到98.01％，规模场达到 100％，4 887 个定点屠宰检疫率达到 100％。

（四）渔业

四川水系众多，可供水产养殖的面积达 332.1 万亩，渔业生产面积大，生产条件好。1980 年四川渔业产值仅为 0.57 亿元，在农业总产值中占 0.4％。2017 年四川渔业产值为 239.0 亿元，在农业总产值中占 3.4％；全年水产养殖面积 332.1 万亩，比上年增长 3％；全年水产品产量 154.5万吨，比上年增长 6.2％。

全省水产品产量也连续五年保持增长势头，名优经济鱼类养殖得到了较快发展，鲶鱼、鮰鱼、长吻鮠产量均居全国第一位，稻田养殖面积居全国第一位。全省未发生重大水产品质量安全事件，产地抽检合格率保持在96％以上。全省农业部水产健康养殖示范场达到 240 家。获得农业部认证的无公害水产品生产基地 288 个、面积 68.85 万亩，占全省养殖总面积的25％，无公害水产品 967 个，获得地理标志水产品 6 个、绿色食品水产品4 个、有机水产品 18 个。

二、比较分析

（一）农林牧渔业总产值

如表 1－3 所示，2016 年四川省在农林牧渔业总产值指标上的排名居全国第四位（6 831.1 亿元），与同是内陆地区的河南省存在显著差距（差值：968.6 亿元）；种植业总产值指标中，山东省（4 641.3 亿元）＞河南省（4 577.2 亿元）＞江苏省（3 714.6 亿元）＞四川省（3 711 亿元），与河南省差距 866.2 亿元；牧业总产值指标中，河南省（2 611.3 亿元）＞山东省（2 540.8 亿元）＞四川省（2 551.7 亿元）＞江苏省（1 331.5 亿元），与河南省差距 59.6 亿元；渔业总产值指标中，四川省（223.9 亿元）则比河南省（128.3 亿元）多出约 95.6 亿元；在林业总产值指标中，四川省（219.1 亿元）超越了其他三省约 90 亿元。

表 1-3　2016 年各省农林牧渔业总产值及增量对比表

地区	绝对值（亿元）					增量（上年＝100）				
	农林牧渔业总产值	种植业	林业	牧业	渔业	农林牧渔业总产值	种植业	林业	牧业	渔业
山东	9 325.9	4 641.3	147.5	2 540.8	1 485.6	104.4	105	109.5	102.6	102
河南	7 799.7	4 577.2	121.3	2 611.3	128.3	104.5	105.9	104.9	101	105.5
江苏	7 235.1	3 714.6	129.3	1 331.5	1 621.9	100.8	100.5	104.2	98.9	101.2
四川	6 831.1	3 711	219.1	2 551.7	223.9	104	111.3	105	93.8	104.9

　　在农林牧渔业总产值的增量上，四川省 2016 年比 2015 年稳步增加了 4%，但仍落后于河南省（4.5%）与山东省（4.4%），四川省在种植业产值指标中的增量（11.3%）远超其他三省（5.9%、5%、0.5%）。在林业产值增量指标中，山东省（9.5%）＞四川省（5%）＞河南省（4.9%）＞江苏省（4.2%），在渔业产值增量指标中，河南省（5.5%）＞四川省（4.9%）＞山东省（2%）＞江苏省（1.2%），但在牧业产值中，四川省呈现下降趋势（－6.2%），远落后于江苏省（－1.1%）、河南省（1%）及山东省（2.6%）。

（二）主要农产品产量

　　截至 2016 年底，四川省粮食产量（3 483.5 万吨）居全国第四位，仅居粮食大省黑龙江省粮食产量（第一位，6 058.5 万吨）的 1/2；四川省棉花产量（0.9 万吨）居全国第十五位，新疆棉花产量（第一位，359.4 万吨）是四川省的 399 倍；四川省油料产量（311.3 万吨）居全国第四位，约占河南省（第一位，619.1 万吨）的 1/2；四川省麻类产量（5.2 万吨）居全国第二位，同第一位黑龙江省相比少 2.2 万吨；四川省甘蔗产量（49.5 万吨）居全国第九位，远落后于第一位广西（7 461.3 万吨）约 7 411 万吨；四川省烟叶产量（21.8 万吨）居全国第五位，云南省烟叶产量（第一位，90.7 万吨）是四川省的 4 倍左右；四川省蚕茧产量（11.1 万吨）居全国第三位，约占第一位广西（37.8 万吨）的 1/3；四川省茶叶产量（26.8 万吨）居全国第四位，与第一位福建省（42.7 万吨）相差 15.9 万吨；四川省水果产量（979.3 万吨）居全国第十一位，是第一位山东省（3 255.4 万吨）的 30%（如表 1-4、1-5 所示）。

表 1 - 4　2016 年各省主要农产品产量对比表

单位：万吨

排名	地区	粮食	排名	地区	棉花	排名	地区	油料	排名	地区	麻类
1	黑龙江	6 058.5	1	新疆	359.4	1	河南	619.1	1	黑龙江	7
2	河南	5 946.6	2	山东	54.8	2	湖北	329.8	2	四川	5.2
3	山东	4 700.7	3	河北	30	3	山东	326.8			
4	四川	3 483.5	4	湖北	18.8	4	四川	311.3			
			5	安徽	18.5						
			6	湖南	12.3						
			7	河南	9.8						
			8	江苏	7.4						
			9	江西	7.3						
			10	陕西	3.4						
			11	天津	2.3						
			12	甘肃	2						
			13	浙江	1.7						
			14	山西	1						
			15	四川	0.9						

表 1 - 5　2016 年各省主要农产品产量对比表

单位：万吨

排名	地区	甘蔗	排名	地区	烟叶	排名	地区	蚕茧	排名	地区	茶叶	排名	地区	水果
1	广西	7 461.3	1	云南	90.7	1	广西	37.8	1	福建	42.7	1	山东	3 255.4
2	云南	1 738.4	2	贵州	29.8	2	广东	11.3	2	云南	38.4	2	河南	2 871.3
3	广东	1 479.3	3	河南	28.3	3	四川	11.1	3	湖北	29.6	3	河北	2 138.5
4	海南	204.6	4	湖南	23.1				4	四川	26.8	4	陕西	2 017.8
5	贵州	117.8	5	四川	21.8							5	广西	1 882.5
6	湖南	66.2										6	新疆	1 790.9
7	江西	65.8										7	广东	1 717
8	浙江	62.1										8	湖南	1 048.2
9	四川	49.5										9	安徽	1 043.5
												10	湖北	1 010.4
												11	四川	979.3

如表1-6、表1-7所示，2016年四川省谷物单位面积产量占全国第十三位（6 122千克/公顷），棉花单位面积产量占全国第十九位（977千克/公顷），花生单位面积产量占全国第二十二位（2 601千克/公顷），油菜籽单位面积产量占全国第八位（2 332千克/公顷），芝麻单位面积产量占全国第十八位（1 329千克/公顷），黄红麻单位面积产量占全国第十一位（1 955千克/公顷），甘蔗单位面积产量占全国第十六位（38 368千克/公顷），甜菜单位面积产量占全国第九位（23 923千克/公顷），烤烟单位面积产量占全国第十五位（2 135千克/公顷）。

表1-6　2016年各省主要农产品单位面积产量对比表

单位：千克/公顷

排序	地区	谷物	排序	地区	棉花	排序	地区	花生	排序	地区	油菜籽	排序	地区	芝麻
1	吉林	7 804	1	新疆	1 991	1	新疆	5 827	1	黑龙江	10 918	1	吉林	2 133
2	上海	7 190	2	天津	1 641	2	安徽	4 955	2	江苏	2 785	2	江苏	1 869
3	辽宁	6 780	3	甘肃	1 502	3	河南	4 513	3	新疆	2 760	3	山东	1 821
4	浙江	6 689	4	内蒙古	1 493	4	山东	4 347	4	西藏	2 746	4	新疆	1 730
5	江苏	6 624	5	江西	1 486	5	江苏	3 910	5	山东	2 572	5	浙江	1 695
6	新疆	6 420	6	浙江	1 470	6	河北	3 790	6	河南	2 518	6	湖北	1 684
7	重庆	6 394	7	山西	1 464	7	甘肃	3 588	7	安徽	2 333	7	河南	1 637
8	黑龙江	6 362	8	陕西	1 405	8	湖北	3 481	8	四川	2 332	8	黑龙江	1 597
9	北京	6 296	9	辽宁	1 355	9	天津	3 398				9	广东	1 590
10	山东	6 287	10	云南	1 341	10	吉林	3 232				10	陕西	1 577
11	湖南	6 262	11	湖南	1 185	11	陕西	3 144				11	安徽	1 529
12	湖北	6 177	12	山东	1 178	12	西藏	3 092				12	上海	1 512
13	四川	6 122	13	江苏	1 165	13	广东	3 033				13	辽宁	1 442
			14	北京	1 164	14	北京	2 982				14	广西	1 420
			15	广西	1 127	15	广西	2 931				15	天津	1 402
			16	上海	1 098	16	浙江	2 888				16	河北	1 353
			17	河北	1 038	17	江西	2 839				17	湖南	1 346
			18	安徽	1 006	18	海南	2 838				18	四川	1 329
			19	四川	977	19	辽宁	2 764						
						20	福建	2 733						
						21	上海	2 721						
						22	四川	2 601						

表1-7　2016年各省主要农产品单位面积产量对比表

单位：千克/公顷

排序	地区	黄红麻	排序	地区	甘蔗	排序	地区	甜菜	排序	地区	烤烟
1	河南	6 677	1	广东	91 396	1	新疆	71 956	1	宁夏	4 607
2	海南	6 363	2	广西	78 455	2	甘肃	57 340	2	内蒙古	3 796
3	江西	5 709	3	河南	68 826	3	山西	50 980	3	山西	3 136
4	安徽	3 953	4	浙江	65 419	4	辽宁	50 628	4	甘肃	3 094
5	浙江	3 854	5	海南	63 307	5	河北	48 363	5	辽宁	2 808
6	福建	3 043	6	云南	61 609	6	吉林	47 908	6	山东	2 675
7	湖南	2 753	7	江苏	61 327	7	内蒙古	44 191	7	黑龙江	2 656
8	广西	2 703	8	贵州	56 281	8	黑龙江	34 273	8	河南	2 529
9	广东	2 506	9	福建	54 533	9	四川	23 923	9	吉林	2 516
10	河北	2 318	10	上海	54 201				10	广东	2 412
11	四川	1 955	11	湖南	49 365				11	北京	2 250
			12	江西	45 298				12	安徽	2 244
			13	湖北	41 959				13	陕西	2 210
			14	重庆	41 055				14	湖南	2 207
			15	安徽	39 733				15	四川	2 135
			16	四川	38 368						

　　本文将2016年粮食、棉花、油料等六类农产品的人均产量作为分析各省农业发展现状的一项指标，详见表1-8。其中四川省的油料人均产量与猪牛羊肉人均产量处于全国上游水平（均第五位），但与第一位内蒙古仍存在较大差距，从油料人均产量来看，内蒙古（87.5千克）是四川省（37.8千克）的2.3倍，从猪牛羊肉人均产量来看，内蒙古（90.1千克）比四川省（67.8千克）多出22.3千克；四川省的粮食人均产量、棉花人均产量、水产品人均产量、牛奶人均产量则处于全国中游阶段，四川省粮食人均产量（第十六位，423千克）仅占黑龙江省粮食人均产量（第一位，1 592千克）的26.6%，四川省棉花人均产量（第十五位，0.1千克）仅是新疆（第一位，151.1千克）的零头，海南省水产品人均产量（第一位，238.7千克）是四川省（第十六位，17.9千克）的13倍，内蒙古牛奶人均产量（第一位，291.8千克）是四川省（第十九位，7.6千克）的38倍。

表 1-8　2016 年各省人均主要农产品产量对比表

单位：千克

排名	地区	粮食	排名	地区	棉花	排名	地区	油料	排名	地区	猪牛羊肉	排名	地区	水产品	排名	地区	牛奶
1	黑龙江	1 592	1	新疆	151.1	1	内蒙古	87.5	1	内蒙古	90.1	1	海南	238.7	1	内蒙古	291.8
2	吉林	1 355	2	山东	5.5	2	河南	65.1	2	西藏	79.3	2	福建	202.6	2	宁夏	207.7
3	内蒙古	1 105	3	河北	4	3	湖北	56.2	3	云南	70.2	3	辽宁	125.3	3	黑龙江	143.5
4	新疆	636	4	湖北	3.2	4	青海	50.8	4	湖南	68.7	4	浙江	109.9	4	西藏	90.9
5	河南	626	5	安徽	3	5	四川	37.8	5	四川	67.8	5	山东	97.3	5	新疆	65.6
6	安徽	554	6	湖南	1.8				6	广东	81.8	6	河北	59.1
7	宁夏	552	7	江西	1.6							7	湖北	81.1	7	青海	55.8
8	辽宁	480	8	天津	1.5							8	广西	76.4	8	天津	43.8
9	山东	475	9	河南	1							9	江苏	65.5	9	陕西	36.9
10	江西	467	10	江苏	0.9							10	江西	59.9	10	河南	34.4
11	河北	465	11	陕西	0.9							11	湖南	40.2	11	辽宁	32.7
12	甘肃	438	12	甘肃	0.8							12	安徽	38.9	12	山东	27.1
13	湖北	435	13	浙江	0.3							13	宁夏	26.5	13	山西	25.9
14	湖南	434	14	山西	0.3							14	天津	26.4	14	北京	21
15	江苏	434	15	四川	0.1							15	河北	18.6	15	吉林	19.3
16	四川	423										16	四川	17.9	16	甘肃	15.4
															17	云南	12
															18	上海	10.8
															19	四川	7.6

（三）主要林产品产量

2016 年四川省林产品产量居全国中上游水平，其中木材产量（201.6 万立方米）居全国第十位，远落后于第一位广西（2 686.5 万立方米）2 485.9 万立方米；松脂产量（370 吨）居全国第十二位，第一位广西（630 873 吨）是四川省松脂产量的 1 705 倍；生漆产量（431 吨）居全国第八位，是第一位贵州省（7 649 吨）的 5%；油桐籽产量（14 490 吨）居全国第十位，落后于第一位广西（82 068 吨）67 578 吨；油茶籽产量（17 254 吨）居全国第十二位，是第一位湖南省（874 642 吨）的 1/8，详见表 1-9。

表 1 - 9　2016 年各省主要林产品产量对比表

排名	地区	木材(万立方米)	排名	地区	松脂(吨)	排名	地区	生漆(吨)	排名	地区	油桐籽(吨)	排名	地区	油茶籽(吨)
1	广西	2 686.5	1	广西	630 873	1	贵州	7 649	1	广西	82 068	1	湖南	874 642
2	广东	756	2	广东	225 850	2	湖北	3 568	2	河南	81 155	2	江西	366 135
3	福建	575.8	3	云南	118 662	3	陕西	3 239	3	贵州	66 031	3	广西	196 853
4	安徽	447.3	4	江西	110 392	4	重庆	2 246	4	湖南	35 287	4	广东	146 833
5	云南	391.6	5	福建	110 309	5	河南	2 092	5	陕西	27 549	5	湖北	142 498
6	山东	356.1	6	湖南	46 566	6	湖南	1 060	6	福建	26 312	6	福建	137 922
7	河南	274	7	湖北	43 237	7	江西	813	7	江西	22 299	7	安徽	81 735
8	湖南	273.7	8	贵州	17 904	8	四川	431	8	湖北	22 066	8	贵州	73 980
9	江西	228	9	安徽	13 842				9	云南	17 144	9	浙江	51 421
10	四川	201.6	10	海南	9 665				10	四川	14 490	10	河南	29 213
			11	陕西	916							11	云南	18 058
			12	四川	370							12	四川	17 254

(四) 主要畜产品产量

2016 年四川省肉类产量 (696.3 万吨) 和蜂蜜产量 (4.9 万吨) 排名均居全国第三位, 而四川省其他畜产品产量排名则较为落后, 其中奶类产量 (62.8 万吨) 居全国第十三位, 是第一位内蒙古 (741.3 万吨) 的 8.4%; 绵羊毛产量 (6 422 吨) 居全国第十三位, 第一位内蒙古 (132 925.4 吨) 约是四川省的 21 倍; 山羊粗毛产量 (593 吨) 居全国第十五位, 落后于第一位内蒙古 (10 192.9 吨) 约 9 599 吨; 山羊绒产量 (144 吨) 居全国第十四位, 落后于第一位内蒙古 (8 498.2 吨) 约 8 354 吨; 禽蛋产量 (148.1 万吨) 居全国第七位, 第一位山东省 (440.6 万吨) 约是四川的 3 倍, 详见表 1 - 10、表 1 - 11。

表 1 - 10　2016 年各省主要畜产品产量对比表

排名	地区	肉类(万吨)	排名	地区	奶类(万吨)	排名	地区	绵羊毛(吨)
1	山东	777.5	1	内蒙古	741.3	1	内蒙古	132 925.4
2	河南	697	2	黑龙江	548.6	2	新疆	101 205.5

（续）

排名	地区	肉类（万吨）	排名	地区	奶类（万吨）	排名	地区	绵羊毛（吨）
3	四川	696.3	3	河北	448	3	河北	35 272
			4	河南	336.6	4	甘肃	29 828
			5	山东	276.8	5	黑龙江	27 417
			6	陕西	189.1	6	青海	17 506
			7	新疆	164.4	7	吉林	15 645
			8	辽宁	144.2	8	宁夏	10 878
			9	宁夏	139.5	9	辽宁	9 276.6
			10	山西	95.9	10	山西	8 979.4
			11	天津	68	11	山东	8 334.6
			12	云南	64.1	12	西藏	7 771.3
			13	四川	62.8	13	四川	6 422

表 1－11　2016 年各省主要畜产品产量对比表

排名	地区	山羊粗毛（吨）	排名	地区	山羊绒（吨）	排名	地区	禽蛋（万吨）	排名	地区	蜂蜜（万吨）
1	内蒙古	10 192.9	1	内蒙古	8 498.2	1	山东	440.6	1	浙江	9.2
2	山东	3 339.4	2	陕西	1 886.7	2	河南	422.5	2	河南	8.8
3	河北	3 088	3	山西	1 246.9	3	河北	388.5	3	四川	4.9
4	新疆	3 058	4	新疆	1 120.8	4	辽宁	287.6			
5	河南	2 950.9	5	辽宁	1 016.9	5	江苏	198.5			
6	陕西	2 326	6	西藏	971.7	6	湖北	167.8			
7	甘肃	1 986	7	河北	918	7	四川	148.1			
8	黑龙江	1 786	8	山东	737.8						
9	山西	1 637.6	9	河南	706.1						
10	辽宁	1 340.8	10	宁夏	589						
11	青海	872	11	甘肃	463						
12	西藏	834.3	12	青海	435						
13	宁夏	784	13	黑龙江	270						
14	吉林	629.2	14	四川	144						
15	四川	593									

（五）主要水产品产量

2016 年四川省水产品总产量（145.4 万吨）居全国第十三位，同第十二位海南省水产品总产量（214.6 万吨）相差 69.2 吨，是第一位山东省水产品总产量（950.2 万吨）的 15％，详见表 1-12。

表 1-12　2016 年各省水产品产量对比表

单位：万吨

排名	地区	水产品总产量
1	山东	950.2
2	广东	873.8
3	福建	767.8
4	浙江	604.5
5	辽宁	550.1
6	江苏	520.7
7	湖北	470.8
8	广西	361.8
9	江西	271.6
10	湖南	269.6
11	安徽	235.8
12	海南	214.6
13	四川	145.4

（六）农作物播种面积

本文分别从农作物总播种面积、粮食作物播种面积、油料播种面积、棉花播种面积、麻类播种面积、糖料播种面积等十项指标对我国各省农作物播种面积进行详细对比，见表 1-13、表 1-14。就农作物总播种面积指标而言，四川省位于全国领先位置（第四位，9 728.6 千公顷），仅落后于河南省（14 472.3 千公顷）、黑龙江省（12 426.5 千公顷）及山东省（10 973.2 千公顷）；四川省粮食作物、油料、烟叶、茶园、果园等项的播种面积也居于全国前五的领先位置，分别是 6 453.9 千公顷（第五位），1 370.1 千公顷（第四位），96.9 千公顷（第五位），342.2 千公顷（第三位），663.2 千公顷（第四位）；四川省棉花、麻类、糖料、蔬菜等项的播种面积稍显落后，均处于全国中等排名，分别是 9.1 千公顷（第九位），29.1 千公顷（第七位），12.9 千公顷（第十一位），1 379.4 千公顷（第六位）。

表 1－13　2016 年各省农作物播种面积对比表

单位：千公顷

排名	地区	总播种面积	排名	地区	粮食作物	排名	地区	油料	排名	地区	棉花	排名	地区	麻类
1	河南	14 472.3	1	黑龙江	11 804.7	1	河南	1 624.8	1	新疆	1 805.2	1	广西	951
2	黑龙江	12 426.5	2	河南	10 286.2	2	湖北	1 452.9	2	山东	465.2	2	西藏	282.2
3	山东	10 973.2	3	山东	7 511.5	3	湖南	1 438	3	河北	288.6	3	广东	161.9
4	四川	9 728.6	4	安徽	6 644.5	4	四川	1 370.1	4	湖北	202.5	4	新疆	77.1
			5	四川	6 453.9				5	安徽	183.4	5	内蒙古	63.6
									6	湖南	103.6	6	海南	32.3
									7	河南	100.1	7	四川	29.1
									8	江苏	63.4			
									9	江西	49.3			
									10	陕西	24.1			
									11	天津	14.2			
									12	甘肃	13.3			
									13	浙江	11.2			
									14	四川	9.1			

表 1－14　2016 年各省农作物播种面积对比表

单位：千公顷

排名	地区	糖料	排名	地区	烟叶	排名	地区	蔬菜	排名	地区	茶园	排名	地区	果园
1	广西	951	1	云南	438.3	1	山东	1 869.3	1	贵州	439.8	1	广西	1 232.6
2	云南	282.2	2	贵州	168.2	2	河南	1 772.5	2	云南	434.9	2	广东	1 130.6
3	广东	161.9	3	河南	109.2	3	江苏	1 430.4	3	四川	342.2	3	河北	1 090.1
4	新疆	77.1	4	湖南	104.9	4	湖南	1 420.3				4	四川	663.2
5	内蒙古	63.6	5	四川	96.9	5	广东	1 414.8						
6	海南	32.3				6	四川	1 379.4						
7	贵州	20.9												
8	河北	19.3												
9	江西	14.5												
10	湖南	13.4												
11	四川	12.9												

（七）耕地灌溉面积和农用化肥施用量

据 2017 年中国统计年鉴数据显示，截至 2016 年底，四川省耕地灌溉面积（2 813.6 千公顷）居全国第十一位，是耕地灌溉面积第一位黑龙江省（5 932.7 千公顷）的 47%，与耕地灌溉面积第十位的湖北省（2 905.6 千公顷）相差 92 千公顷（表 1－15）。

与四川省耕地灌溉面积排名（第十一位）相比，四川省农用化肥施用量排名（第二十一位）相对落后，这一指标达到 249 万吨，比全国第一名西藏（5.9 万吨）多出 41 倍，比全国中等水平的辽宁省（第十五位，148.1 万吨）多出 100.9 万吨。

表 1－15　2016 年各省耕地灌溉面积、农用化肥施用量对比表

排名	地区	耕地灌溉面积（千公顷）	排名	地区	农用化肥施用量（万吨）
1	黑龙江	5 932.7	1	西藏	5.9
2	河南	5 242.9	2	青海	8.8
3	山东	5 161.2	3	上海	9.2
4	新疆	4 982.0	4	北京	9.7
5	河北	4 457.6	5	天津	21.4
6	安徽	4 437.5	6	宁夏	40.7
7	江苏	4 054.1	7	海南	50.6
8	内蒙古	3 131.5	8	浙江	84.5
9	湖南	3 132.4	9	甘肃	93.4
10	湖北	2 905.6	10	重庆	96.2
11	四川	2 813.6	11	贵州	103.7
			12	山西	117.1
			13	福建	123.8
			14	江西	142.0
			15	辽宁	148.1
			16	陕西	233.1
			17	吉林	233.6
			18	内蒙古	234.6
			19	云南	235.6
			20	湖南	246.4
			21	四川	249.0

（八）农林业产值大省所需化肥施用量

如表1-16所示，本文列出2016年我国农林业产值大省所需的化肥施用量，分析结果表明四川省施用化肥的集约化程度最高，每亿元的农林业产值仅需施用0.06万吨化肥，而其他三个农林业产值大省施用化肥的集约化程度相对较低，其中江苏省每亿元的农林业产值需施用0.08万吨化肥，山东省每亿元的农林业产值需施用0.1万吨化肥，河南省每亿元的农林业产值需施用0.15万吨化肥。

表1-16　2016年农林业产值大省所需农用化肥施用量对比表

排名	地区	种植业产值（亿元）	林业产值（亿元）	农林业总产值（亿元）	化肥施用量（亿元）	比值（万吨/亿元）
1	四川	3 711	219.1	3 930.1	249	6%
2	江苏	3 714.6	129.3	3 843.9	312.5	8%
3	山东	4 641.3	147.5	4 788.8	456.5	10%
4	河南	4 577.2	121.3	4 698.5	715	15%

（九）主要农业机械拥有量

截至2016年底，四川省拥有的主要农业机械总动力居于全国第八位，第一位河南省的主要农业机械总动力（9 844万千瓦）是四川省（4 267.3万千瓦）的2倍，黑龙江省拥有的大中型拖拉机数量（101.56万台）比四川省（13.48万台）多出6.5倍，河南省的小型拖拉机数量（329.5万台）远远超出四川省（10.06万台）约319.44万台，四川省的农用排灌柴油机（52.44万台）是山东省（179.65万台）的29%，详见表1-17。

表1-17　2016年各省主要农业机械拥有量对比表

地区	农业机械总动力（万千瓦）	大中型拖拉机（万台）	小型拖拉机（万台）	农用排灌柴油机（万台）
河南	9 855	43.27	329.5	52.62
山东	9 797.6	57.18	189.23	179.65
河北	7 402	29.87	131.81	88.47
安徽	6 867.5	24.65	209.45	39.34
湖南	6 097.5	13.57	25.49	134.92

（续）

地区	农业机械总动力 （万千瓦）	大中型拖拉机 （万台）	小型拖拉机 （万台）	农用排灌柴油机 （万台）
黑龙江	5 634.3	101.56	57	25.07
江苏	4 906.6	17.99	76.05	17.84
四川	4 267.3	13.48	10.06	52.44

第四节　四川农业强省建设面临的挑战

一、产业布局不合理，同质化发展、盲目发展现象突出

现阶段，四川农业产业的产值在四川整体产业结构体系中有持续下降的趋势，这虽符合区域社会经济发展的必然，却也与四川农业产业结构不合理有关。四川当前的农业产业结构体系中种植业除甘孜、阿坝两地外，其余地区种植业占农业产值比例趋同；而畜牧业较为集中的地区，也呈现类似情况，畜牧业占农业产值比重趋同；林业上，资源较为丰富的川西北地区、攀西地区林业产值占农业总产值比例没有明显的地域特色。

四川各地的农业产业结构在比例关系和构成形式上过于雷同，在主导产业的选择上也比较相似，没有做到因地制宜。近年花果产业市场行情好，大多地方都跟风种植。柑橘是四川传统果品之一，近年种植规模不断扩大，产量持续上升，仅蒲江就种植有 20 万亩柑橘，此外合江、资中、纳溪、罗江、广安等地也在大力发展柑橘，造成市场供过于求。猕猴桃的高营养价值使其市场行情较好，苍溪猕猴桃种植面积已达 35 万亩，仅蒲江联想佳沃猕猴桃示范试验园种植面积就达 10 万亩。合江发展的真龙柚已经使市场趋于饱和，但阆中仍继续发展 20 万亩蜜柚，产品滞销压力凸显。葡萄属于喜阳植物，在四川的凉山、攀枝花、阿坝等地种植较多，但近年包括广安、巴中等地也在大力发展葡萄。此外许多地区大力发展苗木花卉，包括温江、广安、巴中、达州等地，目前温江的花卉苗木都已经大大超过了市场需求，其他地方的发展情况不难预见。

盲目发展的情况在四川省内同样突出。在产业选择方面，车厘子种植效益较高，但其对生长环境要求严格，需要在年日照时数 2 600～2 800 小

时以上的区域生长，而广安某县多年平均日照时数仅在 1 200～1 342 小时，却仍有进行车厘子种植的意向，这无异于冬篝夏炉。在产业融合发展方面，广安某县积极推动一二产业融合发展，进行葡萄酒加工，而所需原材料却需要从甘肃、宁夏引进，葡萄长途运输成本较高，导致产业发展收效甚微，如此盲目进行产业融合，有企业无基地的做法亦是炊沙成饭，毫无必要。在种植规模方面，部分区域盲目扩大主导农产品种植面积，缺乏质量兴农的农业供给侧结构性改革意识，造成了主导农产品体量大而高品质产品少，降低了农产品竞争优势。在作业方式上，盲目作为的情况也屡见不鲜，部分区域盲目进行土地垦殖，导致土地蓄水能力变差，严重制约农业产业发展。在泸州市纳溪区还有大量毁竹栽种核桃的情况。

二、农业技术创新能力不足，科技服务体系不健全

四川的农业技术创新能力现状可以从基础资源配置、科技成果有效供给等方面反应。

从人力资源配置上看，四川农业技术创新人力资源总量不足且结构不合理，农业科研、科技人员占总人数的比例过小，而关键领域缺乏复合、高精尖型人才。薄弱领域缺乏技术攻坚团队。与农业相关的新兴产业缺乏在国际领域领军的人才，人才的缺乏和人才结构的矛盾共同成为当前制约四川农业科技发展的主要瓶颈。

从财力资源配置上看，据调查虽然四川农业科技财政投入持续加大，但投入占农业 GDP 的比重仍然较小，仅占 0.5％左右，与国外农业发达国家仍存在较大差距；并且财政投入的资金渠道也过于单一，除了政府投入外，企业及金融机构资金投入比重过低，导致与农业科技发展实际需求也相距甚远。其次四川农业科技投入在结构上不够合理，从农业产业链角度看则表现为对产前、产后投入大，对产后加工环节投入不足；从产业类别看，农业科技投入则显得过于分散，对特色优势产业的投入力度不足。农业研发经费绝大多数都投向了试验领域，基础研究投入不足，过分关注科技成果应用于生产的环节，缺乏前瞻性，导致农业科技储备后劲不足。

从科技成果有效供给上看，表现为在农作物新品种选育及高产栽培等方面已经有许多成果，但突破性新品种不多，与新材料、新科技的结合度

不高，现有的农业科技成果与实际需求的相关度较低，往往不能满足农户或企业的真实需求。同时许多农业科技成果的转换需要农业机械、工程作为载体，这也注定农业科技成果的有效供给在很大程度上受到农业机械化水平的制约。并且，在农业科技成果推广方式上的单一，直接造成了农业科技成果转换困难。2016 年，四川农业科技贡献率达 59% 以上，虽略高于全国平均水平，但与发达国家 80% 的水平仍有一定差距。

最后，从农业科技服务体系来看。当前，四川形成了以"省、市、县、乡镇或区域性"的四级农技推广体系。截至 2016 年年底，全省各级各类农技推广机构共有 11 746 个，其中县级 2 105 个、乡镇（区域）农技推广机构 9 310 个。省级非营利性农业科研机构 5 家，区域性农科院 15 家，农业大、中专院校十多家。尽管四川公益性农技推广体系已初步建立，但依然存在以下问题：首先四川在建设包括国家级科技园区、省级科技园区、农业科技专家大院、农业产业技术创新联盟、农业技术服务中心以及研究院的数量上依然较少，不能满足日益增长的科技服务需求，特别是从事科技服务的人员，只有 1.7 万人，严重滞后于农业发达地区的水平；其次是基层农技推广服务队伍专业技术人员偏少，120 个县约 1.2 万名农技人员，服务队伍的整体专业水平和服务能力稍显不足；最后是许多农技推广机构仅仅是起到了传达上级精神的作用，服务资源整合能力不强。这就导致了四川的农业科技相关服务机构没有将农业生产经营者作为首要服务对象，并没有从农业生产经营者的实际需求出发，导致农业科技在实际推广过程中困难重重。

三、农业机械化水平低，基础设施较为薄弱

在四川，农村劳动力老龄化及兼业化现象明显是最为普遍的现象之一。据第六次人口普查显示，四川农村 60 岁以上的人口为 878.9 万人，占农村人口的 18.2%，农村人口老龄化问题严重。根据第二次农业普查结果表明，四川农业兼业化和非农业兼业化达 19.4%。外出务工、经商在农村各个年龄段都很普遍，特别是 40 岁左右的农村青壮年。兼业的主体年龄较小，造成了专业农户年龄结构畸形，老弱化明显。在省内经济较发达地区兼业化现象较为普遍，欠发达地区兼业年龄小，且兼业程度低。

农业从业者老龄化、兼业化现象严重，给四川农业机械化、设施化、智能化发展提出了更高的要求，但就目前发展情况来看，尚不能做到拾遗补缺。四川农机化发展水平整体不高，许多生产作业的农业机械，尤其是适合四川山地丘陵地形的小型农业机械研发应用水品滞后，从农业机械属性看，四川除了运输类机械化水平相对较高外，其他作物的农业机械研发应用明显不足。2016 年四川农机购置（补贴）机具 26 万台（套），共有拖拉机 18.44 万台，耕整机 32.01 万台，旋耕机 116.63 万台，排灌动力机械 193.58 万台，机动脱粒机 231.13 万台，饲草料加工机械 83.51 万台。总动力达到 4 450 万千瓦，主要农作物耕种收综合机械化水平为 55%，农机化水平虽不断发展，但仍低于全国平均水平。

设施化方面，截至 2016 年底，四川温室占地面积 5.95 千公顷，大棚占地面积 28.17 千公顷，渔业养殖用房面积 218.91 万平方米，温室、大棚数量达百万级。但是，大棚数量多不代表设施化程度高。从农田水利设施方面看，2016 年底，四川第三次全国农业普查调查村中有能够正常使用的机电井 77.07 万眼，排灌站 2.98 万个，能够使用的灌溉用水塘和水库 41.74 万个，但许多小、微型水利设施由于设备老旧，缺乏有效维护，导致其蓄水和灌溉能力下降；实际耕种的耕地中能灌溉的耕地面积 2 854.31 千公顷，其中有喷灌、滴灌、渗灌设施的耕地面积 222.17 千公顷，比例不足 10%。此外，单一化的农业物联网项目举步维艰，整合式的智能化农业体系更是相距甚远。综合来看，四川农业的机械化、设施化、智能化水平较低，降低了农业生产的效率，制约了四川农业产业的发展。

农业农村基础设施薄弱则体现在如下方面。一是农业规模经营程度低，受包产到户影响，在四川许多地区，尤其是山地丘陵地区，一户多块地，面积小且分散，给农户从事规模经营带来了很大的困扰。近年来虽然投入了大量资金进行土地整理，但没有与农业产业发展紧密联结，导致农村土地整理效果不明显，没有形成连片效应，而四川零碎狭小的地块不仅难以使用合适的机械耕作，相关农业技术的运用推广也十分困难，且农户种地成本高，注定了农户规模经营小的现状。四川农户在流转土地进行规模经营中，流转面积普遍偏小，截至 2016 年，全省耕地流转总面积达

1 785.8万亩，流转率达30.6%，与全国平均水平相近；其中，农业适度规模经营面积（流转面积30亩以上）占土地流转总面积的比重达63.3%。不同地区差异明显，在阿坝、甘孜等偏远地区，土地流转比例只有10%左右，而在成都等平原地区，则达到了60%左右。二是农业生产仍以传统思维方式为主，缺乏长远的有预见性的设施建设，绝大多数农地未进行农机作业道的设置，也未预留出现代化农业机械设施的建设区域。三是在农业水利设施方面，虽然投入较大，但侧重面往往在于各类型水库、蓄水池的维护建修，缺乏对生产管网的配套投入；且四川丘陵地貌占比较大，坡耕地节水设施建设情况与实际需求匹配度较低，农业水利工程整体调节能力较差。四是从电力设施建设上看，乡（村）办水电站的个数、装机容量和发电量都较高，但农村整体的用电量低于全国平均水平。

四、农业农村功能开发落后，产业融合发展滞后

近年来，四川包括粮食在内的农产品连获丰收，但也仅是发挥了农业农村的传统供给功能，多功能开发层面仍显落后，且在发挥供给功能的过程中存在严重的面源污染和农产品质量安全问题，不仅忽视了农业的环保功能，还适得其反。2015年粮食产量比2008年增长了9.63%，同期油料作物、园林水果和水产品分别增加了23.09%、56.00%和6.45%。不可否认的是，农产品的丰收与化肥、农药和生长调节剂以及农膜等有害物质的大量使用不无关系。这些物质的过度利用不仅造成农业面源污染，而且引起土壤退化、环境污染以及水体富营养化，这又加重了农产品质量安全问题。

以化肥使用为例，2006—2015年，四川化肥使用量由228.2万吨增加到249.8万吨，增加了9.47%（表1-18）。虽近年来略有回落趋势，但总量上仍不容乐观。单位土地面积化肥使用量由584千克/公顷增加到608千克/公顷，增长了4.11%，增幅虽小仍呈增势，大大超出了土地的实际消纳能力，远远高于225千克/公顷的国际公认单位农用地施肥标准的安全上限。不仅如此，化肥的使用结构也极不合理，主要以氮肥和磷肥为主，而钾肥的施用量不足（表1-19）。研究表明，我国化肥使用中氮、磷、钾肥的平均当季利用率分别只有30%～35%、10%～20%和35%～

50％，不足发达国家化肥当季利用率的 80％。土地不能消纳的氮、磷等元素流入水体造成富营养化，反过来又加重了农业用水的面源污染，进一步引起农产品质量问题。

表 1-18　近年来四川化肥施用量

单位：万吨

年份	2006	2007	2008	2009	2010	2011	2012	2013	2014	2015
化肥施用量	228.2	238.2	242.8	248.0	248.0	251.2	252.8	251.1	250.2	249.8
增长率		4.38％	1.93％	2.14％	0.00％	1.29％	0.64％	−0.67％	−0.36％	−0.16％

表 1-19　近年来四川化肥施用结构

单位：万吨

年份	2006	2007	2008	2009	2010	2011	2012	2013	2014	2015
氮肥	124.7	127.9	128.6	130.7	129.6	128.8	127.9	126.1	125.7	124.7
磷肥	46.6	48.0	48.9	49.7	49.2	50.6	50.7	50.3	49.9	49.6
钾肥	13.7	14.8	15.8	16.4	16.4	17.3	17.5	17.7	17.7	17.8

　　农业农村的功能开发落后还体现为产业链过短且产业融合发展滞后。"短而细"的畸形结构是目前四川农业产业链呈现出的特征。从纵向看，四川农业产业链前后一体化程度较低，生产、加工、销售没有很好地整合为一体，特别是对农产品的精深加工不足，导致农产品的潜在价值无法凸显，使得农业产业链过短。从横向看，农户在参与专业合作社组建及其日常运营管理中的作用难以得到发挥，规模经营的优势仍显不足，导致农产品功能过于单一，成本降低十分困难，使得农业产业链过细。总之，四川农业产业链的上、中、下游都存在突出问题，上游研发能力不足且技术推广形式落后，中游经营管理不善且产品附加值低，下游生产成本较高且得不到足够的资金支撑、农业产业链难以延伸。

　　总体来说，四川农业产业与二三产业的融合度较低，尤其是与第三产业的融合还处于层次较浅的阶段。首先，农产品加工环节与种养环节结合的力度还较小，易损耗农产品难以实现就地加工，存在地方主导农产品有基地无企业的现象；四川的农产品缺乏精深加工，难以形成具有品牌效

应、高附加值的产品。其次，四川的农业龙头企业在产业化上的带动能力
不足，在产、供、销环节没有实现一体化经营。最后，四川农业产业与第
三产业的结合程度层次较浅，主要表现为三个方面：一是与农业相关的服
务型产业发展相对滞后；二是以四川农旅结合的休闲农业模式过于单一，
主要以田园模式和农家乐模式为主，过于同质化，没有很好地结合各区域
自身资源禀赋，发展以地区特色为主导的优势产业，例如湖滨休闲开发力
度不足；三是休闲农业的品牌建设力度较差，知名度较弱，整体水平
偏低。

五、横向合作机制缺乏，品牌优势难以形成

四川作为农业大省，粮食作物、油料作物、茶叶、水果等多种农产品
产量均居全国前列，但总量虽大，竞争力却不强，其问题症结在于农业从
业者实力薄弱，且缺乏横向协同合作机制，导致集团优势、品牌优势难以
形成。

四川农业从业者众多，这是农业总量大的根本原因。但由于农业规模
经营程度低、农业从业者老龄化及兼业化现象严重、村集体经营能力薄
弱、新型经营主体发展乏力等原因，导致大体量难以打造成为龙头。村集
体经营能力薄弱方面，在四川，许多农村村集体只是作为一个行政管理机
构，既没有实体经济和集体经济收入，也没有集体经济收益分配，极大地
弱化了村集体经济的组织功能。虽然在脱贫奔康的号召之下，绝大多数行
政村开始发展集体经济，但资金来源较为单一，主要依靠财政补贴支持、
出租土地、水塘、房屋以及其他资产性分配（如土地征占费等），收入普
遍只能维持日常工作开支，且缺乏可持续性，难以带动当地经济发展。虽
有部分行政村探索设立集体性企业或集体经营性产业，但普遍尚未形成气
候，能与郫都区战旗村、彭州市宝山村媲美的行政村更是屈指可数。总体
来看，表现薄弱。

而在新型经营主体方面，截至 2016 年底，四川共有农民合作社 7.4
万个，其中省级示范社 1 650 个、全国示范社 460 个；家庭农场 3.4 万家，
其中省级示范农场 500 个；175 个县（市、区）实施新型职业农民培育工
程，培训农民 35 万余人，其中新型职业农民 10.17 万人；全省龙头企业

8 873 家，县级以上龙头企业 6 510 家。从数量上看，较为可观。各类新型经营主体在农业产业发展过程中扮演着重要角色，但当前四川的各类农民专业合作组织和龙头企业的带动能力还有待提高。一是由于许多新型经营主体的发展还处于初级的阶段，缺乏稳固的实力基础；二是由于龙头企业和农户的利益不能时刻保持一致，龙头企业往往以自身短期利益为导向，在对农户的带动中并没有发挥积极作用；三是部分地区存在申报虚假合作社的现象，"空壳合作社"并不少见，通过申报合作社换取补贴的行为导致新型经营主体数量与实际需求不符合；四是部分新型经营主体对政策补贴的依赖度偏高，缺乏自主发展能力。总之，新型经营主体整体仍处于亟待发展的阶段（农业规模经营程度低及农业从业者老龄化及兼业化现象严重，此处不再赘述）。

"合则强，孤则弱""孤举者难起，众行者易趋"，这些古语都论证了协同合作的重要性。四川农业从业者众，且个体实力普遍薄弱，只有通过团结协作、互通有无，才能壮大各经营主体实力，同时助力农业产业做强。但就现有情况看来，四川农业产业内部横向协同合作机制十分缺乏。一是绝大多数优势产业尚未形成协作联结机制，如川猪、川果、川椒等。二是缺乏权威牵头单位，不同企业各自为政，无序组织，形成了一个产业多个联盟，反而削弱了联盟的效力。以茶产业为例，四川先后成立了由四川省茶业集团股份有限公司牵头的四川省茶叶品牌促进会、由峨眉山牵头的世界茶旅联盟、由蒙顶山茶叶交易所牵头的全国茶产业联盟等数家联盟组织，分散了川茶整体实力，集团优势也难以充分发挥。三是虽然有少数产业联盟业已建成，但建成时间较晚，联盟优势、集团优势尚未体现，如四川猕猴桃产业发展联盟等。四是顶层设计尚未谋划完善，缺乏产业协同联结机制指导方案、支持政策、保障措施等。

六、农产品国际贸易渠道通而不畅

四川对外出口主要为劳动密集型农产品，生产技术水平较低。低价格是对外出口的一大优势，但近年来，受绿色贸易壁垒和技术贸易壁垒的阻碍，四川省竞争力指数（TC）、显示性比较优势（RCA）逐年下降，分别低于 0.5 和 0.8。茶叶是四川的特色产业，对茶叶的检验项目就从 6 项增加到 62 项，2016 年，四川茶叶综合产值达 550 亿元，居全国第三，而茶叶出口值仅有 1.58 亿元，出口值仅占总产值的 0.28%。生丝、白酒的出口也出现了不同程度的下降。特色水果作为四川近年来增量和增速均较快的经济作物，虽有攀枝花芒果、苍溪红心猕猴桃等品牌严控供给质量，打入欧盟市场，合江真龙柚远销加拿大，但出口量小、出口成本较高，市场话语权很小。从整体上来说，水果及其制品的出口量亦是降幅明显。需求是生产的动力，广阔的国际市场蕴藏着无限的机遇，"一带一路"建设和自贸区建设又带来了政策支持，因而对于四川来说，如何突破贸易壁垒、建立通畅高效的国际贸易渠道、进一步打开国际市场是当前农业产业发展需要着重解决的问题，而掌握国际市场话语权亦是农业强省的一个反映标志。

第五节　农业强省建设的政策举措

一、统筹农业产业全省布局，实现布局法规化

（一）优化农业产业布局

统筹农业产业布局，高效科学利用全省农业资源，是实现从农业大省向农业强势跨越的关键一环。以农业产业的优势布局为契机，全面带动四川农业发展，通过优化产业布局，促进农业自然资源和社会经济资源在省域内实现最优配置。产业布局的优化主要表现为农业资源、生产要素在空间和地域上形成的流动、转移或重新组合的配置与再配置过程。四川农业产业布局直接关系到四川农业经济优势的发挥及农业经济的发展速度，实现四川农业产业布局的优化，需要综合考虑在四川这一地域空间内影响农业生产的政治、经济、社会、文化和生态因素。一是优先布局能够实现粮食供给安全的农业基础产业。根据各区域人口水平测算区域内粮食需求量，进而根据粮食单产水平测算粮食种植面积，平原平坝优质永久性基本农田优先发展用于保障粮食需要的蔬菜粮油产业，严禁非粮产业占用永久性基本农田，特别是水田。二是根据区域各农产品的生物特性及其对环境的要求，因地制宜布局农业生产。在成都平原新发展柑橘、核桃、柚子等水果产业，在丘陵地区种草养畜，发展特色杂粮、经济作物等，在盆周山

区发展川茶、经济林木、道地中药材等产业。三是布局农业产业新业态。丰富产业组织形式，同时布局产业功能完善中小规模综合型产业和农业生产上下游衔接紧密的专业化大规模产业，发挥"综合型"和"链条型"农业产业组织优势。扶持农产品加工、物流等配套服务产业，依靠农业原有的生产基础，选择既靠近产地，又有便捷交通区位的加工物流产业布局，在保证农产品安全的基础上，适度放宽农产品小作坊加工限制，延长农业产业链。依市场区位布局农业社会化服务产业，促进小农户与现代农业发展有机衔接，加快农产品流通，推进服务业与现代农业融合。注重布局郊区文旅农业，挖掘农业文化价值。遵从地区乡风习俗和农业生产特色，开发区域传统农耕文明的文化价值，实现农业价值链延伸与体验教育、康养旅游、民俗节日等市场需求的吻合。四是布局区域平衡发展的农业产业。各地区发展面临不充分和不平衡的实际矛盾，农业产业布局作为配置农业资源的重要手段，应当照顾农业基础薄弱地区，充分挖掘地区资源、地理、生态和区位等比较优势，布局地方特色优势产业；而资源相对丰富、产业发展过剩地区则应当根据经济适宜性的原则重新布局以转型升级为导向的新型农业产业。五是实现产业布局动态调整。农业经济的发展是一个动态变化的过程，各农业具体产业的布局应当遵循产业结构变化规律，为农业产业结构调整预留空间。在防止农业产业外部经济冲击的同时，引导社会资本向农业领域流动，为农业产业布局的外部资源提供活动空间。

建议首批强县（20个）为：中江、三台、射洪、南部、苍溪、通江、宣汉、武胜、合江、宜宾（县）、荣县、资中、安岳、犍为、洪雅、汉源、蒲江、大邑、米易、德昌。

（二）实现农业产业布局法规化

为保障农业产业布局的可持续性，夯实农业产业长期发展的基础，农业产业布局的调整优化及规划实施依赖于相关规划政策和法律法规的制定执行。通过推动四川农业产业布局法规化，保障农业产业布局科学高效实施，进而促进四川农业生产转型升级并构建农业强省。一是完善落实农业产业相关规划，提高不同层级和不同类型规划之间衔接水平。根据四川农业生产资源环境禀赋情况，结合自身社会经济发展需求，合理科学制定农业产业空间布局详细规划、划定布局红线、划定农业主体功能区、确定地块用途范围，落实到图、落实到地并予以公告，制定区域准入和用途转用许可制度。根据农业产业布局规划各职能部门在各自职责范围内对区域空间进行规划及管理的具体权限，落实用途管制的要求。再者，推动农业产业空间布局相关规划与城乡规划、生态环境保护规划等高度衔接，保持涉农产业各规划的统一性和协调性。同时，建立省、市、县（区）、乡（镇）、村五级统一联动的"农业产业布局共同治理生态链"，确立各级人员的责任，实现各级农业产业布局规划有效同步实施。二是加快建立农业产业布局权力约束机制。从产业布局的初始环节——规划编制环节维护社会资源配置的公平性，及时制止相关工作人员或领导干部利用职权"打擦边球"，为亲属或他人牟利，严格做好相关产业布局所处保密期的保密管理工作，相关会议、文稿、视频、录音、图片等材料必须根据规定收储备案，对违反规划布局相关法规的工作人员要视情节严重程度及时进行处理。三是健全农业产业布局实施的绩效考核机制，完善相关法律法规及违规惩罚制度。建立农业产业布局执行的层级考评指标体系，形成包括组织工作、工作方式、技术路径、协作机制、保障措施、体制机制改革建议在内的"一套办法"，形成"依法布局农业产业、依规落实产业布局、依执行评价工作绩效"的环环相扣式法规化路径，坚决防止部分领导干部的庸政、怠政行为降低产业布局规划效力以及弱化或架空用途管制的现象发生。四是将农业产业布局落实监管工作规范到法规化路径上来。通过法规制度建设将村两委的监管工作合法化、明确化，授权村两委代表政府监管产业发展的经济主体；加快建立和完善省、市、县三级监察体系，明确各级监察委工作责任，加强对参与产业规划布局工作的公职人员的全面监察。

（三）实现农业产业区域布局治理的现代化

伴随农业产业区域布局的优化，要实现农业产业布局科学高效、产业功能发挥持续稳定，其产业区域布局的现代化治理，也是实现农业强劲发展的重要支撑。自上而下的社会管理与自下而上的社会诉求之间的互动结合是区域社会治理现代化的重要特征，在农业产业区域布局中，实现治理的现代化，首要工作就是要做好自上而下社会管理的现代化。一是治理工具现代化。整合建设农业空间布局动态监管信息平台，充分利用观测卫星、农业无人机和各类地面监测站点开展全天候监测，及时掌握农业空间布局的变化情况。基于空间地理信息系统推动构建四川农业产业布局情况大数据，并根据现实状况对其数据进行及时更新修正，以保障数据信息的实时性及准确性，实现四川农业产业空间布局状况动态监管。二是治理技术现代化。依托各级农业产业空间布局规划，构建省、市、县（区）、乡（镇）、村五级农业产业空间分布信息发布平台，建立信息共享机制。同时借助于现代互联网技术及农业物联网技术，搭建农业产业布局信息发布及意见接受数字化平台，连通政策制定者与政策实施者间的信息桥梁，实行农业产业区域布局信息透明化和公开化，并通过线上线下平台定期向社会公布不符合规划的项目并予以纠正。三是治理手段现代化。采用遥感及空间地理信息系统技术，建立常态化农业资源环境承载能力监测预警机制。对四川农业土地资源环境、承载能力进行空间数字分析并形成数据化质量分布图像，以全面把握农业土地资源质量承载状况，并对超过或接近土地承载能力的农业规划项目实行预警和限制性措施。四是实现治理效果立竿见影。立足四川社会、经济、生态发展实际，根据农业产业布局系列规划，建立能够有效遏制违规使用农业产业发展用地的行为的"熔断"机制，对违反农业产业布局的产业建设行为及时叫停，并在相关的追责过程中做到法理有据，真正做实农业产业布局的用途管制效力。五是行政治理组织内部协同。由省财政落实相关工作经费、省国土资源厅提供技术支撑、省发改委牵头制定农业强省产业布局中长期规划，规划由省人大以地方法规形式颁布并由省农业厅监督落实，推动政府内部协同治理。此外，实现农业产业布局治理现代化，还需要多元化治理主体在法治的规范下共同参与，建立多主体协同治理网络。因此要做好社会认同度较高的农业产业布局，应当广泛听取来自不同社会群体的意见和建议，充分调动社会力量参与农业产业布局。例如通过政府财政支持与地方法规授权，实现政府与企业、政府与高校、企业与高效以及其他社会公共组织之间的协同治理。

二、优化科研体系配置，提高科技有效供给

农业出路在现代化，农业现代化关键在科技进步。要发挥好科技创新

对农业强省建设的驱动作用，必须从优化科研体系入手。显然，四川农业科研体系现面临着科研配备和财政投入结构不合理、科技成果有效供给不足、科技服务供需未实现有效对接等难题。因此，需要夯实农业科技创新基础、增强科技支撑力度、完善供需对接平台建设、打造完整的农业技术转移和科技成果产业化的创新服务链，推动区域农业科技创新升级，进而推动全省农业发展由依靠要素投入向依靠科技驱动转变。

（一）优化科研机构人员配置

一是改善科研人员在农业各行业分布不均衡的状况。当前省内科技人力资源过度集中于小麦等传统大田种植业研究，应在保障科研效率的基础下，转而增加畜牧、渔业、林业、特色经济作物、农业机械、生态农业、智慧农业、农产品加工等方面科研人员的数量及占比。合理调控种植业科研机构的发展规模，优化科技人员结构，使其与管理系统内其他科研机构相辅相成。培养及引进关键领域的复合型、全能型、高精尖型人才，组建技术团队攻坚薄弱领域，为优化四川农业产业布局及驱动四川农业产业的转型升级夯实研究基础。

二是适度扩大农业科研机构科技人员尤其是课题研究人员的规模。课题研究人员作为核心人力资源，是从事科研活动的主体，四川农业科研机构现有的课题研究人员的总量及其占总从业人员的比重都不算大，因此，应根据机构的使命定位和任务、经济发展、财政状况、人员工资水平和物价变化等因素，按需设岗、按岗定酬，建立能够体现岗位特点、岗位贡献和科研工作价值的、具有吸引力的薪酬体系，提高福利水平，吸引更多的优秀人才，尤其是青年人才从事科研，以扩大四川农业技术创新人力资源总量，壮大四川农业科技整体实力。

三是调整科研人员比例，优化内部人力资源结构。依据科技机构人力资源的总量来规划各课题组科研支撑人员的数量，使得科研管理人员、科研人员以及其他从业人员实现最优组合配置。科研管理人员的数量保持在适中水平，不过多地与核心人员抢占共有资源，同时给予科研管理人员更多的自主权，保证其更好地服务科研人员。而在现阶段，四川农业科研机构需要根据管理人员在不同区域的配置效率，采取不同的优化策略，减少由于管理人员比例过高而导致的科研效率损失。

（二）优化财政科技投入的结构和重点

一是瞄准关键前沿领域，加快研发高效实用型、节本提质型技术。从种质创新、基因挖掘、育种技术、新品种选育、良种繁育等环节，开展专用性突破性新品种育种协作攻关；重点支持设施农业技术和智能农机装备等研发，加快生猪、禽类、水稻、果蔬等标准化种养配套技术的创新优化；开展农田面源污染与土壤污染综合防治技术研究、动植物病虫害防治和生态高效种养殖技术研究、农药减施及绿色防控技术研究；支持大宗农产品加工利用技术、农业生物资源高效转化技术、农业废弃物资源化处理技术等研究；开展信息采集、存储、传输以及处理分析等技术攻关，构建省级农业大数据库，深入推进农产品电子商务、农产品溯源系统建设，引导和鼓励农业企业、农民合作社应用现代信息技术对大田种植、畜禽养殖等进行物联网改造。通过以上技术研发和成果转化，突破制约四川主导产业发展的重大共性关键技术瓶颈，大幅度提升四川农业的基础生产水平，并逐步向生物种业、智慧种养等农业高新技术产业迈进。

二是基于全产业链视角布局技术链，加快现代工业技术、文化服务、工业设计等领域成熟技术在农业领域的应用和转化。重点加强特色资源深度开发技术研究，加快研发川猪、川菜、川茶、川果、川椒等特色优势产业的产后烘干储藏、精深加工、冷链流通以及休闲观光、森林康养、科普教育等新产业新业态急需的新技术、新装备，构建全产业链技术体系，为实现一二三产业融合以及四川农业转型升级提供有力的科技支撑。

三是创新财政投入统筹方式，进一步优化农业科技投入结构。在兼顾基础研究和应用研究的基础上，设立成果转化专项资金，适当提高实验设施和成果推广转化投入比重，将农业科研投入比重提升至发达国家水平（2%）。与此同时，充分发挥财政资金的引导作用和杠杆作用。综合利用政府采购、贷款贴息、科技担保、保险补助、税收减免等方式，撬动金融资本和社会资本支持农业科技研发和成果转化工作，加强科研院所、高等院校的重大成果产业化，推动重大项目在川落地。

（三）支持建立以农业民营企业为创新主体的产学研股份联合体

一是依托川字号千亿元级产业，遴选一批有实力的农业民营企业，支持其以建设科技研发中心的方式培养核心竞争力。通过传统产业改造提升一批、高新企业派生一批、科技人员领办创办一批、孵化器孵化一批、引进培育一批等模式，大力培育农业科技企业。针对农业主导产业和特色新兴产业，在业内选择具有引领带动作用的农业科技企业，省科技厅和各地市科技局应在企业产品升级和创新、提升企业内在创新能力等方面重点给予项目支持，激发农业企业在科技上的创新活力，以推动农业企业配置新设备和应用新技术。对于已建有企业研发中心的农业企业，应加快研发机构建设的提档升级，进一步挖掘企业科技创新潜力。重点发展生态化、高端化、高效化的农业新兴骨干科技企业，加快培育和集聚产业链"补短板"的农业科技型小微企业，支撑四川农业产业转型。每年省政府应对各研发中心进行评比总结，并选择一些绩效评价结果优秀的企业研发中心发展成为省级重点研发中心。

二是探索建立以农业民营企业为核心的产学研股份联合体，布局建设省级农业产学研股份联合研发院，从应用层面协同推进农业科技产业创新提升。按照产业链布局建设的思路，通过在上、中、下游布局建设省级农业产学研股份联合研发院，完成产业链核心环节的贯穿和联通，实现创新链、产业链有机协同的"双链"融合。即支持四川主导产业的农业企业牵头，与农业科研院所、大中专院校等科研单位建立紧密型的合作关系，对资金、技术、土地、设备等研发投入进行折股计算，成立产学研股份联合研发院，实行股份化经营管理。在遵循"收益共享、风险共担"原则的先决条件下，通过共建重点实验室、工程技术中心、工程实验室、企业技术中心等各类载体，共同组建科技创新团队，联合培养人才，共同申报项目等，夯实农业创新基础条件，完善科技人员激励政策，实现成果研发到转化、最后再到产品的良性运行，以推动更多企业和产业发展急需的共性技术成果扩散与转化应用。建立健全四川农业科技创新平台，进一步形成科技资源向基层、向产业集聚的创新创业良好局面。

（四）打造四川农业科技研发、转化和推广的高地和平台

一是打造四川农业科技新高地。以四川农业大学、成都市农林科学院、成都农业职业技术学院为主要载体，打造"环川农大知识经济圈"，依托高校和科研院所资源优势，做大做强一批科技型中小企业，落实"一带一路"重大发展战略，引导以农业为主导产业的区域加快集聚创新要素、

提高创新能力，引导优势农产品和优势技术走出去，努力建成以农业为主导产业的省级高新园区，进一步将该园区打造成为西南地区知名且具有重要影响力的农业高科技高地、现代农业发展的样板区和带动性强的制高点。

二是以种粮大户、家庭农场、专业合作社等新型农业经营主体和农机合作社、新型农资公司等社会化技术服务组织为平台，引入不同的供给主体，实现规模化科技服务和成果交易的供需有效对接。调整优化区域布局，省内各地应该因地制宜，结合本地农业产业发展条件，培育一批专业化、特色化和精细化的农业科技中介服务组织，集聚一批农业监测、农业技术创新、技术评估、研发设计、专业培训、知识产权、新品种评价等方面的科技中介机构，从而形成全面的农业技术转移以及科技成果产业化的创新服务链。在此基础上，依托于整个四川科技市场，打造一批专业市场用于农业技术成果交易，为农业科技成果交易与运用提供专业化服务平台。

三是进一步强化农业科技特派员、农业专家大院、农业服务超市、涉农信息服务机构等多种形式的载体和平台建设，以政府购买服务、项目（基地）共建等方式，发挥其在市场化技术供需对接中的重要作用。整合农科教、产学研技术人员，建立以产品为单元，由农业首席专家、学术带头人、乡土专家等组成的产业创新与服务团队；鼓励科技特派员成为院校成果转化协同体系的重要力量，以成果转化收益反哺队伍建设；鼓励涉农高校院所以自身科研力量为依托，在主导产业的生产基地建立农业专家大院，加快院所科技成果到基层转化落地；各地应本着"政府引导、公司主体，整合资源、市场运作，技物配套、一站服务"的发展理念建立农业服务超市，搭建农业科技服务交易平台，从而降低服务外包成本、提升服务交易的效率；通过政府购买服务、项目共建、基地共建的方式，引导科技成果对接四川特色产业需求转移转化，建立健全农业科技成果转化对接平台。

三、推动农业生产方式和手段设施化、功能化、智能化

农业基础设施建设滞后、机械化水平低等现实严重影响了四川的农业生产效率。推动农业生产方式和手段的多功能化、智能化、设施化，可有效缓解四川省农村劳动力外流、老龄化导致的劳动力短缺、劳动力成本高等问题，解决农业生产无机可用、无好机用、有机难用的困扰，有助于发

展农业适度规模经营，提升全省尤其是丘陵地区的农业生产全程机械化水平，提高土地产出率、劳动生产率、资源利用率、农业绿色化及标准化水平，加快四川农业现代化建设与农业强省建设步伐。

（一）狠抓农业生产机械提档升级，力推多功能高效机械设备

加强复合型高效农业机械设备的研发。目前四川省的单项技术产品如微耕机、旋耕机等较多，但机具适应性、功能性有待提高，农机农艺融合不够，能够同时完成复式高效的作业机具还有待加强。因此，应加大多功能高效智能农业机械的研发。一是加大复合型农业机械的研发。积极研发适应复杂地理条件"轻便、先进、适用、安全、可靠、高效、环保、易操作"的多功能复式新型农机具，一次下地解决秸秆处理、深松、施肥、播种、镇压等多道工序，改变四川农业机械种类繁多但功能单一的现状，重点提升丘陵地区的农业生产全程机械化水平。二是加大高效智能农业机械的研发。加强适合四川实际的专用植保无人机、农业机器人等高效智能农业机械装备的自主研发，满足农业作业对象的多样性和作业环境的复杂多变性对智能装备提出的更高要求，包括更高的工作效率、工作精度等要求，加快传统农机向智能农机的转变升级。

加大复合型高效农业机械推广应用力度。一是开展多样化的农机推广活动。四川省农机化主管部门联合农机生产厂商、农业机械研究设计院等相关主体，举办农业机械展览会、农业机械新技术演示推广等宣传推广活动，充分利用电视、网络、报刊等各类媒介宣传推广农业机械。如中江县的无人机植保作业现场会上的农用无人机一天可喷施 400～600 亩地（相当于人工喷药的一百多倍）的高效作业效率，大大加快了中江县植保无人机的推广应用。二是培育多元化的农机推广主体。依托合作社、农机大户等新型经营主体，推行规模化、标准化、绿色化种植经营，试验示范推广新机具，发挥新型经营主体的示范带动作用和辐射效应，加快新型高效农业机械的推广应用。

（二）强化农业物联网建设，提升农业生产设施化水平

强化物联网在农业生产中的应用。一是建设智能化灌溉管网。建设"川菜""川果""川茶""川药"等优势特色作物的灌溉设施，对大田粮油作物实施"三结合"（渠管结合、喷滴结合、水肥结合），通过信息采集、

远程监控，实时调控设施环境以减少或杜绝病虫害的发生，通过对产品质量的全程智能监控实现优质产品的供应，减少化肥使用量，真正意义上实现绿色与精确化生产。二是建设智能化养殖设施。以养殖场自动化养殖设施、饲料散装配送设施等为重点，大力推行饲料散装配送，加快散装饲料运输、储存、检验检测等设施建设。

加快农业生产条件的改善。一是建设农业生产配套设施。以提高农业机械作业和通行适应性为目标，对土地进行标准化和规格化处理，建设"小地变大地，地地可通路，块块能机耕"作业环境，完善道路、水利等配套基础设施，加快丘陵地区大田作物生产全程机械化，到 2050 年实现全省主要农作物生产综合机械化水平达 90% 以上。二是建设特色农业产业基地。以"设施化、精品化、高效化"的要求建立主导产业示范区，形成高档次、高质量、高效益，具有四川特色的设施农业产业基地，并鼓励合作社、大户等有示范引领能力的经营主体，发展适度规模经营的设施化农业，将设施农业建设成为四川现代农业的精品亮点。

（三）完善农机支持政策，优化农机化发展环境

加大农业机械补贴力度。一是扩大农机补贴范围。根据四川省农业发展实际，拓宽农机购置补贴种类与范围，将多功能复式农机具以及用于农业生产的无人机、机器人等农业机械纳入农机补贴范围，充分调动农机合作社等经营主体的购机积极性。二是调整农机补贴标准。农机化主管部门统筹安排农机补贴资金，加大多功能复式农机、植保无人机、农业机器人等补贴力度，并制定补贴标准与申报条件，限定补贴对象（从事植保作业、农产品生产加工的农业生产经营主体）购买补贴机具数量，规定购机者购机并完成一定规模植保作业量后方能申报补贴，申报补贴时应提供购机环节材料、作业合同、作业量证明等相关资料，且要求购机者对相关资料的真实性承担法律责任。

着力提升服务水平。一是建立综合信息平台。农机化主管部门对补贴农机的质量及适用性等进行跟踪调查，建立收集相关数据的平台，并将调查中发现的问题及时反馈给生产企业和经销商，督促企业或经销商及时解决问题，切实保护经营主体的利益，确保补贴机具的质量。二是健全质量安全机制。要完善农机安全生产责任网络，积极探索和建立与公安交警联

合执法的工作新机制，完善重特大农机事故应急预案，强化农机安全教育和培训，组织开展农机安全生产大检查，查处无牌行驶、无证驾驶、违法载人等违法行为，消除农机安全隐患。三是完善社会化服务体系。鼓励和扶持发展多种形式的农业机械服务组织，根据农民及农业生产经营组织的需求，提供农业机械维修、信息、中介、示范推广、实用技术培训等社会化服务。

四、推动农业农村多功能发展，激发乡村振兴新动能

除农产品生产功能外，农业同时具有文化传承功能和休闲、生态保护功能等多种功能。2007年中央1号文件提出，应开发农业的多种功能，优化农业结构，使农业实现深度发展；2008年中央1号文件明确指出农业的多功能性日益凸显，要巩固和加强农业的基础地位；2015年8月《关于加快转变农业发展方式的意见》指出，要积极发展农业的多种功能，利用农业的现有资源，走轻资产重体验的休闲农业、旅游农业发展道路，实现美丽乡村建设；2017年中央1号文件要求，"三农"工作今后一段时期要切实发挥农业的多功能作用，加快农业农村产业转型升级，发展新产业新业态。农业多功能发展能促进农业增效、农民增收，实现农村增绿，还能传承发扬农业特色文化，具备巨大发展空间。

当前，全面发展农业的供给功能、生态功能、文化传承功能，推进农村一二三产业融合发展，是农业供给侧结构性改革的重要内容，也是乡村振兴战略的必然要求。在四川农业强省的建设过程中，推进农业多功能发展、培育农村新产业新业态，已成为经济发展新动能的潜在增长点。

（一）保证农业供给功能

随着经济发展，我国城乡居民消费水平大幅度提高，城乡居民对食物的要求由数量转向质量，对农产品质量提出更高要求，农产品供给的结构性矛盾凸显。农业生产需适应供求关系、生产经营方式、资源环境、市场环境等方面的深刻变化，进一步提升农产品质量安全水平，释放国产农产品消费需求，保障地方粮食安全，保证农业供给功能不动摇，农产品供求由"紧平衡"变为"稳定平衡"。

（1）有效提供安全农产品，夯实农业强省基础。国情、省情决定了四

川在建设农业强省中必须继续重视发展粮食生产，继续加强粮食管理，进一步抓好节约粮食工作，减少不必要的消耗，增加粮食储备，做好省内自求平衡。应鼓励有条件的地方推进农业标准化生产，建设一批安全食品生产基地和标准化示范基地，建设一批国家级、省级有机农产品认证示范区。加快开展标准评价试点工作，制定保障农产品质量安全的生产规范和标准，推动实施绿色产品标准、认证、标识体系，建立和完善涵盖农业生产、农业服务和农业管理的标准体系。

（2）开发优质专用农产品，创新特色个性农产品。大宗农产品生产应讲求优质专用，将重点放在国标二级以上优质稻和加工饲草饲料、加工蔬菜、森林食品等专用农产品的研发。加快发展优质经济林、木竹工业原料林、木本油料林等特色林产业。继续狠抓现代种业提升工程和农畜育种攻关计划，构建育繁推一体化现代种业体系，推广水稻、小麦、玉米、高粱、畜禽等优质专用品种。同时，立足生态环境、气候特点、资源条件和区域经济发展定位，积极发展川果、川茶、川椒、川药等"川字号"特色农产品，大力发展盆周山区500万亩名优绿茶产业带、龙门山脉100万亩优质猕猴桃产业带、川中100万亩柠檬产业集中发展区、攀枝花芒果产业发展集中区等特色产业区。

（3）强化科技支撑引领，提升农产品品质。借助"互联网＋"服务，完善农产品信息分析预警体系，实现产销平衡，防止农业供给过剩。鼓励建设转运和仓储平台，缩短生产与供给的地域性空间距离，保证需求的时效性；积极引导社会力量参与产品加工、仓储、交易市场与电商平台等各环节建设工作，鼓励特色农产品进入淘宝、京东等电商平台，促进线上线下融合发展，着力发展末端配送，在生产基地、加工环节、终端配送点实现全冷链。完善农产品"互联网＋"质量追溯体系、从田间到餐桌的全过程全链条都要进行公开透明的信息化监管，保证农产品品质。

（二）维护农业生态功能

当前，资源、环境两道"紧箍咒"越绷越紧，农业发展迫切需要推行绿色生产方式。习近平总书记明确指出，推进农业绿色发展是农业发展观的一场深刻革命。推进高效生态农业发展，是转变农业发展方式、推进农业产业转型升级的必然选择，也是保护资源生态环境、实现农业绿色发展的客观要求。农业生态功能事关当代人福祉和后代永续发展，为加强农村环境整治，改善农村人居环境，从而实现农业的多功能发展，应以发展农业与改善生态相协调为基本要义，着重维护农业的生态功能。

（1）重视农业生态环境保护，提高资源利用效率。应注重农业生产中优势微生物的特定功能，打造植物、动物、微生物良性循环的现代农业系统，降低农药化肥施用强度；推进化肥和农药定点销售工作，倡导配方施肥。加快推进农村生活垃圾治理和分类，对可降解垃圾进行堆肥处理。强化废旧地膜、秸秆、畜禽粪便综合利用，对动物粪便进行干湿分离处理，固态废弃物用于堆肥处理，液态废弃物则为沼气生产提供原料。提高水资源利用效率，大力推广节水农业，规划示范区应用滴灌和喷灌相结合的农业灌溉技术。在保证永久性基本农田不动摇的前提下，有机协同调控耕地、园地、林地、牧草地及其他农用地，减少对农用地的破坏性规划，提升农用地防洪蓄水能力；杜绝利用田园综合体建设搞变相房地产。

（2）推进农业污染治理，加强生态系统修复。加大农村土地污染治理力度，加强污染土壤生态修复综合治理。加快实施重要生态系统保护和修复重大工程，推进荒漠化、石漠化、水土流失综合治理，实施重要湿地保护恢复工程，适当恢复冬水田，以增加湿地面积；推进草原生态保护区建设，大力实施退牧还草、严重退化草地与草原防灾减灾等工程；继续实施退耕还林还草、天然林资源保护等工程，扩大新一轮退耕还林规模，大力实施造林绿化工程。

（三）整合农业文化功能

古蜀是平原农耕文明的重要发祥地，产生了灿烂丰富的乡村优秀传统文化。应充分利用四川丰富的农业资源和悠久的农耕文明，深入挖掘古蜀特色农业农村文化元素，加速农业和其他产业的融合，打造以农耕文化、农业景观文化、乡村文化等为代表的文化农业产业体系。整合农业文化功能需要一定条件支持，应考虑实际情况，依据四川整体农业资源做出科学的系统性规划，因地制宜开展不同的农业经营模式。

（1）积极挖掘地方特色农耕文化，弘扬优秀的农耕文化。全面开展对农耕文化遗产、传统村落和重要民居的普查，做好整理、归档工作，建立农耕文化保护与传承数据资料库，并组织专家评估普查的农业文化遗产价值，明确保护、传承和发展重点。在明确保护、传承和发展重点对象后，加快抢救保护乡村优秀文化遗产，挖掘农耕文化、林盘文化、三国文化、红色文化、乡土文化、民族文化、民俗文化等。通过举办不同形式的传统农耕民俗节庆活动，抓好如乐山市沐川农耕博物馆、郫县民俗博物馆等农耕文化展览室建设，运用实物、文字画册、影音图像等多种方式展示地方特色农耕文化。此外，需加强与高等院校、科研机构合作，对新形势下农耕文化的抢救、保护和发展规律开展研究，争取得到农耕文化保护、传承和创新的理论成果。同时，鼓励政府、企业、媒体、群众等社会力量参与农耕文化传承和展示，依托广大社会力量开展农耕文化传播、展示、交流、体验等活动；开展农耕文化保护与传承教育，进一步弘扬农耕文化内涵及精髓。

（2）结合农业景观文化，加强农业林园建设。继续建设并完善广安市邻水县缪氏庄园、华蓥市广安蜜梨主题公园、广元市苍溪县梨文化博览园、内江市资中县响水滩生态农业休闲体验区等农业文化主题园区，大力支持发展南充市南部县升钟湖、简阳市三岔湖为代表的湖滨经济，通过深挖农业文化、打造创意农业，改善农林景观，强化示范作用，进一步发挥农业产业的文化、休闲、教育功能，促进观光农业提档升级。注重农业景观与传统文化的衔接，结合当地民俗活动，传承地方特色、民俗特色、传统特色，突出人性化、个性化、绿色性，以适应不同消费者需求。

（3）推动乡村文化产业发展，打造四川特色乡村文化品牌。应创造性转化红色文化、历史文化、民族文化、民俗文化等文化资源，塑造具有浓郁四川特色的乡村文化品牌。乡村文化产业典型代表是成都市周边的古镇文化产业，包括洛带古镇、黄龙溪古镇、街子古镇、安仁古镇等，已成为成都市的重要旅游观光景点，可在其基础上开发特色创意民族民俗文化产品。借鉴广安市武胜县宝箴塞、广元市苍溪县寻乐书岩等古迹文化产业的成功案例，适度开发乡村文化古迹。攀枝花市盐边县红格镇是以少数民族风情为依托，借助红格温泉、攀枝花水果等资源优势，打造独具民俗特色的风情之旅，可为民俗文化产业开发提供参考。此外，四川具有深厚的红色文化底蕴，应通过打造广安的红岩文化、川东地区的红军文化，推动乡村文化产业优秀品牌走出去。

（四）推动一二三产业融合

党的十九大报告提出要实施乡村振兴战略，加快推进农业农村现代化。2018 年中央 1 号文件提出，乡村振兴，产业兴旺是重点。推动农村一二三产业融合发展，是实施乡村振兴战略的重要路径，可以有效提高农村资源综合利用效率，缩短农业生产与消费者之间的距离，降低农产品的市场交易成本，对于拓展农业的多样功能和收益边界，拓宽农民的就业和收入渠道，促进城乡融合发展，进而推动农业增效、农民增收、农村繁荣，培育经济发展新动能，具有重要意义。农村一二三产业融合不能面面俱到，应当做到分类指导重点支持。

（1）围绕特色优势农产品，大力支持农产品精深加工。要积极推进调味品、泡菜、休闲食品等农副产品精深加工业发展，打造一批在国内外具有影响力和竞争力的优质特色产品，重视"互联网＋"特色产品的生产营销，以巩固"川椒"、"川菜"等千亿元级产业及"张飞牛肉""剑门豆腐"等全国知名农业品牌的市场地位。

（2）合理配置农村资源，增强乡村旅游核心竞争力。综合考虑地区客观因素，整合土地、人力、资金等各项资源，根据地方实际特点进行合理布局、准确定位，使农村资源得到最大化配置。要大力发展城市周边观光旅游（短期）和山水田园康养产业（中长期）相协调的乡村旅游体系，着重打造攀西安宁河谷流域的候鸟式康养产业、以红色文化为核心的川东北乡村旅游增长极等，抓好以南充市南部县升钟湖、简阳市三岔湖为代表的湖滨（河流、湖泊、水库）经济。同时，需培育从业人员的创新性思维，打造全国性品牌，改造提升传统名优品牌，尽力规避同质化现象。

（3）强化科技支撑引领，提高一二三产业融合质量。大力发展"互联网＋"农业，巩固发展农村电子商务，开拓发展农商直供、产地直销、食物短链、社区支农、会员配送、个性化定制等模式，可重点推广苍溪县电商扶贫"岫云村农业共享经济模式"。通过推动农村一二三产业深度融合，提升农业产业综合效益，助力农业强省建设。

五、整合资源，构建省级特色农业产业联盟

产业联盟是 20 世纪 70 年代末兴起于西方发达国家的一种新型合作组

织形式，进入 90 年代，产业联盟在我国初见端倪，并逐渐在农业领域不断发展。时至今日，四川省已经成功启动包括川茶品牌促进会、猕猴桃产业发展联盟等在内的多个农业领域产业联盟，其在实现区域农业优势互补、拓展农业发展空间、提高农业企业竞争力等方面产生积极作用。为更加深入地推进农业供给侧结构性改革，落实乡村振兴战略，四川省还需积极借鉴国际国内成功经验，整合资源，面向国内外两个市场，加快构建特色农业的产业联盟，为擦亮四川农业金字招牌奠定基础。

（一）立足特色优势产业，确立联盟职能和目标

选定特色优势产业，企业主体，政府主导，开展川茶、川菜、川椒、川猪、川果、川药等川字号农业产业联盟建设，充分发挥企业在合作创新中的作用，促使联盟活动紧紧围绕市场实际需求展开。通过联盟实现农企合作、产学研合作、产品营销，打造出绿色优质的原料基地。建立以企业为主体，以特色产业为优势，以科学技术为支撑的创新平台和覆盖国内外的销售网络，促进川字号特色产业提质增效和转型升级。

农业产业联盟的职能和目标有五点：一是以标准化为核心，整合产业链上各行业各环节资源，吸纳各类型农业经营主体、社会团体及科研单位等加入，成员共同商议制定本产业行规行约和各类标准；二是发挥产业自律职能，建立健全监督机制，促进成员间相互协作，鼓励公平竞争；三是加快技术研发，增强技术服务、转移和人才培养，大力发展现代农业，做大做优功能农业，促进本产业协同创新能力提升；四是大力培育优势品牌，落实农产品品牌建设"五大工程"，加大优势特色品牌宣传力度，拓宽农产品销售渠道，积极参与中国农业品牌提升行动，提升"川"字号农产品知名度和影响力；五是开拓农产品市场，促进农产品现代流通体系建设，协助办好相关农业展会，参与川货出川等市场拓展活动，创新"互联网＋"品牌农产品行动，发展农产品网络营销，促进川字号农产品线上线下融合。

（二）建立领导管理机构，规范联盟架构和运行

在四川省农业厅建立统一的农业产业联盟领导管理机构，负责科学制定并落实好引导联盟发展的战略规划、指导意见，地方农业部门设立分级管理机构，配合上级部门做好对联盟的监管工作，确保联盟独立运作、规范运作。领导管理机构应充分履行其职能：一是负责联盟成立注册、项目

资金扶持等方面问题,充分发挥政府的协调能力,保证联盟成员真正具有合作意愿,营造有利于联盟发展的政策环境、法制环境和人文环境;二是大力推进公司法人型联盟建立,强化契约的法律约束力,提高联盟内部契约的完备性;三是对联盟进行宏观指导,对联盟的发展保持密切关注和实施必要评估,以评估工作为契机加强对联盟的动态管理,形成科学规范的联盟管理机制;四是加强对联盟的分类指导,发挥产业优势和行业特色,促进联盟自律发展,不断完善和优化联盟运行机制;五是设定具有优先性的产业领域,做好对联盟发展的战略部署,减少联盟的无序和盲目发展。

农业产业联盟应成立成员代表大会、理事会、常务理事会、秘书处。成员代表大会行使联盟最高权力,每届五年;理事会由成员代表大会选举产生并作为其执行机构,在闭会期间组织联盟开展日常工作,对成员代表大会负责;常务理事会成员由理事会投票选举产生,在理事会闭会期间行使相应的职权,处理日常事务,对理事会负责;秘书处设立于省农业厅,负责联盟日常运行管理。根据企业示范带动性强度,原则上选举国家重点扶持的农业龙头企业作为理事单位,其法定代表人或主要负责人担任理事长,每届五年;选举各区域带动性较强的农业龙头企业作为副理事单位,其法定代表人或主要负责人担任副理事长,每届五年;理事、常务理事在各成员单位法定代表人或主要负责人中选举产生,实行年度轮换制;秘书长由理事会选举产生,每届五年。理事会每年组织召开成员代表大会至少一次,并制定年度工作计划,配合秘书处落实好工作计划和相关活动(图1-1)。

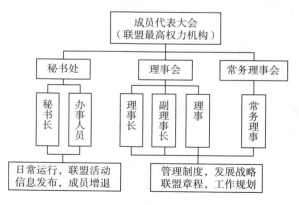

图1-1 联盟组织架构图

（三）加强指导扶持力度，优化联盟发展环境

省内各级政府需要与时俱进，充分发挥信息和政策资源优势，鼓励农业产业联盟引进消化吸收重大项目，形成自主知识产权，制定或参与制定农业行业标准，引领联盟对产品结构和创新方向进行调整。同时，政府要从宏观引导支持层面为联盟提供相应帮助和营造相应环境，出台相关扶持政策，为联盟的顺利运行创造有利条件，积极促进联盟发展壮大。联盟的资金来源，少部分可由公共财政进行贴补，大部分应由联盟企业自筹或者通过社会捐赠等途径获得。联盟可向成员收取一定费用，用于会议、咨询、规划、培训、技术推广、品牌打造、市场开拓及秘书处日常工作等。另外，政府还可向联盟提供额外的资金支持，如对联盟中的成长型企业，财政给予新增贷款的贴息奖励；综合运用项目立项资助、重大成果奖励、税收减免等多种资助方式；鼓励银行等金融机构、创业投资机构参与联盟，为联盟企业提供多样化的金融服务和融资支持等。

从政策扶持的角度，一是根据联盟出现的问题和发展的需要，适时出台相关法规，保护联盟的合法权益，同时也要对各加盟单位的行为予以规范，加大对联盟成员违背联盟契约行为的惩处力度，使联盟组建和运行有法可依；二是加强知识产权保护，建立相关支持机制，包括科技计划、技术改进、技术创新、技术引进、科技成果转化与产业化政策等，对符合区域经济特色及有利于优势资源整合的联盟给予重点支持；三是政府要将一部分原属职能转移或委托给联盟，如政府赋权联盟制定相关标准，给予联盟一定的权力和适度的手段；四是鼓励高校科研单位加入联盟，给予联盟技术支撑并承担有关农业科研专项课题，促进联盟成员之间人才的合理、自由流动和联盟内科研成果的转化，促进产学研之间的分工协作、资源整合和联合创新。

六、创新四川自由贸易试验区体制机制，深化拓展农产品的国际贸易通道

目前，建设自由贸易试验区是推动四川全面开发开放的引领性工程，要实现农业强省目标，让四川省农业"走出去"和优质农产品、技术等"引进来"，实现农业发展的资源互补，优势互享，依托自由贸易试验区是

一种重要的渠道和模式,对于建设现代化的农业经济体系,推动农业的高质量发展具有重要的战略意义。

四川作为"一带一路"上的重要经济枢纽,在"新丝路"传播过程中起着不可替代的重要作用。为加快推进农业发展的国际化,应抓住机遇,把"一带一路"倡议同自由贸易试验区建设有机结合起,努力创新体制机制,用全球视野和"中国方案"的胸怀,以川字号农产品为输出的前沿梯队,进而拓展深化农产品、技术等与国际市场的深度共享交互通道。这也是推动乡村振兴战略,全方位提高农业对外合作的水平和新高度,实现农业强省目标的重要途径。

(一)以创新激活自贸区农产品国际贸易的体制机制

抓好四川农产品成都天府新区片区、成都青白江铁路港片区、川南临港片区自由贸易试验区总体方案的实施,根据不同片区的功能,划分农业自贸区的责任机制,精细化实现"农业方案"的具体布局与实施,着力释放承载片区的功能及辐射带动性。同时,积极推动自贸试验区"五核联动"(高铁片区创新科研核、国际商贸核、安宁片区创新产业核、临港片区综合保税核与自由港区核联动发展)机制,根据各自片区的发展态势与优势资源,协同承担自由贸易试验区服务与产业职能。积极推进自贸区与省内国内其他自贸片区的协同联动机制,实现四川农业同全国农业、全球农业的融合发展,凝聚全域参与自贸区建设的"最大公约数",做大做强"四川模式",为中国甚至全球自贸区农业贸易提供"四川方案"。

一是深入推动自贸区综合保税区的机制构建与完善,进一步加强服务型、功能型园区建设。建设进境肉类、禽类、水果、粮食、种苗等综合性指定口岸,建设国际化综合性农产品检测检验中心,加快推进农产品标准物流园区和大宗农产品综合仓储物流中心建设。打造现代农业领域跨境电商平台,发展冷链仓储、鲜果加工、生鲜物流等配套产业,衍生多个细分领域,带动劳动力就业。

二是加快自贸区内功能单位科技体制机制改革创新,承载片区政府牵头建立科技创新、资源合理流动的体制机制,促进创新资源高效配置和综合集成。同时升级科技创新的协同机制,以解决科技资源配置过度行政化、封闭低效等问题,真正实现农产品在国际、国内两个市场上的自由贸易。

三是深化"放管服"改革，在涉农贸易企业证照分离、综合监管、市场准入负面清单等方面有效突破，强化相关地方和部门的联动发展协同配合，凝聚形成创新活力，激活农业经济的国际贸易因子，以丝路沿线国家和地区贸易为核心，辐射全球为视野，构建高效的四川自贸区农产品国际贸易的体制机制。

（二）深化拓展优质农产品的国际贸易通道

"一带一路"的构想，让我们找到了同沿线国家农产品贸易的方向感，更有助于拓宽我国农产品国际市场的发展空间；同时，我国自古以来就是农业大国，中国农业产品外销将进一步向外推广中国文化，提升中国在国际社会的大国强国地位，以实现中华民族的伟大复兴。

以我国当前农业供给侧结构性改革为契机，依托"一带一路"，搞好农业流通的"两个通道"建设。一方面通过市场发掘，引进丝路沿线国家特色农产品，畅通外国优质农产品销售渠道，鼓励优质小麦、牧草、食用油等进境销售，学习沿线国家农产品先进的精、深加工技术，实现"逆向技术溢出"。另一方面通过发展一批具有相对竞争力的农业企业，引领农业产业向全产业链发展，精细化细分产业链条，提高农产品的质量，帮助涉农企业利用好"两种资源""两个市场"。

积极与国内市场对接，加强自由贸易试验区涉农物流集货能力，实现国际贸易通道常态化运行。按照"政府搭台、企业受益"的原则，发挥自由贸易试验区集零为整、集散分拨的多式联运功能作用，加快自贸区核心功能建设。借助已常态化运营的中欧、中亚、南亚国际货运班列，加强与重庆、广西、甘肃以及东盟经济体的紧密衔接，推进国际货运回程班列建设，全方位开放物流通道，打造部分精品农产品贸易通道，形成四川连接"一带"和"一路"对外贸易发展的新格局。

（三）依托自由贸易试验区模式，以"川"字号农产品推动乡村振兴战略，实现农业强省目标

通过自由贸易试验区模式，带动"川"字号优质农产品畅销国外，对于调整优化四川农业产业结构，振兴乡村经济，实现农业强省目标具有重大意义。

　　自贸区的建设，是比国际综合保税区和国际港务区更高更全面的对外开放的平台，把其发展好，利用好，就能提供经济发展的强大新动能。因此，在以建基地、创品牌、搞加工为重点构建现代农业产业的基础上，大力实施产业基地建设，以国际国内两个市场为导向，通过外引内联，实现重点优势农业产业的发展。省农业厅、农委等部门要根据大范围资源配置，划分功能区域，做好农业供给侧结构性改革，着力建成全国优质粮油生产基地、特色农产品供给基地、商品猪战略保障基地。做大做强优势产业，尤其是把川酒、川菜、川茶、川果、川药、川猪、川烟、川油（油菜籽）、川薯等知名品牌铸造成金字招牌。通过自由贸易试验区产生的新动能的带动，抢占四川优质农产品在国际市场上的话语权，让四川优质农产品真正走上国际市场，进一步增强四川农业产业的竞争力，反过来哺育农村新产业新业态培育工程和农村产业融合发展等重点项目，强势推动乡村振兴，实现农业大省向农业强省跨越的战略目标，真正让川字号农产品在国际市场上"川流不息"。

专题二 构建现代农业体系推进质量兴农战略研究报告

第一节 研究的重要意义

推进农业现代化要以构建现代农业体系为抓手，发展现代农业要走质量兴农之路，是习近平总书记关于现代农业建设和农业现代化发展的重要思想。2018年春节前夕习总书记来川视察时指出，要深化农业供给侧结构性改革，念好"优、绿、特、强、新、实"六字经，推动农业由增产导向转向提质导向。2018年3月，总书记在参加四川代表团审议时强调，要优化农业产业体系、生产体系、经营体系。构建现代农业体系、推进质量兴农战略，是习近平新时代中国特色社会主义思想的"四川篇"，是习近平总书记为四川改革发展量身定做的"定盘星"。

现阶段，构建现代农业体系、推进质量兴农战略是四川在深入学习贯彻党的十九大精神、习近平总书记"四川行"重要讲话精神、决胜全面建成小康社会关键时期的重大举措，是实现农业现代化发展的必然要求、满足新时代人民美好生活需要的根本保障、擦亮四川农业大省"金字招牌"的重要抓手、提升农产品国际竞争力的长远之计，对于维护国家粮食安全、保障农产品供给、实现富民强省、加快我国由传统农业大国迈进现代农业强国具有重大意义。

一、实现农业农村现代化的必然要求

建设现代农业产业体系、生产体系、经营体系，全面体现了现代农业的内在特质和发展规律。从内涵特质来讲，现代农业是一个包含产业体系、生产体系、经营体系三方面的有机整体，产业体系是现代农业的结构骨架，生产体系是现代农业的动力支撑，经营体系是现代农业的运行保

障。三大体系各有侧重，但又相辅相成。其中，现代农业生产体系重在提升农业生产力，现代农业经营体系重在完善农业生产关系，二者又共同支撑现代农业产业体系发展，显示了现代农业生产力和生产关系的相互作用、有机融合，构成了现代农业的深刻内涵和必然要求。要实现农业现代化，三大体系缺一不可。

从发达国家现代农业发展实践看，虽然各国农业现代化道路和模式各不相同，但产业体系、生产体系、经营体系"三个体系"始终包含在现代农业建设的内容之中。当前，把握和适应现代农业发展新趋势，着力构建现代农业产业体系、生产体系、经营体系，更好地体现现代农业的内在要求和发展规律，是现代农业建设的重要内容和举措，是推动四川农业现代化的必然要求。

二、满足新时代人民美好生活需要的根本保障

党的十九大报告指出：中国特色社会主义进入了新时代，中国社会主要矛盾已经转化为人民日益增长的美好生活需要和不平衡不充分的发展之间的矛盾。具体到农产品领域，主要表现为人民日益增长的安全优质需求和农产品供给数量质量不平衡、农业质量发展不充分之间的矛盾。随着居民生活水平的提高，城乡居民消费结构日益升级，也对农业发展提出了更高要求和更多期待。比起以往的"有没有"，如今更加关注"优不优"。这就要求不仅满足量的需要，还需提供多层次、多样化、个性化、优质生态安全等要素，清新美丽的田园风光、洁净良好的生态环境同样不可或缺。

满足人民群众不断升级的消费需求，需着力建设现代农业体系，在稳定粮食生产能力、确保国家粮食安全基础上，大力调整农业生产结构，重视现代畜牧业、园艺业、水产业、林业的发展，将农业生产的主攻方向放在提高农产品品质和附加值上，推进农业向高品质方向发展，农业生产应从主要追求数量向更加重视质量、更加重视绿色环保可持续发展方向转变，在数量、品质、生态三个方面使农产品满足人民日益增长的美好生活需要。

三、擦亮四川农业大省"金字招牌"的重要抓手

2018 年春节前夕，习近平总书记前往四川视察，谆谆嘱托"发展现代农业要走质量兴农之路"，要求树立新发展理念、落实高质量发展要求，叮嘱一定要擦亮农业大省的金字招牌，加快推动农业大省向农业强省跨越。自党的十八大以来，四川紧紧瞄准市场需求，主攻农业供给质量，持续优化现代农业产业体系、生产体系、经营体系，建基地、创品牌、搞加工，在全国创下"八个第一""五个率先"，初步蹚出一条具有四川特点的农业农村改革发展新路，这都是四川蹄疾步稳走好农业供给侧结构性改革之路、促进农业由大图强和擦亮农业大省金字招牌的努力与突破。

在新时代背景下，提高质量是扩大农产品区域品牌知名度和影响力的必然要求，要擦亮农业大省的金字招牌，就要求坚定不移走质量兴农之路。现阶段，需深刻认识并牢牢抓住历史机遇，用好、用活、用足国家的支农惠农政策，牢牢守住农产品质量安全底线，培育一批优质农产品品牌，不负总书记的殷切嘱托，全面提升农业质量效益竞争力、持续擦亮农业大省金字招牌、开启建设农业强省新征程。

四、提升农产品国际竞争力的基本遵循

在国际市场竞争中，农产品地位高低取决于质量优劣。作为农业大省，四川多数农产品产量稳居国内前列，培育了川酒、川菜、川茶、川果、川药、川猪、川烟等特色优势农产品知名品牌，作为四川特色产业，四川茶叶在 2016 年综合产值达 550 亿元，居全国第三，但茶叶出口值仅有 1.58 亿元，仅占总产值的 0.28%。近年，生丝、白酒、特色水果的出口也出现不同程度下降。长期以来，四川农产品在质量方面与国际市场要求存在较大差距，国际市场占有率不高。

四川对外出口主要为劳动密集型农产品，生产技术水平较低。低价格是对外出口的一大优势，但受绿色贸易壁垒和技术贸易壁垒的阻碍，四川竞争力指数、显示性比较优势指数逐年下降，分别低于 0.5 和 0.8。降低农产品价格和生产成本并非提高竞争力的根本途径，提高农产品质量、走质量兴农道路，才是提升农产品国际竞争力的基本遵循。

第二节 质量兴农的科学诠释及评价标准

一、科学诠释

(一)指导思想

推进质量兴农战略,应以习近平新时代中国特色社会主义思想为指导,深入学习、领悟习近平总书记关于"三农"工作重要论述的科学内涵,贯彻落实习近平总书记来川系列重要讲话精神及对四川"三农"工作的重要指示,认真体会习总书记"质量就是效益""质量就是竞争力"的重要论断和阐述。深刻领会中共四川省委十一届三次全会精神,以《中共四川省委关于全面推动高质量发展的决定》等文件纲要为统领,以实现乡村振兴战略为总要求,以农业供给侧结构性改革为主线,以构建现代农业产业体系、生产体系、经营体系为路径,谱写质量兴农四川篇章。

(二)质量兴农的内涵

质量兴农,就是要通过构建现代农业体系等路径,突出农业绿色化、优质化、特色化、品牌化,进而提高农业效益和竞争力的过程。中国特色社会主义进入新时代,社会主要矛盾转化为人民日益增长的美好生活需要和不平衡不充分的发展之间的矛盾。优质、安全、健康、营养的农产品成为新时代广大人民群众的新期盼、新要求。质量就是效益,质量就是竞争力,这是习近平总书记对质量兴农做出的科学判断,为厘清质量与兴农之间的辩证关系提供了科学思维。无质量无以兴农,农之不兴国之不强。推进质量兴农战略,是满足人民日益增长新需求的必要手段,是实现乡村振兴产业兴旺的必由之路,是推动农业转型升级提质增效的必由之路,更是四川实现农业大省向农业强省跨越的必由之路。

(三)质量兴农的基本思路

推进质量兴农战略,应坚持"着力二本色,抓好九产业,构建三体系,建立新经济"的基本思路。

着力二本色:即是抓住粮油不放松。四川是天府之国,也是长江上游油菜、水稻发源地。习近平总书记提出"抓农业农村工作，首先要抓好粮食生产"，要求"谷物基本自给，口粮绝对安全，把饭碗牢牢地端在自己手里""饭碗里主要装中国粮"。四川应当践行习近平总书记的指示，以粮油为根本，大力实施优质粮食工程，"既要保障数量，更要注重质量"，积极培育消费者认可的"四川好粮油"产品，做到"农业大省金字招牌不能丢"。

抓好九产业：就是坚决贯彻四川省委《关于全面推进高质量发展的决定》精神，培育除川粮之外的川猪、川茶、川薯、川药、川桑、川菜、川果、川椒、川竹九大川字号特色产业。通过推动产业的特色化发展，巩固四川"生猪第一大省"地位，坐实四川"花椒第一大省"称号，"把四川农业大省这块金字招牌擦亮"。

构建三体系：就是要构建现代产业体系、现代生产体系、现代经营体系在内的现代农业体系，为推动实施质量兴农战略保驾护航。构建现代产业体系，就要培育特色产业，优化产业布局，因地制宜分片打造特色农产品优势区。构建现代生产体系，就是要加快农业技术创新步伐，做强现代种业、智能农机装备制造等先导性产业，在农业用水方面加快推进"渠管结合、喷滴结合、水肥结合"，实现"增产增效并重、良种良法配套、农机农艺结合、生产生态协调"。构建现代经营体系，就是要做优做强新型农业经营主体，做强烘干冷链物流业等支撑产业，大力实施农业品牌提升工程，支持促进特色优势农产品出口。

建立新经济：一是要把握新机遇，要积极落实四川省乡村振兴大会精神，以全面实现乡村振兴为契机，抓住四川农业农村全方位变革的战略机遇。二是要打造新产业，不仅要培育特色产业，更要打造四川全域的农业新产业新业态。三是要构建新格局，要用好政府和市场"两只手"，构建各方面力量积极参与的多元投入格局；特别是要推动人才向农村转移，促进资本向农业流动，实现农村不再只是农民的农村，农业不再只是农民的农业。四是要设计新政策，要破除现有体制机制弊端，加强顶层设计，坚持规划先行，探索农业全面升级、农村全面进步、农民全面发展的长效机制。以此"四新"，建立四川农业农村的新经济、打造四川"三农"事业的新常态。

(四) 构建现代农业体系是质量兴农的关键

构建现代农业体系,是推进质量兴农战略的重要手段。其中,构建现代农业产业体系是关键。而要想构建现代农业产业体系,产业结构要优化、产业布局需合理、产业链条得延伸、产业功能当完善、产业融合应进行,任一要素缺失,农业高质量发展便无从谈起,质量兴农便难以实现。构建现代农业生产体系是支撑。要转变农业要素投入方式,用现代物质装备武装农业,用现代生产方式改造农业,用现代科学技术服务农业,加强高标准基本农田建设,提高农业良种化、机械化、科技化、信息化、标准化、绿色化发展水平,为实现质量兴农提供动力支撑。构建现代经营体系是保障。现代经营体系是衡量现代农业社会化、组织化程度的重要标志,主线是解决"谁来种地"以及经营效益的问题,建立完善集约化、组织化、专业化、社会化的现代农业经营体系,有利于提升农业效益和竞争力,保障质量兴农得以实现。

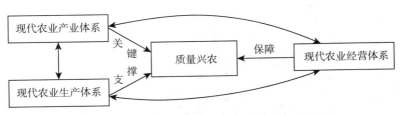

图 2-1　质量兴农与构建现代农业体系的逻辑关系

二、评价标准

(一) 指标构建

基于四川农业发展质量现状及需求,参考近年来关于农业机械化发展水平、农业信息化水平、农业标准化水平、高产优质高效农业等评价指标体系的研究成果,遵循评价指标的科学性、系统性、可操作性和可比性的基本设计原则,全面考虑质量兴农所涉及的各个方面及其内在联系,多角度、多层次逐步展开分析,构建包含机械化、信息化、标准化、优质化(包含特色化)、品牌化及绿色化六个维度的四川质量兴农成效衡量标准指标体系,见表 2-1。

表 2 - 1 四川质量兴农成效衡量标准指标体系

维度	一级指标 B_i	二级指标 B_{ij}	指标权重 一级指标 ω_i	指标权重 二级指标 ω_{ij}	标准值 B_{sij}
农业机械化水平	农业机械化作业程度 B_1	耕地机械化程度 B_{11}（%）		0.22	100
		栽播机械化程度 B_{12}（%）		0.20	100
		排灌机械化程度 B_{13}（%）	0.18	0.18	100
		植保机械化程度 B_{14}（%）		0.18	100
		收获机械化程度 B_{15}（%）		0.22	100
农业信息化水平	农业信息化基础建设 B_2	农村有线电视入户率 B_{21}（%）	0.08	0.50	100
		农村宽带入户率 B_{22}（%）		0.50	80
	农业信息化技术应用 B_3	农民互联网应用人数 B_{31}（万人）	0.08	0.50	3 500
		农产品电子交易额 B_{32}（亿元）		0.50	1 000
农业标准化水平	农业标准化建设水平指标 B_4	农产品标准数量 B_{41}（个）		0.25	1 100
		农产品标准覆盖度 B_{42}（%）		0.25	100
		国际标准比率 B_{43}（%）	0.10	0.25	85
		农业标准化技术推广程度 B_{44}（%）		0.25	100
农业优质化水平	农业优质化指标 B_5	良种率 B_{51}（%）	0.16	0.50	85
		产品优质率 B_{52}（%）		0.50	85
农业品牌化水平	农业品牌化指标 B_6	"三品一标"认证量 B_{61}（个）	0.16	0.30	5 600
		中国驰名商标量和四川省著名商标量 B_{62}（个）		0.70	2 350
农业绿色化水平	农业绿色化指标 B_7	农畜废弃物综合利用率 B_{71}（%）		0.25	75
		主要农作物化肥利用率 B_{72}（%）	0.18	0.25	40
		主要农作物农药利用率 B_{73}（%）		0.25	40
		农膜回收率 B_{74}（%）		0.25	80

注：标准值设立在参阅研究文献和《四川省"十三五"农业和农村经济发展规划》等相关规划的基础上，参考当期全国范围内已实现的极值（如山东省、河南省等），再结合四川省往年数据最终确定。

（二）水平测度

在构建质量兴农成效衡量标准指标体系的基础上，将德尔菲法和层次分析法相结合以确定各指标权重，采用指标加权综合评分法计算综合得分，再与得分标准进行比较，可直观测度四川省质量兴农实施水平。

（1）质量兴农是一个动态过程，根据吴维熊（2008）、王荣（1994）以及李林杰（2006）等人的研究，结合四川的实际情况，在参照其他省市数据的基础上，确定质量兴农评价指标体系中各指标应达到的基本标准值，如表 2-1 所示。

（2）由于各个指标重要程度不同，首先必须根据每个维度对实现质量兴农贡献的大小来确定该维度下指标的权数（孟枫平，1994），故采用层次分析法设定指标权重，具体各指标的权数见表 2-1 中所列。

（3）二级指标共有 22 个，部分实际值的计算具体如下：

B_{11}＝机械耕地面积/播栽总面积×100%   （1）

B_{12}＝机械播栽总面积/播栽总面积×100%   （2）

B_{13}＝机械排灌面积/排灌总面积×100%   （3）

B_{14}＝机械植保面积/播栽总面积×100%   （4）

B_{15}＝机械收获面积/收获总面积×100%   （5）

B_{21}＝农村有线电视入户数/总户数×100%   （6）

B_{22}＝农村宽带入户数/总户数×100%   （7）

B_{42}＝已具有相应生产标准的农产品品种数/现行生产的

     全部农产品种数×100%   （8）

B_{43}＝农业标准中采用的国际标准数量/农业标准总量×100%（9）

B_{44}＝农业标准化技术推广人数/农业劳动力人数×100%   （10）

B_{54}＝良种产量/总量×100%   （11）

B_{52}＝符合优质产品标准的产品量/产品总量×100%   （12）

B_{71}＝农畜废弃物利用量/农畜废弃物总量×100%   （13）

B_{74}＝农膜回收量/农膜总量×100%   （14）

（4）每个一级指标下面有多个二级指标，依据指标加权综合评分法的相关理论，建立 7 个一级指标与质量兴农水平的计算模型如下：

$$B_i = \sum_{j=1} \frac{B_{ij} \times \omega_{ij}}{B_{sij}}$$

式中，i 是一级指标的编号，j 是二级指标的编号；B_i 表示第 i 个一级指标的水平值，B_{sij}、B_{ij} 和 ω_{ij} 分别表示第 i 个一级指标下的第 j 个二级指标的标准值、水平值和权重。

各个指标的得分值实行封顶计算,指标实际值大于标准值时,只按标准值计算。

质量兴农水平综合评价值 B 下有 7 个具有不同权重的一级指标,与一级指标的计算一样,其计算模型如下:

$$B = \sum_{i=1}^{7} B_i \times \omega_i$$

若综合评价值低于 60 分,说明四川省质量兴农实现程度较低;高于 60 分而低于 90 分,则质量兴农已有一定成效;达到 90 分可认为质量兴农成效显著,见表 2-2。

表 2-2　四川省质量兴农成效综合评价值衡量标准

综合得分	0~59	60~79	80~100
成效	弱	中	强

第三节　党的十八大以来四川省现代农业质量兴农发展成效

一、农产品供给充盈,保障全省口粮绝对安全

党的十八大以来,四川农业各产业发展稳中向好、稳中向新,成为促进整体经济社会转型发展的"稳压器"。为扎紧"粮袋子"、提稳"菜篮子",四川在全国率先启动粮食生产功能区、重要农产品保护区"两区"划定,2012—2016 年粮食总产量连年丰收,从 2012 年的 3 315.7 万吨到 2016 年的 3 483.5 万吨,年均递增 1.01%,;从各产业来看,油菜籽、马铃薯、茶叶等粮油产品及主要经济作物的产量均处于全国前列,详见表 2-3。2017 年,油料作物产量 323.5 万吨,比上年增长 3.9%,其中全省油菜籽产量跃居全国第一位,"四川造"浓香菜籽油异军突起,占据全国大半市场;蔬菜及食用菌产量 4 523 万吨,比上年增长 3.1%;茶叶产量 28.3 万吨,比上年增长 5.7%;园林水果产量 895.0 万吨,比上年增长 5.2%;中草药材产量 51.2 万吨,比上年增长 11.3%。

表 2-3 2012—2016 年四川省粮油及主要经济作物产量

单位：万吨

年份	粮食总产量	稻谷	小麦	玉米	豆类	薯类	油料	茶叶	水果
2012	3 315.7	197.7	119.0	136.5	109.0	483.7	286.6	20.92	808.12
2013	3 387.1	199.1	121.6	137.8	92.1	479.7	290.4	21.95	840.07
2014	3 374.9	199.2	117.1	138.1	96.2	494.5	300.8	23.40	884.55
2015	3 442.8	199.1	111.9	140.2	99.9	516.3	307.6	24.84	934.19
2016	3 483.5	199.0	108.8	139.9	105.8	531.1	313.8	26.77	979.32

从畜禽产品来看，除肉猪外，肉牛、肉羊、家禽等出栏数量在 2012—2016 年间逐年递增，见表 2-4。肉猪出栏量下降是因为，近年来全省畜牧业换上"种养循环"绿色发展新底色，川猪试图一改"以量取胜"的老路——不仅关注保障猪肉质量安全，更聚焦产品质量提升。从总体畜禽产品供给来看，2012—2016 年全省肉类产量稳定在 670 万～720 万吨，禽蛋产量则保持在 145 万吨左右，见图 2-2。2017 年，四川省全年肉猪出栏 6 579.1 万头，比上年下降 5.0%；牛出栏 267.3 万头，下降 0.5%；羊出栏 1 780.4 万只，增长 1.4%；家禽出栏 65 259.8 万只，下降 3.7%。

表 2-4 2012—2016 年四川省牲畜饲养情况

单位：万头、万只

年份	肉猪出栏头数	肉牛出栏头数	肉羊出栏头数	家禽出栏只数
2012	7 170.76	254.02	1 562.71	61 999.58
2013	7 314.04	264.70	1 583.60	63 774.71
2014	7 445.00	278.73	1 632.69	64 667.55
2015	7 236.54	295.45	1 698.02	66 154.91
2016	6 925.37	305.20	1 755.80	67 776.89

在保证农产品数量供给的同时，四川农产品质量安全形势也表现为总体平稳、趋势向好，保障全省口粮的安全供给。2018 年一季度，四川全省部级农产品质量安全例行监测总体合格率 99.7%，高于全国平均水平 2.4 个百分点。其中，蔬菜、水果、畜禽产品和水产品合格率分别为

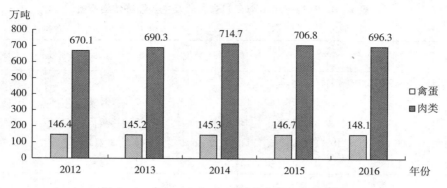

图 2-2 2012—2016 年四川省肉类和禽蛋产量

99.2％、100％、100％和100％，分别高于全国平均水平 3、3.1、1.7 和 1.4 个百分点，省级例行监测合格率达到 99.5％。

二、新产业新业态迅速发展，城乡融合进入新时代

2017 年，四川开始实施乡村振兴战略，提出要联动发展新产业新业态，转变农业发展方式。以成都为例，聚焦新业态，2016 年成都农业产业完成固定资产投资 234 亿元，完成年度计划的 117％；农产品加工产值突破 1 400 亿元，休闲农业与乡村旅游收入 327.7 亿元，同比增长 25.6％；农民人均可支配收入 20 298 元，增长 9.3％。

从全省的情况来看，首先是推动农业产业链纵向延伸，农产品加工能力得到较快提升。在 20 个县实施农业部农产品产地初加工项目，截至 2018 年新建农产品初加工设施 1 200 余项，2017 年上半年全省农产品产地初加工率达到 50.5％，农产品加工转化率达到 59％，分别提高 1 个百分点。

其次是促进农业产业链横向拓展，三产融合发展态势良好。通过一三产业联动，大力发展"农业＋"旅游、康养、文化、教育等新模式，2017 年上半年全省休闲农业综合经营性收入 541 亿元，同比增长 21％，成功申报第四批中国重要农业文化遗产 2 个，举办省级休闲农业大型宣传活动 4 次，带动各地举办特色节庆活动 320 次。2017 年，中央和省级用于休闲农业发展的财政资金累计达到 2.1 亿元，全省累计建成农业主题公园 440

个，打造休闲农业专业村 1 400 个，认定首批省级示范休闲农庄 100 个、省级示范农业主题公园 80 个，武胜县观音桥村、平昌县龙尾村、平武县桅杆村、阿坝县神座村被评为"2017 年中国美丽休闲乡村"，四川美丽田园欢乐游、乡村文化旅游节两大节庆活动品牌成为四川休闲农业和农旅融合的亮丽名片。

再次是融合园区建设快速推进，农业产业融合发展基础扎实。四川将农业融合示范园区建设作为改革载体和平台，建设 70 个省级现代农业产业融合示范园区，成功创建中国泡菜城等 3 个"国字号"现代农业产业园，总量全国第一，目前全省分级建成融合园区 230 个，支持了 30 个县和 5 个市的融合园区建设，新认定 40 个省级现代农业示范园区，在 15 个县实施农业部农村一二三产业融合发展试点项目。

最后是四川城乡融合进程加快。2018 年，四川开始开展城乡融合发展综合改革试点并印发《关于开展城乡融合发展综合改革试点的指导意见》，确定崇州市、郫都区、广汉市等 30 个县（市、区）作为城乡融合发展综合改革试点单位，争取用 3 年时间，形成乡村振兴的整体打法套路，为全省面上建立健全城乡融合发展体制机制和政策体系探索经验，提供实践支撑。

三、良种培育不断突破，农业科技支撑力不断加强

党的十八大以来，四川所走的创新型农业发展道路使农业科技取得巨大成就，全省农业综合生产能力得到稳步提升，现代农业产业的快速发展和农民收入的持续增加得益于该道路发挥了重要支撑作用。农业良种化工程是四川建设现代农业的重点工程之一，与全省农业和农村发展紧密相关。在农业科技人员的努力和省政府的领导下，四川农业良种化进程加快，推动了现代农业发展。

一是育种创新水平提升。"十二五"期间，以农业科技园区、科技研发和推广服务平台为载体，全省创制育种新材料 1 967 份，改进创新育种新技术、新方法 118 项，获得国家、省部级科研成果奖 139 项，授权专利 350 余项，品种权 170 项，形成技术标准规程 220 项，育成农畜新品种 630 个，育种创新水平处于国内领先地位。2013 年，全省 20 个项目获科

技部农业科技成果转化资金立项资助 1 480 万元，其中，水稻川优 6 203、甜玉米荣玉甜 1 号等 6 个新品种获无偿资助 400 万元。2016 年，农作物遗传发育与抗性机理和畜禽渔品种繁育集成新方法。按照商业化育种、公益性育种研究、高技术育种平台建设三大专项布局，组织实施攻关项目 60 项，选育农畜新品种（配套系）80 余个，分别示范推广农畜新品种（配套系）5 000 万亩、100 万头（只）以上。

二是良种覆盖率高。2015 年，主要农作物良种覆盖率达 96％。2017 年，主要农作物和畜禽良种覆盖率在 95％和 85％以上。四川杂交油菜科研育种和生产水平居全国领先地位。杂交油菜常年制种面积 4 万亩，年产 3 800 吨优质杂交油菜种子，居全国第二位。随着机收油菜品种的选育与示范推广，极大地推动了全省油菜产业发展。2017 年，全省实施十大全产业链科技创新示范项目，示范推广新品种、新技术、新模式、新工艺、新装备。

四、高标准农田建设步伐加快，农业基础设施进一步改善

高标准农田是实现农业现代化目标的重要基础和保障，是发展现代农业的重要工作，是四川农业生产的"主阵地"。党的十八大以来，四川以田间水利工程建设为重点，大力推进高标准农田建设，取得了丰硕的成果。

一是耕地质量提升。近年来，四川省财政每年筹集耕地质量保护与提升专项资金 4 500 万元，支持加快探索以秸秆还田、腐熟还田为主，配套实施酸性土壤改良、增施有机肥、种植绿肥的耕地质量提升综合技术模式。通过高标准农田建设，耕地抗灾减灾能力、农田排灌能力、农机作业能力、耕地生产能力显著提升。"十二五"期间，全省建成高标准农田 2 582 万亩。2017 年，四川投入资金超 68 亿元，建成 401.5 万亩旱涝保收、高产稳产的高标准农田。经测算，建设区耕地质量平均提高 1 个等级左右，农田粮食生产能力平均每亩提高 66 千克左右。通过高标准农田的建设，夯实了农业现代化发展基础，提升了农业综合生产能力。

二是农田水利条件改善。四川将高标准农田建设与农田水利建设相结

合，把田间水利工程作为治理重点。通过高标准农田建设，农田水利条件显著提升。四川第三次全国农业普查结果显示，全省农田水利条件明显改善，抵御自然灾害的能力增强。"十二五"期间，四川建设大中型水利工程 88 处，2015 年新增有效灌溉面积 673 万亩，在高标准农田示范区，农田灌溉保证率已达到 80% 以上，比全国平均水平高出 10 个百分点。2016 年末，全省能够正常使用的机电井和排灌站分别为 77.07 万眼、2.98 万个，分别占全国的 11.7%、7.1%，能够正常使用的灌溉用水塘和水库数量合计 41.74 万个，占全国的 12.0%。

五、新型经营主体不断壮大，组织化程度不断提升

截至 2017 年底，四川大力发展新型农业经营主体，农村土地承包经营权确权登记完成 90% 以上，培育各类新型农业经营主体 16.29 万个，培育新型农业经营主体效果显著。

一是家庭农场发展迅猛。2013 年至今，家庭农场作为四川培育新型农业经营主体的重要组成部分，随着政府的大力扶持，成为农民致富创收的新选择，迅速在各地兴起。为此，四川省政府把发展家庭农场作为培育新型农业经营主体的重要着力点，在家庭农场认定、登记管理、财政信贷、人才培养、技术服务等方面制定政策措施，积极引导家庭农场快速发展。截至 2017 年底，四川家庭农场已发展 40 896 家，经营土地面积 193 万亩，规模迅速扩大；2017 全年实现经营收入 124.5 亿元，平均收入达到 28.8 万元。家庭农场农产品品牌建设逐步加强，根据 2015 年的统计数据，全省销售收入 100 万元以上的家庭农场有 470 家，拥有注册商标的家庭农场 320 个，生产的农产品质量获得相应认证的家庭农场达到 107 家，不断推进实现农民增收、农业增效。

二是专业大户持续发展。四川专业大户主要是种植大户与养殖大户。截至 2015 年底，全省种植大户达到 15 327 户，养殖大户达到 8 532 户；种植面积超 195 万亩，较上年增加 44.2%，增速显著。从规模看，100 亩以下居多，占 80.4%，体现了四川农业适度规模经营的要求和特点。专业大户多为种粮农户，共 14 496 户，占 94.6%，其中，种粮大户规模化种植水稻面积达 104.5 万亩，占总量的 53.4%；规模化种植玉米面积达

47.2万亩，占总量的24.1%；规模化种植小麦面积达30.6万亩，占总量的15.6%；规模化种植马铃薯、青稞、荞麦面积达13.5万亩，占总量的6.9%，粮食规模化经营得到快速发展。

三是合作社效益提升。农民专业合作社是四川省新型农业经营主体中最早发展的对象之一。截至2017年底，四川共有农民合作社89 292个，与上年相比增长20.6%；入社成员401万户，带动农户696.6万户，入社成员和带动农户在全省农户总数中占53.6%，充分发挥了示范带动作用；实现可分配盈余67.7亿元，较上年增长27.2%，社员人均收益达到1 688.3元，有力助推了农业产业精准脱贫。合作社业务范围不断拓展，有3 700余个合作社开展"农超对接""农社对接""农商对接"，总对接金额达到36.8亿元。拥有注册商标的合作社达4 427个，通过农产品质量认证的合作社达3 439个，大力推进了农业供给侧结构性改革。四川农民专业合作社发展态势健康，效益不断提升，成为了四川构建新型农业经营体系的一支重要力量。

四是龙头企业实力不断壮大。近年来，四川龙头企业实现转型升级，不断发展壮大，在创新引领、克服经济下行压力中起到了良好的示范作用。截至2017年底，四川农业产业化龙头企业共有8 873家，其中省级714家、国家级60家，在全国位居前列。龙头企业基地建设成绩显著，带动产业基地1 138万亩、订单基地3 960万亩。四川龙头企业带动农户1 947户、吸纳130万农民就业、户均增收7 935元，成为带动贫困群众增收脱贫的重要载体。四川已有300余家龙头企业，在贫困地区发展集科研、生产、销售为一体的科技主导型产业，为推动现代农业发展提供了有力支撑。

第四节　四川省现代农业发展的问题分析

一、农业产业体系方面存在的问题

（一）区域间产业同质化程度高

农业产业在空间上同质化。区域间农业产业同质化程度高是阻碍农业结构布局质量优化的重要因素，导致四川农业总体量大而不强，产品品种多而不优，品牌杂而不亮。区域间农业产业同质化程度高主要体现为农业产业布局在县域空间失衡。一是农业产业布局县域之间同质，造成县域之间农业产业市场竞争激烈以及农产品供给过剩。四川省内各区县经济发展层次不一，部分地区受脱贫攻坚工作压力的驱动，为稳妥推进产业脱贫工作，模仿学习相邻地域成功布局的农业产业，造成产业规模过大且整体质量不高的局面。二是四川多数区域的农业产业均呈现出一强多弱的局面，集中表现为部分乡村旅游资源相对丰富的地区突出布局了休闲观光农业，缺乏对农业其他功能的布局。

农业产业在功能上同质化。农业产业的同质化程度高还表现为功能的同质化。《四川省"十三五"农业和农村经济发展规划》规划了成都平原经济区、川南经济区、川东北经济区、攀西经济区、川西北经济区五大农产品主产区，侧重于通过调整全省农业产业发展布局，调整全省农产品生产供给结构，突出农业的生产功能，但是没有将五大经济区的农业生态、社会、文化等功能放到与生产功能同等重要的地位上进行系统性、全局性规划。

（二）产业链条短

产业链条发展失衡。虽然四川近年来大力调整了农产品供给数量结构，去掉了部分产能过剩的农业产业，但从四川农业全产业的角度来看，农业从生产阶段，到终端消费阶段链条较短，进而削弱了四川农产品供给质量特色。部分农产品的全产业链发展较快且较为健全，但同时存在其他农产品产业链发展停滞的情况。例如，四川的花椒产业依托于农业产业园区建设和规模化投资，省内部分地区迅速建立和完善了产学研用和种养加销等具体产业功能，但其由于其产业的独特性和规模承载能力，其他居于次要地位的农业产业没能实现"搭便车"式发展。

产业链上下游衔接能力不足。产业链的各个环节供应能力偏差，大部分农业产业均注重种养环节的打造，力求规模化或适度规模化，但对于其上游的种业研制、下游的产品加工贮藏的产品容纳能力，物流的运输效率、消费能力及消费需求创造等环节则疏于打造，有的地方仅仅是追求有这些环节存在，而并不注重这些环节的实际效能；也有的地方直接追求生产与消费的对接，而忽视了产业链价值的提升。

(三) 产业融合度低

农业产业融合包含的形式有许多，如一产与二产融合、一产与三产融合、二产与三产融合。但由于迫切追求资金效益，缩短投资周期，四川的农业产业融合多见于一产与三产直接融合，呈现出农业产业融合形式单一的趋势。许多区县大力挖掘本土旅游资源，发展农业与旅游业相结合的休闲农业。由于此种类型的产业融合推崇实现农产品从农田直接上餐桌的消费模式（表现为农家乐的餐饮服务供给和农产品采摘直销），以求最快实现经济效益，农产品的初级加工和精深加工环节被直接忽略。虽然农产品以最便捷的方式实现了其价值，但也造成了农业内部的第一产业与第二产业融合迟缓，且农产品价值提升空间受限。随着党的十九大提出的乡村振兴战略要求健全农业社会化服务体系，实现小农户和现代农业发展有机衔接，推动农村一二三产业融合发展得到重视，但由于农业社会化服务先天发育不足，后天起步较晚，当前四川尚未形成能有效衔接农业内部一二三产业的社会化服务体系。农业产业融合形式呈现出"休闲农业"一家独大、其他农业融合发育不良，从农业供给输出的角度来看，单一的融合实际上降低了农业供给体系质量效益。

二、农业生产体系方面存在的问题

(一) 农业环境压力大

面源污染问题明显。四川是农业大省，油菜籽产量全国第一，是全国十三个粮食主产区之一，亦是全国五大牧区之一，生猪存栏量和出栏量均居全国第一。农业生产严重依赖化肥、农药、农膜、除草剂，畜禽粪便、农业秸秆等废弃物随意处置，农业面源污染严重，农业生态环境恶化，全省高达34%的耕地土壤监测点位超标，治理形势不容乐观，农产品质量难以保障。

资源环境压力加大。四川农业资源短缺，人均耕地量少，2016年，全省户籍人口9 137万人，耕地面积10 103万亩，人均耕地1.1亩，低于全国平均水平。四川也是我国水土流失严重的省区之一。据资料显示，四川全省共有水力侵蚀和风力侵蚀面积121 042平方千米，占全省总面积的24.90%。其中，水蚀面积114 420平方千米。同时，农业资源利用率低，质量退化明显。由于农业生产粗放，造成地力严重下降，突出表现在土壤板结、酸化、有机质下降等。中低产田占耕地的60％以上，耕地数量减少。我国很多地方灌溉设施不合理，灌溉利用效率不高，四川农业节水灌溉面积比重仅为8.56％。农业资源长期透支，农业资源利用率低，资源环境"硬约束"加剧，农业提档升级压力增大。

（二）农业信息化水平低

信息基础设施建设区域不平衡，高端信息技术应用不足。"村村通宽带"等信息化工程的推进与完善取得了巨大的进展，但在偏远落后的农村地区，信息基础设施覆盖率仍较低，主要体现在投入不足，建设滞后，信息化、网络化、集约化程度低。农村许多地区还没有利用计算机，地域差别明显。高端信息技术在农业生产应用不足，大数据、物联网、移动互联网技术、人工智能技术等应用仍然面临较大瓶颈。

农业信息资源建设"碎片化"严重。全省涉农网站大多是各省市政府建立的农业信息服务网站，"上下内容重复，左右条块分割"的现象明显。信息资源异质、异构、分散、重复，缺少统一资源表达与操作标准，农业法规、政策、标准、自然灾害、经营管理、农产品市场供求信息等信息服务获取途径有限，农业生产者获取信息的渠道不畅，农业供需信息脱节。

农业生产决策"专业化"技术缺失。农业集约化、农业产业化和农户组织化快速发展，为全省传统农业进行现代化改造奠定了基础性作用，同时也需要以更高的标准来要求农业生产管理量化决策，在不同集约化生产条件下，如何进行精准施药、科学施肥、水肥调控和品种选择以及产业结构优化布局决策，迫切需要给出专业化的决策结果。"专业化"决策需要信息服务的高效性，此类信息服务有待突破。例如，施肥配方难以精准和规模化推广的原因就在于大规模、低成本、实时动态的土壤肥力信息获取困难。由于病、虫、草、害表现复杂，具有专业知识的技术人员，无法满足技术咨询的需要，施药配方难有针对性，化肥和农药有效利用率低，面源污染难以避免。涉农网站所提供的信息服务大都是以在线、查询为主，没有一对一专家问答服务，对于品种、施肥、植保等专业知识服务的供给不足，更加缺乏农情实时监测和市场信息规律性分析的服务。

个性化农业信息服务支持不足。农业生产具有复杂性与时变性的特征，农村环境有其固有的地域性，经济承载力相对脆弱，农民的教育基础和所处的文化环境没有满足现代化的需求，可以说广大农户是信息时代的"弱势群体"，种养大户、农民专业合作组织和农业生产企业三者的生产要求各不相同，如何满足不同经营主体"个性化""差异化"的生产需求还需要制定一系列的解决措施。

（三）农业科技支撑力不足

农业科技研究与农业生产脱节，科技成果转化率低。科技是第一生产力，随着农业生产自然资源约束的持续增加，现代农业生产力的提升更依赖于农业科技的创新程度，农业生产力的解放和发展需要科技的进步与创新。全省农业科技创新成果的提供不能够很好地满足当前的农业生产需求，组装、配套生产技术研究运用滞后，深加工技术落后，成果转化机制不活，农业科技成果无法很好地转化为现实生产力，农业科技成果转化率低。据统计，四川农业科技成果转化率仅为40%，企业近90%的技术需求得不到满足。与东部沿海及发达国家相比，还有很大差距，其中美、日农业科技成果转化率为70%～80%，德、法、以色列等国家为90%，科技创新研发的方向与实际生产需求存在较大距离。

农业科技内容侧重基础性研究。农业科技创新性突破成果少，在农业科技创新方面的研究大多较为注重农业学科自身的发展需要，注重农业基础性研究，而相对的应用性研究则相对不足。

农业科技推广体系与现代农业不相匹配。农业科技推广体系不能适应现代农业发展变化，现代农业发展需要高效、便捷的推广体系。农业科研与农业技术推广分属不同部门管理，缺乏利益联结机制。

农业科技服务机构服务意识和能力不强。服务机构数量少，已注册的农村产业技术服务中心只有87个，仅覆盖全省1/3的市和不到45%的县。农业科技服务人员供不应求，人才吸引政策不强，平均实有在编在岗数仅占编制核定数的80%左右，且乡镇农业服务中心在编不在岗现象普遍存在，详见表2－5、表2－6所示。很多乡镇借由技术岗编制招进科技人员，但从事其他非科技工作内容，科技人员科技投入时间相对较少。

表 2-5 四川省基层农技推广体系人员在编在岗情况（县级）

种 类	种植业	农机	畜牧	水产	总数
编委（办）核定编制数	12 694	1 466	7 243	1 158	22 561
实有在编在岗数	10 546	1 173	5 421	896	18 036
在编在岗数占核定数百分比	83.08%	80.01%	74.84%	77.37%	79.94%

资料来源：四川省农业厅。

表 2-6 四川省基层农技推广体系人员在编在岗情况（乡级）

种 类	种植业	农机	畜牧	水产	总数
编委（办）核定编制数	15 449	3 185	17 076	1 493	37 203
实有在编在岗数	11 900	2 363	14 655	1 351	30 269
在编在岗数占核定数百分比	77.03%	74.19%	85.82%	99.49%	81.36%

资料来源：四川省农业厅。

三、农业经营体系方面存在的问题分析

（一）组织化程度低

四川农业组织化程度较低的特征明显。2016 年，全省有农业经营户 1 666.12万户，而各类新型农业经营主体共有 26.9 万个，占比仅为 1.61%。四川农业组织化程度低的主要原因表现在以下四个方面：

一是理念较为落后，管理人才缺乏。合作经济发展的历程较短，没有深厚的合作文化为依托，使得人们对合作经营的经济模式还十分陌生，发展理念较为落后，对组织化建设重视程度不够。农民普遍缺乏有效组织，没有充分领略到新型农业经营模式所带来的效益，分散小规模经营对新型农业经营体系的构建构成了一定的约束。受传统小农经济意识的影响和农民现有生产组织方式的制约，农民自我组织、自我管理的能力普遍缺乏，农村能人少，现有不多的能人中，做带头人者的积极性不高，善于经营管理的人才极度缺乏。这种状况导致了农业经营体系的组织化程度低和稳定性差。

二是内部制度存漏，规范管理欠缺。四川新型农业经营主体尚处发展初期，大都是家庭式管理，规范化发展水平普遍不高。部分主体内部管理不规范，难以摆脱家庭式管理的路径依赖，运行管理上存在较大的任意

性，部门设置臃肿，管理成本沉重，不能够起到监督作用。总体实力较弱，经营模式不明确，缺少合理的规划，具有国内竞争力的较少，市场占有率较低。

三是主体互动不多，缺乏稳定合作。同一行政村从事同类农产品生产的新型农业经营主体大多数各自经营，在购销渠道的获取上，还没形成统一合作。农产品生产加工基地和现代农业产业园区的建设，为专业化生产加工某一类农产品提供很好的合作平台，但同时也减少了主体之间互动合作的机会。新型农业经营主体作为农产品的主要供给方，缺少固定、稳定的销售渠道，比如生产加工基地的专业大户、家庭农场等新型主体，由于较高的物流、储藏成本和信息不对称，还未与农产品批发市场、零售超市等建立长期稳定的合作伙伴关系，农业产业链条的纵向专业化分工合作还不深入。

四是规模化经营程度低，专业化难以有效实现。2016年全省有农业经营户1 666.12万户，其中，规模农业经营户13.51万户，仅占0.81%，且五大经济区之间差距悬殊，成都平原经济区、川南经济区、川东北经济区、攀西经济区、川西北生态经济区规模经营户分别占比49.44%、11.18%、9.62%、19.84%、9.99%。具体来看，耕地规模化耕种面积占所有实际耕种的耕地面积的比重为9.2%，农业规模经营户和农业生产经营单位的生猪和禽类存栏量分别占全省的35.1%和42.6%，水产规模化养殖面积占水产养殖面积的69.5%。专业化经营只有建立在一定的规模化水平之上才能实现效益，而规模化程度普遍较低无疑制约了专业化的发展。

（二）农业社会化服务能力不强

截至2016年底，全省建立农技推广机构11 746个，其中县级2 105个、乡镇9 310个，虽已初步建立覆盖全省的农技推广体系，但基层农技推广和技术支撑体系建设仍有欠缺，相关农业服务部门在农产品质量监管、农业疫情防控和气象监测等方面仍待加强。县乡两级公益性服务机构农业技术普遍存在人才短缺，力量单薄的问题，且从事农业本身的人员文化偏低，技术有限，服务人员知识老化，知识结构不合理。各类专技队伍人员缺项缺位，服务意识淡薄，服务能力低，且运用现代先进生产设备偏少，传统方式作业多，服务功能不健全，限制了劳动生产率的提升，不利于农业社会化服务的全面开展。

在大量农村青壮劳动力外出打工的现实背景下，农业生产趋向市场化、专业化，农民对农业社会化服务需求逐渐由单纯的生产环节服务向资金、技术、信息、金融、保险、经营管理等综合性服务扩展。而从农业服务供给现状看，农业服务范围依然较窄，支撑项目仍然单一，存在"三多三少"的问题，即"农业产前及产中环节服务多，产后服务少；农业生产技术服务多，精深加工服务少；农产品营销服务多，金融保险服务少"，还未形成全方位的农业社会化服务体系。

部分农业产业化龙头企业、农民专业合作组织等农业社会化服务组织片面追求盈利，与农民利益联结不紧密，挫伤农民接受服务的积极性。农业产业化龙头企业规模普遍较小，带动周边发展及为农服务能力较弱，部分龙头企业品种单一，生产设施落后，科技水平低，且全盘意识不够，定位水平较低，不能充分发挥其在农业社会化服务体系中的领军作用，导致全省社会化服务质量总体不高甚至供给不足。

（三）农产品品牌化程度不高

农产品品牌建设水平不高是限制农产品附加值提升的重要因素。四川是我国重要的农业生产大省，其粮油、茶叶、柑橘等产量均位居全国前列，但与农业发达省份相比，农产品的总体产出价值相对较低。四川发展了很多区域性的名牌，如"天府龙芽""竹叶青"等茶叶品牌，但跟国内知名茶叶品牌（如福建铁观音，浙江龙井，云南普洱等）相比还有较大差距。四川农产品品牌效应不高，农产品市场竞争力不足还主要体现在两个方面：一是原料销售仍是农产品销售的主要模式，由于品牌的缺乏和品牌影响力等问题，更多的附加值被川外品牌赚取。二是农产品品牌创建数量虽多，2018年全省认定"三品一标"累计超过5 000个，数量居全国第二、西部第一，但农产品品牌小且较为分散，缺乏全国性的农产品品牌精品。

第五节　国内外经验借鉴

一、国内外构建现代农业产业体系经验借鉴

（一）注重农业产业结构的优化和布局的科学化

针对不同地区在种植、畜牧、林、水产、加工、旅游等方面的比较优

势，发展具有个性化特色的农业主导产业。区域专业化、农场专业化和作业专业化是法国农业专业化的三种类型。在区域专业化方面，依据自然条件和农业资源在全国划分四个商品产区，即大耕作区，分布在巴黎盆地和法国中部地区，主要种植粮食、甜菜、蛋白或脂肪植物等，其小麦产量在全国占比33%，甜菜种植面积在全国占比3%；畜牧业区，分布于法国西部，着重发展肉羊、肉牛、奶牛、猪和家禽等饲养业，如布列塔尼畜牧生产基地为全国提供40%的猪肉产量、30%的禽肉、32%的牛肉、20%的蛋；园艺生产区，分布于法国南部，主要生产蔬菜和水果，水果以葡萄为主；农业兼营区，主要在山区和一些工业区。农场专业化体现在大部分专业农场只经营一种产品，按经营内容大体分为谷物农场、畜牧农场、蔬菜农场、水果农场等。作业专业化农场将大部分环节交由农场以外的企业来承担，不用自己完成耕种、田间管理、收获、储藏、运输、营销等过去由一个农场完成的全部工作。

大力培育具有区域特色的农业主导产品、特色品牌和支柱产业，避免盲目跟风现象，防止产业同质、同构竞争，在比较优势的基础上，发展产业优势、产品优势、竞争优势。如山东莱芜市围绕生姜、大蒜、桃等优势产业，重点提升万兴、泰丰等一批骨干企业，壮大凯瑞山楂、五福茶叶等一批市场前景好、发展潜力大的企业，培育一批莱芜黑猪、桃等产业企业，规模化、集约化、专业化水平稳步提升。全市规模以上（销售收入500万元以上）168家，其中市级龙头企业138家，省级龙头企业18家，国家级龙头企业2家。年销售收入过亿元的达到26家，加工能力是本地农产品产量的2倍以上。农产品由原来简单的粗加工拓展到现在的保鲜、腌渍、脱水、速冻等多种加工工艺，开发出姜片、姜汤、姜酒、黑蒜、丹参茶等精深加工产品200多种3大系列特色畜禽产品。2018年1—5月，农产品出口123 335万元，其中深加工农产品出口66 123万元，同比增长3.8%，以占全省1%的耕地创造了全省12%左右的蔬菜出口额。

（二）注重产业链的一体化经营

将市场导向放在首位，使资源配置和生产要素投入达到最优组合，实现一体化农业。美国作为世界农业产业化的发源地，农业产业化体系早已十分成熟发达。主要包含以下几个组织形式：纵向一体化，即由一个企业来完成农产品生产加工和销售的全过程。如由加利福尼亚财团控制的德尔·蒙特公司是世界上最大的蔬菜罐头公司，在国内外经营 80 万亩土地，有农牧场 38 个，加工厂 54 家，罐头厂 13 家，卡车转运站 6 个，海运装卸站 1 座，空运发售中心 1 个和分配中心 10 个，以及餐馆 24 家等；横向一体化，即由不同的企业或农场根据合同分别进行农产品的生产、加工、销售等。如宾夕法尼亚的潘非尔德公司就联合了 98 家养鸡农场专门从事蛋鸡和肉鸡的饲养工作，公司的主要任务是向养鸡场提供鸡苗、饲料、燃料、药剂等，在养鸡场的成品肉鸡和鸡蛋收购完成后，再进行加工和销售；第三类组织形式就是不同的农场和企业根据市场价格信息和规律分别进行生产、加工和销售等。这种经营方式在美国占主导地位，有利于企业之间在农业生产、加工和销售等各个环节进行充分竞争，进而化解各类经营风险。

加大企业的招商引资力度，加快培育和开发主导产业，着力延伸农业产业链，辐射带动农业朝着快速、高效、持续、健康的方向发展。山东省平邑县九间棚农业科技园有限公司依托"中国金银花之乡"平邑县的资源优势，2003 年，在对九丰一号金银花试种成功的基础上，公司对金银花产业在全国范围内进行了资源整合和战略布局，在全国 28 个省区建立 15 万亩九丰一号金银花合作推广示范基地，达到了 700 多万千克总产量，实现了高达 8 亿元的产值，回收了 400 万千克干花，形成了完善配套的育种研发、种植推广、技术支持、干花购销、提取加工、药品食品生产的金银花全产业链发展模式。同时，依托金银花产业的发展，带动了当地旅游业、林果业的发展，依靠特色产业实现了农民脱贫致富和乡村繁荣振兴。使原来的贫困村发生了难以想象的变化，获得了"山东省十佳旅游特色村""全国农业旅游示范点""国家 3A 级旅游景区""全国生态文化村""中国幸福村""全国文明村"等称号。

（三）注重充分发挥农业的多功能

推进农业与旅游、教育、文化、健康养老等产业深度融合，有序发展新型乡村旅游休闲产品。20 世纪 90 年代以来，德国政府不仅大力倡导环保，还鼓励发展创意农业。主要形式是休闲农庄和市民农园。休闲农庄大多修建在森林或草原地区。一些企业另辟蹊径，选择在开放的森林而不是公司封闭的会议室里开展团队精神培训、创造性培训等项目，产生了出乎意料的培训效果。独特的"骑术治疗项目"及"绿腰带项目"系列行动方案使得慕尼黑郊区成为了人们向往的休养之地。市民农园将城市或近邻区的农地规划成小块出租给市民，承租者在农地上种花、草、蔬菜、果树等，营造了一片家庭花园。市民可以在亲身耕种的过程中享受回归自然和田园生活的乐趣，种植过程中严禁使用矿物肥料和化学药剂。

以区域农业产业基础为依托，通过合理布局，确定因地制宜的产业发展策略，将农村一二三产业有机整合、紧密相连、一体推进。如北京市密云县蔡家洼村坚持走农村三产融合发展的新路子，根据产业交叉型融合模式发展休闲农业，成为全国新农村建设先进村和中国最有魅力休闲乡村。蔡家洼村栽植的大樱桃达 7 万棵，共有 20 多个品种，可谓是华北地区最大的有机樱桃采摘基地。该村修建了环山百果长廊这一独特的山区农业景观，实现了"有路就有树、有路就有林、有路就有园"。该村还大力发展林下经济，在林下空间种植了金银花、枸杞、葛根等中草药。与北京农业科研院所建立了合作关系，建成智能化阳光温室大棚 800 亩，栽种了 13 种热带果树如木瓜、芒果等以及蔬菜和花卉 20 多种，成为北方地区少有的热带水果种植观赏地。修建了标志性建筑聚陇山科技开发大楼，作为农产品育种、加工等成果展示的场所。以集体土地入股的方式与龙头企业合作，建设占地 400 亩的农产品加工园区。将农产品加工、商品销售、科普教育、休闲旅游融为一体，成为远近闻名的观光工业新去处。蔡家洼村以北京张裕爱斐堡国际酒庄为龙头，改善环境，发展商务旅游业，结合酒庄扩建，陆续建设了游客接待中心、培训中心、海峡两岸农业交流中心、文化艺术博物馆、大型艺术演出场地、停车场及其他配套设施，改造全村 12 大景点，对接待、餐饮、住宿等各方面设施进行了完善。

二、国内外构建现代农业生产体系经验借鉴

（一）全面实现农业生产手段现代化

将农作物品种的优化改良作为重要抓手，重塑农产品品质。如日本在推进农业现代化转变的初期，不仅对本国原产的作物品种进行改良提升，而且对从别国引进的农作物品种也进行改良优化。如从中国温带半干旱地

区引进的柿子就经过了科学改良，适应了日本多雨的气候特点，而且口感和色泽等品质也更优于中国的传统柿子。不仅如此，日本的农产品始终保持有机健康的理念。日本农户除了使用有机肥，也使用化肥，不过，使用的是专用复合肥。作物品种不同，复合肥的配方也不同。这就从本质上保证了农产品的安全，而不是一味地用化肥和农药提高产量。日本的农业重在"质"的提升，在"质"的基础上保持量，最后反而获得了高价。这也为日本农产品的出口奠定了基础，有效打开了国际市场。

大力推广优良品种和集成配套技术，进一步加强动植物新品种培育和绿色增产增效模式创新，有力支撑粮食及重要农产品生产发展。如河北省积极探索绿色增产模式，组织专家和技术人员分区域、分作物制定差异化的技术方案，指导农民因时因地因苗掌握运用关键技术。省级发布 27 个小麦节水品种、40 个玉米主导品种，向农民推介深松耕、种肥同播、精量半精量播种、播后镇压、水肥一体化、测土配方施肥、病虫综合防治等 30 项先进适用技术。打造 620 个粮食作物万亩高产高标准示范带，组装配套并集中展示优良品种和高产高效栽培技术，带动农民推广应用。除此之外，还组织科研教学推广部门加强协作，深入研究高产高效低耗、节水节肥节药新技术，实现粮食生产绿色发展。通过多点试验示范，初步筛选出小麦微喷灌水肥一体化高效集成技术模式、小麦春浇一水千斤绿色简化栽培技术模式、夏玉米全程机械化生产技术模式、旱薄盐碱区玉米简化种植技术模式、冀西北寒旱区玉米抗旱种植技术模式、冀中山前平原区玉米高产高效技术模式等集成技术模式，为增强河北粮食产能，探索粮食节水高产之路提供了重要的科技支撑。

（二）全面施行智慧农业

依托物联网、大数据、云计算等现代信息技术与农业生产相融合的产物，对农业生产环境的数据分析和智能感知，可以实现农业生产可视化诊断和精准化管理。不能放过"互联网＋"现代农业这一战略机遇期，应该加快创新农业技术，大力推动农业生产、经营、管理和服务与互联网的融合。甘肃省兰州市高原夏菜主产区榆中县大力推进"互联网＋设施农业"模式，在田间地头覆盖 WiFi，实现农产品的全程溯源、智能监控、标准化管理和社交网络销售。据了解，榆中县目前已建成现代农业示范园区上千亩，配备了智能设备的蔬果大棚不仅提高了种植产量和生产效率，也保证了"舌尖上的安全"。越来越多的菜农在当地龙头企业以及专业合作社的带动下，通过投身智慧农业实现了增收致富。安徽省合肥市包河区大圩镇的朗坤物联网有限公司就以农业主产区行政镇为单元创建了物联网小镇，借助互联网、大数据、云计算、物联网、移动通信等技术手段，搭建运营中心和现代信息技术平台，建立起信息化、智能化、网格化和现代化的管理模式。小镇智慧程度很高，农户通过操作手机上的 APP，轻点一下，智能水肥一体化设备就能为田间农作物精准灌溉、精准施肥。

（三）全面倡导循环绿色农业理念

大力发展绿色生态农业，研发低污染高效益的农药化肥，应用生物新技术，倡导农业节能减排，提高农业资源利用效率。如日本实行轮作制度，减少对化肥农药等的依赖，利用生物技术在耕种环节增加土壤肥力，更有效对抗病虫害。例如日本箱根牧场就践行轮作耕种制度，间隔性种植大豆和其他作物，使得土壤的养分作用可以更好地保持和发挥。其奶牛场将浸泡过粪便的稻草和泥土搅拌在一起发酵制成堆肥，作为一种生态环保的生物肥用于种植。实施生态农业生产，在农业生产环节尽量减少有害生产资料使用，研发应用生物新技术。2010 年，日本就成功推出了"植物工厂"这一以集装箱为载体，液体肥料、人造光源、控温来提供农作物最佳生长环境的新型立体绿色栽培方式。"植物工厂"的种植方式为立体式结构，使得实际种植面积翻倍，使单位面积利用率获得了大幅提高。该技术的运用还能缩短植物的生长周期，从而提高农作物的产量。在加工环节，采用无污染、节能减排加工方式，生产绿色安全加工产品。

培植打造多种类型、多种形式的绿色农业示范项目、无公害生产基地、绿色食品品牌等，突出典型示范带动，建设高效农业示范园提升农业生产水平，促进农业绿色发展理念的构建与传播。山东青岛市财政投入1 000万元，在大沽河流域建设了 2 处农业面源污染综合防治试点区，采取项目集成、技术集成方式，通过实施化肥、农药减量增效，秸秆综合利用等七项技术措施，使试点区内粮油和蔬菜的化肥施用量分别降低 5％和10％，化学农药施用量分别减少 5％和20％；秸秆综合利用率、农业废弃物无害化处理率、农用包装物回收率都达到 95％以上。与此同时，大力发展无公害生产基地，加快"三品一标"基地建设。

三、国内外构建现代农业经营体系经验借鉴

（一）推进新型经营主体培育

农业高等院校具有独特的人才、学科和科研优势，有利于建立新型农民就业创业教育培训中心，实现持证上岗、标准经营、科学管理。在法国，政府、科研院所、教育机构、合作社、农商会分工明确，有着不同的培养目标和服务对象，可从纵向和横向不同角度满足从农业工人、农业技师、农业工程师、高级技师到科研人员各个层次的人才培养目标。该国的高校和中等技校都很重视实践能力的培养，在拥有自己的实验室、实验基地和操作车间的同时，还将实践课时上调至总课时的1/3，与农场有直接联系的农业院校超过半数。经过不同专业的分类培训之后，受教育主体或者成为职业农民或者成为专门高等人才。职业农民为了提高应用和承接科研成果的能力，每年还须接受两周的培训。

鼓励和支持涉农院校毕业生、返乡农民工、农村经理人、个体工商户、退休乡贤干部投身农业创业，支持和引导具有一技之长的农户发展成为专业大户。浙江近年来出台了多项扶持政策。省财政直接补助符合条件的欠发达地区和其他地区致力于农业创业的35周岁以下大学毕业生。目前，仅在种养业领域，全省已为4 500多个大学毕业生提供了政策资助。省农业厅通过举办全省首届十佳"农创客"评选活动，大大调动了群众农业创业的积极性。在输入"新鲜血液"的同时，还加强培训提升传统农民。从2010年开始，浙江省每年开办现代农业经营领军人才提升班，旨在提高他们的经营管理水平，截至2017年已选送185名农业领域的骨干人才到高校深造。与此同时，引导农村种养大户、农机大户、运销大户、家庭农牧场和农产品加工流通企业利用各自优势和资源，多角度、多层次、多形式组建专业合作社，鼓励规模经营，扩大合作社对普通农户和优势产业的覆盖面，提升合作社的影响力；将城市闲散资金和工商资本吸引到农村地区，用于发展适合企业化经营的种养殖业。

（二）推进农业适度规模经营发展

创新农协制度，将其作为重要的组织保障措施，从而推进农业规模化

经营过程。日本政府出台相关法律法规，全面厘定了本国农协非营利性的民间法人性质，有利于全面提升农业生产能力和规模化经济效益。此外，日本政府非常重视创新，积极引导农协探索符合本国农业实际特点和生产经营规律的规模化经营新途径。日本人多地少，因此日本农业在土地面积上呈现出明显的"小规模"特征，与美国实施的连块大面积农业规模化形成了鲜明的对比。受到自然条件的制约，日本探索创新符合本国国情的农业规模化道路，实行了共同经营和委托经营模式。这种经营模式可以化解农业规模化经营与现代化生产之间的矛盾。如何有效缓解人多地少矛盾、在有限土地资源基础上提升农业规模化效益，农业作业委托方式的实施创新了重要范式。

大力引导各类经济组织和个人参与土地流转，探索土地托管服务方式，扶持多种形式的农业适度规模经营发展。河南南阳市方城县优先选择土地托管较为集中、规模较大、产业链条长、发展潜力好的农民合作社，组建成立券桥农作物种植专业合作社联合社、券桥农机专业合作社联合社、赵河农作物种植专业合作社联合社、赵河农机专业合作社联合社，采取财政支持、合作社入股等形式，筹措资金200多万元，建成券桥、赵河两个土地托管服务中心，由专业社、村委会、农户三方协同参与丈量土地、登记造册，签订土地托管协议，按照托管合同约定，由专业社负责种子、农药、化肥供应、农机耕播、病虫害防治；由村两委负责组织发动农户、收缴服务费用、监督服务质量和协调相关问题；由农户负责缴纳服务费用、配合托管服务以及监督服务质量。统一耕种、统一收割、统一管理2.2万亩托管土地，开展农资、农机和农业生产技术等全方位服务，每亩节省了100元以上的开支，与不托管大田相比单产普遍增产15%以上。

(三) 推进农产品品牌建设

发挥区域比较优势，开发区域特色农业潜力，增加区域特色农产品的产品竞争力和溢价能力，培育优势农产品品牌。日本政府为区域农产品品牌的发展提供了有力的财政支持，主要体现在相关设施建设支持（如公共卫生、道路施工、污水处理施工和娱乐设施建设等）、设立专项辅助基金（如设置白菜、黄瓜、苹果等多种蔬菜和水果价格稳定基金）上，主要用于发展区域农产品品牌。除此之外，日本十分重视原产地的保护和农产品区域品牌保护，制订了《商标法》《反不正当竞争法》《农林产品标准及质量标示法》《控制产品标签和营销》等法律法规对产品、来源地、加工标志等方面做出规定，实现农产品区域品牌顺利发展。作为区域品牌的拥有者，日本农协负责品牌的运营和日常管理，通过监控生产过程、严格产品界定、构建统一农产品销售网络和渠道等方式，有效提高了农产品品牌的竞争力。完善绿色农业市场体系，打造绿色农产品品牌，引导绿色农产品品牌化生产和营销。

第六节　四川省质量兴农的实现路径

一、四川构建现代农业产业体系推进质量兴农的重点任务

（一）实施粮油综合能力提升工程

四川作为全国十三个粮食主产区之一，是我国西南、西北地区唯一的主产区，2017 年油菜籽产量跃居全国第一，粮食产量也位居全国前茅，是我国农业粮油生产大省，农业粮油供给大省，粮食消费大省，依托"优质粮食工程"制定粮油大县支持计划，实施四川省粮油综合能力提升工程，加快四川省粮油行业供给侧结构性改革，使得其粮油生产供给质量得以有效保障。

首先，优化全川粮油大县粮油产业布局，推动多方合作发展"订单粮油"。发挥四川粮油大县区域经济资源优势，错位发展构建以成都经济圈为辐射带动极，连通川南、川东北、川西北和攀西的多点支撑、协同发展的四川特色粮食经济板块，省市级政府引导牵头省内外粮油企业与粮油专业合作社生产销售合作，鼓励各类粮食经营主体加强合作，打造一批粮食产业化联合体，推广发展以粮油大县为增长核心的"订单粮油"，实现全川粮油大县经济空间上的集聚，建设"西部粮谷"。其次，健全粮油大县绿色加工业，有效延长粮油产业链。以绿色循环发展理念引导粮油大县产品加工业向精深加工及绿色加工发展，实施粮油产品就地初加工，构建粮油产品精深加工示范基地，搭建绿色安全加工技术创新基地，引导主食产业化工程建设，完善粮油产品绿色生态生产加工的质量监督管理体系，形成粗精联动的粮油产品绿色加工业布局体系，推动四川粮油大县粮油加工

业转型升级，实现"优粮优价"有效供给，提升四川粮油大县综合生产能力。最后，构建粮油大县生产安全质量检测体系，激发四川粮油生产支持资金效益。四川省省市县三级人民政府统筹安排粮油大县发展支持资金，根据粮油产业发展资金需求状况合理确定全省范围内各粮油大县支持资金比例，同时，根据全省各粮油生产大县粮食生产安全等保障重点及自然资源状况，依据粮食安全省长责任制建设要求，分类分级构建重点产区和普通产区生产考核体系，实现考核结果与粮油生产支持资金挂钩，推动粮油支持资金的有效利用。通过结构调整、产业链延伸、质量监管及资金补贴的粮油大县支持计划，实施四川粮油综合能力提升工程，实现省内粮油大县资源资金聚集效益的激发，粮油产品需求供给结构平衡，粮油产品生产加工质量提升，粮油产品附加价值提高，保障四川粮油产业高效高质高量发展。

到 2022 年，确保粮食播种面积稳定在 9 000 万亩以上，粮食生产能力稳定在 3 500 万吨以上。划定和建设粮食生产功能区，打造一批产量稳定的、技术先进、机制创新的粮食生产示范区。

（二）实施四川特色农业产业壮大工程

四川在其得天独厚的自然气候地理条件下，立足于区域农业资源、农业产品特色，形成包括川猪、桑蚕、川椒等九大特色农业产业，推动四川农业经济良性发展。在新时代背景下，将工业及现代化理念引入特色农业产业中，实施特色农业产业发展工程，能加快特色农业向现代农业转型，加快构建农业建设产业支撑，以保障四川农业持续性发展动力，提高全省农业整体竞争力。

生猪产业作为四川传统特色产业，是农民增收的重要途径。面对经济发展新形势，传统川猪产业亟须转型升级，以推动四川农业发展质量水平提升。首先，完善生猪结构，促进生猪出口。将生猪需求市场按农村、城镇、国外猪肉需求进行细分，使其猪肉产品价格质量结构向多层次发展，依托绿色生产加工销售技术抢占中高端市场份额，依托高质量绿色生态生猪产品拓展川猪肉出口渠道。其次，激发企业带动力，实现小农户生猪产业化。各级政府引导牵头德康农牧、温氏集团西南分公司、巨星集团、嘉林生态等生猪养殖屠宰加工龙头企业与分散生猪养殖户发展订单生猪农业，为生猪养殖小农户科技化、标准化生产提供技术机械支持，建立合理有效的生猪养殖利益联结机制，以技术供给实现小农户生猪养殖向产业现代化靠近。同时，对米林、巴宜、波密等藏区市县藏猪品种进行保护与市场开发，发展四川特色生猪品种，促进川藏生猪产业化发展。最后，制定省级生猪大县资金支持计划，激发生猪大县转型活力。在国家级生猪调出大县资金奖励计划基础上，科学分析各生猪大县社会经济效益，合理制定省级生猪大县资金支持计划，奖励效益高的区县用于规模化养猪场（户）的猪舍改造、良种引进、粪污处理等产业转型升级支出，支持四川生猪产业可持续绿色发展。通过实施产品结构调整、小农户有机衔接及省级生猪大县资金支持计划，实现省内生猪产品生产供给质量提升，藏猪生产产业化，猪肉加工绿色生态化，以提升川猪在高端市场中的占比。

近年四川蚕桑产业发展取得了一定成效，作为四川农业供给侧结构性改革的优势产业，面临市场需求空间、产业提升空间不断提升的机遇，四川蚕桑产业发展也亟须升级。首先，引进创新新技术，增强蚕桑良种化程度。构建蚕桑良种产业专业化技术链接，搭建蚕桑良种研发转化引进平台，进一步强化蚕桑育种攻关，选育推广"川"字号蚕桑新品种，引进推广雄蚕品种，同时探索推广适宜当地栽植的品种，兼顾叶用桑、果桑兼用桑和砧木品种，建设桑树良繁基地，保障蚕用桑叶的高质量高水平，以保障蚕桑良种化率保持在95％以上。其次，推动蚕桑产业融合，发展蚕桑新业态。紧抓蚕桑产业特色，建设蚕桑产业大县、强县，以规划先行保障其规模化、区域化、集约化发展，并结合乡土及民俗文化，以蜀锦、蜀绣、嫘祖文化等四川特有传统丝绸文化资源为基础，依托丝绸之路文化底蕴，充分挖掘川内蚕桑丝绸文化内涵，积极发展蚕桑新产业新业态，引导产业要素集聚，实现四川蚕桑产业链条延伸。最后，完善高效桑园建设，升级标准化建园技术。合理引导社会多方资本参与蚕桑产业园区建设，整合川内科研院校、企业专家等技术资源，组建省级蚕桑产业创新团队并入驻园区，开展蚕桑生产技术的联合攻关，以技术创新研发推广实现园区可持续发展。同时，探索不同立地条件、不同栽植密度、不同嫁接组合下的标准化建园模式，因地制宜推进桑树园区标准化建设。最终，实现四川蚕桑产业技术创新、园区建设、良种培育推广等产业发展措施适应农业供给侧结构性改革需求，以质量效益提升推动四川蚕桑产业高质量转型发展。

花椒是四川农业生产重要经济作物，在食品、香料、养生等方面具有较长产业链和巨大发展潜力，以专业化、规模化、技术化激发花椒产业内生动力，推动乡村振兴。首先，整合花椒产业资源，打造花椒产业聚集发展区。依据四川区域海拔、降水、气温等自然环境条件，依托现有红花椒和青花椒产业发展水平，形成川西红花椒集中区、攀西青花椒集中区和川中青花椒集中区三大特色优势种植区，打破县域行政区划界限规划布局，更广范围内实现花椒产业社会、经济、自然资源聚合，推动四川花椒产业由点状、块状向带状聚集发展。其次，落实花椒加工要素保障，创新花椒深加工技术。针对红花椒及青花椒集中产区花椒加工需求，对花椒脱籽（粒）、烘干、分选（含色选）等加工设备纳入农机具购置补贴范围，同时鼓励龙头企业技术创新，开展花椒精、麻味素、花椒籽仁油生产技术、设备和工艺研究，开展花椒在康养保健、生物医药、日化原料、生物农药等方面的功能开发和应用研究，创新四川花椒精深加工路径。最后，培育花椒优质基地，推动产业现代化发展。宏观合理规划椒园建设，改造低效低产椒园，建设高标准高效率花椒基地，规范花椒基地质量认证，加强丰产栽培管理，合理确定基地功能分区，构建育种育苗种植生产加工全覆盖的现代化花椒产业基地，推动四川花椒产业现代化发展。

到 2022 年，创建并认定省级特优区 100 个，其中遴选达到"中国第一，世界有名"的推荐申报国家级特色农产品优势区 15～20 个。

（三）实施四川乡村产业高质量融合发展工程

党的十九大报告指出，农村产业融合发展是实现乡村振兴战略的重要途径。四川作为农业大省，以乡村产业融合工程实现省域范围内乡村农业内部农牧业纵向融合，发展农业与旅游业外部横向融合，推动乡村农业横纵向产业链延伸，能有效保障四川农业农产品附加价值提升，推动乡村农业产业高质量高效率发展，推动四川农业产业结构转型升级，培育四川农业发展新动能。

1. 在纵向上实施农牧融合工程

以先进技术与充裕资金为支撑，依托新型规模经营主体特色农业产业化生产，在自身实现种养循环农业生产的同时，为周边小农户提供立体养殖技术、耕作废弃物饲料加工、畜牧粪便堆肥等绿色生产服务，有机联结带动小农户走"种植—畜牧"及"种植—虾/蟹/鳝/鳅/鱼/鸭"循环农业道路，推动全区域发展都市型郊区循环农业。以农村务农家庭为单位，采取政府购买、个人自主购买等农业生态生产服务购买模式，发展以沼气为纽带，将种养业及家庭能源、化肥供应结合起来，形成"种植—畜牧—沼气"的家庭农业生态良性循环模式及"种植—畜牧"异地家庭农业生态循环模式两种循环利用有机废弃物的家庭型种养循环经济模式。立足特有自然环境及特色产业基础，科学利用天然草场，严格控制畜牧养殖规模，实施天然草场休牧期，保障草牧平衡发展。根据畜牧业饲养规模大小及营养标准，采取绿色防控、生物防治、配方施肥等绿色种植方式配套种植牧草、饲料玉米，以满足牲畜对新鲜及青贮牧草的需要，同时对牲畜粪便集中进行沼气发酵等无害化技术处理，应用于牧草种植，推动发展生态种草养畜模式，实现高原畜牧地区"牧草—畜牧"平衡循环发展。实现全省农业产业融合结构合理调整，推动不同区域农牧业种养循环农业差异化发展，提升农业内部种植业及畜牧业产品生态绿色价值，以发展内部循环绿色农业实现质量兴农。

2. 在横向上发展农旅融合工程

首先，加强乡村旅游与休闲农业建设，推动农业生态环境景观化，农业产业基地景区化。依托现代农业基地及示范区建设，传统村落、农业文化遗产等乡村文化，发展农业科普园、农业风光小镇、农业种植体验园等乡村旅游特色景区，推动农业现代化与农业旅游有机结合。发展乡村旅游合作社，挖掘近远郊乡村旅游风光文化资源，发展"一村一品"精品乡村休闲旅游路线，举办乡村文化旅游节、丰收节等节会活动，推动农业与旅游业的多方位融合。其次，整合农村农业旅游资源，打造乡村田园综合体。以市场需求为导向，合理利用农业自然景观及乡村自然风光，依托当地特色农耕文化，按照生态可循环思路规划田园综合体多样化景观，合理构建果园、旅游产品加工、特色小镇、家禽各业大综合的生态产业链循环发展模式，打造集观光、体验、购物、度假于一体的新型农业模式，构建休闲旅游康养于一体、生产生活生态相融合的乡村田园综合体，以资源聚合、功能整合和要素融合激发乡村产业发展内生动力。最后，创新多元化农旅融合模式，实现农旅融合差异化发展。充分挖掘农耕传统文化，结合自然资源及经济状况，基于生态脆弱区、都市近郊区、远郊经济缓慢发展区分层实施康养功能拓展型、休闲近郊乡村旅游型、乡土文化创意型等不同农旅融合发展模式策略，因地制宜地激发区域农旅融合发展优势。通过发展休闲乡村旅游，建设乡村田园综合体，创新多元化农旅融合模式，促进农业产业与乡村风光的有机融合，推动农业产业现代化与乡村旅游协同发展，激发四川农业旅游、生态、康养等多功能，实现四川向休闲农业与乡村旅游强省的转变。

到 2022 年，农村一二三产业融合发展水平初步提升，建成超过 20 个农村一二三产业融合发展示范园，复制推广先进经验，延伸农业产业链和价值链，拓展农业多种功能，形成一批具有较强竞争力的农业新产业和新业态，休闲农业和乡村旅游接待人次达 4.3 亿人次。

二、四川构建现代农业生产体系推进质量兴农的重点任务

（一）实施农业绿色化工程

绿色兴农工程是构建现代农业体系推进质量兴农的题中之意，它要求现代农业的三大体系、农产品供给的全产业链都要贯穿低碳绿色理念，是提高现代农业发展的生产效率，保障农产品安全，实现农业可持续发展的重要途径。

1. 要强化资源保护和节约利用

开展土地整治，平整土地，开展田网、渠网、路网"三网"配套建设与地力培肥，改善农机化作业条件，推动适度规模经营。开展耕地保护与质量提升，采取轮作、秸秆还田、保护性耕作、种植绿肥、增施有机肥等土壤改良方式，增强土壤肥力。积极推行农艺节水保墒技术，改进耕作方式，推广抗旱品种。围绕种养循环、绿色发展，立足优势特色产业，加大先进适用、安全可靠、节能环保技术应用力度。加大对农业野生资源原生境（区）的保护，加强畜禽遗传资源收集、保种场（区）建设，建立并完善生物遗传资源保存体系，健全外来入侵生物防控和转基因安全管理，加强主要农作物基因资源、主要畜禽遗传资源的保护和利用。建立和完善农业生态环境监测体系，建立耕地质量、重金属污染、农业面源污染、农作

物重大病虫害、草原灾害监测预警体系，提升农业生态环境监管水平和能力。加强生态环境监测评估，提升风险防范与预警能力。建立统一的生态环境监测信息发布机制，及时准确发布生态环境信息。到 2022 年，建成旱涝保收高标准农田 4 500 万亩，每年建设高标准绿色示范区 50 万亩。

2. 建设绿色田园生态系统

实施化肥零增长行动，大力推广测土配方施肥、水肥一体化、机械施肥等技术，增施高效新型肥料，开展化肥减量增效示范和果菜茶有机肥替代化肥试点工作，到 2020 年初步形成符合四川省实际的有机肥替代化肥的技术模式和运营机制。实施农药零增长行动，推进监测预报精准化减量、病虫防控绿色化减量和统防统治专业化减量，普及推广种子包衣、药剂拌种、带药移栽等病虫害预防技术，加快应用高效低毒低残留农药，推广先进植保机械。到 2022 年，全省主要农作物重大病虫预报准确率稳定在 90% 以上，主要农作物病虫害绿色防控覆盖率达 33%，主要农作物统防统治覆盖率达 43% 以上。规范限量使用饲料添加剂，减量使用兽用抗菌药物。推进畜禽粪污资源化利用，将沼气和生物天然气作为主要处理方向，将农村能源和农用有机肥作为主要利用方向，采取畜禽粪污就地消纳利用、异地处理利用、第三方集中处理利用等模式，不断提高畜禽粪污利用水平，到 2020 年规模养殖场粪污处理设施装备配套率达到 95% 以上。加强农膜科学使用和农田残膜回收利用，在涉及地膜使用的农业项目区，严禁采购使用厚度低于 0.01 毫米的超薄地膜，结合粮油作物绿色高产高效示范区建设，开展废旧农膜回收利用试点。加强农药包装废弃物回收，在粮经作物主产区开展农药包装废弃物回收试点，探索建立回收机制。大力推进秸秆综合利用，加强秸秆肥料化、饲料化、基料化利用，稳步推进秸秆原料化、能源化利用，开展农作物秸秆综合利用试点县创建。加强耕地重金属污染治理，开展农用地土壤污染状况详查，建立完善耕地土壤环境质量档案，全面启动耕地土壤环境质量类别划定，稳步推进重点典型区域耕地污染治理综合示范区建设，加快启动特定农产品禁止生产区域划定和种植业结构调整及轮作休耕试点工作。力争 2017 年完成全省 50% 农用地监测点位的采样任务，到 2020 年全省农用地土壤环境安全得到基本保障，受污染耕地安全利用率达到 94% 以上。开展畜牧业绿色发展示范县创建，推进畜牧养殖大县种养结合整县推进试点建设，探索建立种养结合绿色发展机制，形成畜牧业区域布局与资源环境承载力相匹配，粮饲统筹、农牧结合、养防并重、种养一体的绿色畜牧业发展模式。推进大型沼气工程、集中供气工程以及民族地区户用沼气池建设，打造种养循环示范基地。加快推进稻渔综合种养模式，力争到2020年底，全省新增稻渔综合种养面积100万亩。加强草原生态系统保护与修复，深入推进草原生态保护补助奖励政策落实，每年开展草原禁牧补助7 000万亩，草畜平衡奖励1.42亿亩。加强水生生态系统保护与资源养护，严格执行禁渔期制度，严厉清理整治非法捕捞行为，严格控制捕捞强度。到2022年新建国家级、省级水产种质资源保护区11个，水生生物自然保护区2个。

（二）实施农业信息化工程

农业信息化水平是现代农业高质量发展的重要标志，对有效服务"三农"、提高农业生产效率、促进农业增产增效和农民增收、促进现代农业高质量发展具有重要意义。

1. 补齐农业生产信息化短板

大力推广四川大宗粮食和特色经济作物智能催芽、测土配方施肥、水肥一体化精准灌溉等智能化装备和技术，将遥感技术应用在监测土壤墒情、苗情长势、自然灾害、病虫害、轮作休耕等方面上，构建"天—地—人—机"一体化的大田物联网测控体系。深化应用设施农业信息技术，大力推广温室环境监测、智能控制装备和技术。加强养殖环境监控、畜禽体征监测、精准饲喂、废弃物自动处理、网络联合选育系统等信息技术应用，构建畜禽全生命周期质量安全管控系统，提升动物疫病防控和监测预警能力。在四川省内水产养殖重点区域推广应用水体环境实时监控、饵料自动精准投喂、循环水装备控制、网箱升降控制、水产类病害监测预警等信息技术和装备，努力实现水产养殖装备工程化、技术精准化、生产集约化和管理智能化。加强农产品产地贮藏和加工情况的监测，引导农产品加工企业推进信息化建设，普及智能报警的安全生产风险控制系统，加快建立覆盖原料采购、生产加工、包装仓储、流通配送全过程的质量安全追溯体系。支持利用物联网对省内农业资源、农业生产、农业设施、智能种养、生产环境、培育新品种进行全程监控和精细化管理，实现现代信息技术与现代农业产业技术的深度融合。

2. 推进农产品电子商务发展

建立农产品、农村手工艺品上行和消费品、农业生产资料下行的双向流通格局，持续扩大农业农村电子商务运用范围。鼓励发展农业生产资料电子商务，推动农产品生产基地与生鲜采购商（商超、餐饮、社区店、大客户、生鲜电商等）合作对接，设立农产品提货柜、自提店和体验店。开展农业生产资料精准服务，重点扶持贫困地区利用电子商务开展特色农业生产经营活动，开展农产品、农业生产资料和休闲农业试点示范。加强产地预冷、集货、分拣、分级、质检、包装、仓储等基础设施建设，完善动植物疫病防控体系和安全监管体系。加快建设农业农村电子商务标准体系，提高农产品质量安全信息化监管能力和水平。大力培育农业农村电子商务市场主体，引导有条件的农业龙头企业建立网络营销平台，设立农产品同城配送业务，引导专业大户、家庭农场、农村经理人、农民合作社作为营销主体发展电子商务产业链。重视发挥行业协会主导作用，建立健全产学研合作、政企联动的农产品电子商务人才培育机制，引进培育多层次农产品电商人才。扶持县域电商、垂直型电商等多种形式电商发展壮大，鼓励综合型电商企业将业务拓展至农业农村，支持电商企业开展农产品电商出口交易，增强四川农产品出口优势。

3. 推动农业政务信息化提档升级

完善省、市、区县、镇乡四级电子政务体系，促进数据资源全面、高效和集约采集。升级四川农业数据中心，提高存储资源、计算资源、应用支撑平台等利用效率。加强村、县相关数据采集、传输、共享的基础设施建设，完善农业农村数据采集、运算、应用、服务体系，集聚利用农业资源要素数据，提升农业数据信息支撑引导市场、指导生产、宏观管理的能力。加强数据资源挖掘应用，逐步提高农业农村历史资料数据化、数据采集自动化、数据使用智能化、数据共享便捷化水平。深化农业行业统计监测、信息管理、预警防控、指挥调度、监管评估、行政审批、行政执法等重要电子政务业务系统建设，构建农业电子政务一体化运维管理体系，不断提高农业行政管理效能。加快构建农业系统关键信息基础设施安全保障体系，加强信息安全设备和产品配备，增强网络安全防御能力。

到 2020 年，打造"互联网＋现代农业"示范市县 100 个、示范基地 500 个、示范园区 500 个，建设整体推进农业信息进村入户示范县 50 个。

（三）实施农业科技化工程

科技兴农是指用先进的科学技术发展农业的一种战略措施，它包括农业科学研究和农业科技推广两个部分。农业科学研究是为农业生产提供科技成果，农业科技推广则是将科技成果传递给农民，应用于生产。科技兴农是把科学技术具体运用于农业、农村、农民，以解决"三农"中的实际问题，对加快农业现代化步伐，加快农民增收具有重大现实意义。

1. 强化农业科技平台建设，推进农业科技原始创新

农业科研基础条件平台建设要优化，农业科技创新有效供给要保障，科研院所在农业科技创新中的基础性、公益性支撑和引领作用要得到充分发挥。开展新品种创制专项行动，加强防病治病、遗传育种等关键共性技术创新试验平台（基地）建设，在粮油、果蔬、林木、畜禽、水产等重点产业领域开展突破性新品种选育及产业化、方法创新和新材料创制。围绕生态农业、智慧农业、农机装备等重点领域，开展农业科技创新重点专项和工程。加强四川现代农业产业技术体系创新团队建设，加强省、市重点优势科研院所条件建设，改善创新环境，提升创新能力。

2. 健全农技推广体系

构建"专家＋技术指导员＋科技示范户＋农户"服务推广新模式，着力提升农业科技示范基地和农民田间学校的示范效应，提高技术专家、农技指导员和科技示范户的服务效能，完善新技术、新品种和新机具科技成果转化应用链。加快培育农民合作社、家庭农场、龙头企业等农业新型经营主体，支持农村大学生、返乡农民工和退伍军人创业就业，深化"互联网＋农业科技"服务，共建农业科技众创空间。全面提升基层农业技术推广服务能力，构建队伍精干、职能明确、管理科学、保障有力、运转高效的基层农技推广体系。推行科技特派员、专家学者、农村专业技术服务平台、院（校）地合作等服务模式，创新农村科技服务方式，构建协同创新机制，有效整合农业科技资源，促进产学研、农科教紧密结合，促进科技创新、农技推广、农民培训、成果转化与农业生产环节科技服务无缝衔接。到 2022 年，在全省现代农业示范县、重点县建设农业科技示范基地

500个，推动农业科研、教学、推广部门以及涉农企业、专业合作社、专业协会等联合与协作，加快农业科技成果转化与应用。创新推广机制、不断完善推广方式方法和手段，农业现代信息技术推广应用率达90%以上。

3. 推进农业机械化进程

加快主要农作物机播、机收、烘干、植保、秸秆处理等薄弱环节的机械研发推广，集成配套作物品种、栽培技术和机械装备，提高全程生产作业机械化水平。加快茶叶、蔬菜、水果智能温室、机械采摘及采后保鲜、仓储配送、加工成套设备及畜禽养殖成套设备的研发推广。加大农机购置补贴力度，扶持农机大户、农机合作社的发展，提升农机作业社会化服务水平。到2020年，全省农机装备总动力达5 000万千瓦，力争创建部省级农机示范合作社100个，建成30个率先基本实现生产全程机械化的示范县，新建技改机电提灌站12 000座，机电提灌能力达到2 100万亩。

4. 强化农技人才队伍建设

加大农业科研领军人才、青年科技人才、创新团队及涉农企业人才的培养力度，建设四川区域性技术创新与应用试验站和高水平技术创新团队。开展农业科技人员创新创业改革试点，鼓励科研教学单位与科技人员创办、领办、联办示范园区，支持农业科技人员以技术入股、技术承包等形式参与现代农业产业基地建设。大力培育农业企业拔尖人才队伍，支持开展农业商业化育种、农药、兽药、饲料、肥料、农机装备、农产品加工等领域的技术创新。大力实施农业科技入户工程、新型农民科技培训工程，加快培养科技示范带头人、农村经纪人和农民专业合作社领办人。深入实施"万名农技推广骨干人才培养计划"，稳步实施定向培养、特岗计划，支持高校、职业院校涉农专业毕业生到基层农技推广机构工作。完善"三位一体、三级贯通、三类协同"的新型职业农民培育制度，提升农村实用人才带头人素质，开展大学生村官和农村实用人才带头人示范培训及四川精准扶贫地区产业发展带头人培训，加大农业高技能人才培养力度。破除人才流动的体制机制障碍，促进农业高校科研人员、企业家和企业科技人才按市场规则自由流动。

三、四川构建现代农业经营体系推进质量兴农的重点任务

（一）实施农产品品牌建设工程

品牌化建设是提高农产品附加值，提升农业经济效益的有效手段，也是实现农业现代化的重要抓手。实施农产品品牌建设工程，首先，要提升品牌运营意识。全省各级政府部门积极行动，组织召开专题会议，加强对农业品牌建设相关政策的宣讲，瞄准新型农业经营主体开展多种形式的培训活动，培养一批农业品牌专项人才，积极营造开展农业品牌建设的环境氛围。其次，强化农产品品牌塑造。因地制宜，打造地方特色品牌。发挥农业区位优势，创建区域农产品品牌，完善农产品品牌体系，加强现有品牌的整合，培育农业品牌精品。再次，加强宣传力度。充分发挥传统媒体的基础性作用，依托电视台、报纸、专栏杂志等传统媒介开展公益宣传。紧跟"互联网＋"的时代潮流，积极探索搭建新的宣传平台。加强与川外、境外区域的交流与合作，支持优秀品牌的对外宣传活动，提升品牌曝光度与知名度，增强"川"字号农产品品牌的传播与推广。最后，重视农业品牌的管理。完善农产品品牌管理办法，完善各级农产品品牌认证体系。建立农业品牌黑名单制度，加强品牌农产品的动态监管。利用互联网信息技术建立农产品追溯系统，提升产品质量。鼓励与支持新型农业经营主体加强对农产品标识、包装、广告等的专属设计。建设产品质量、知识产权等领域失信联合惩戒机制，严厉打击侵犯知识产权和制售假冒伪劣商品行为，切实保护川字号品牌农产品形象。

到 2022 年，全省争取培育发展农产品省级区域公用品牌 10 个以上，年均推介优质品牌农产品 50 个以上、年均注册"三品一标"产品 150 个以上。加大对川酒、川菜、川茶、川果、川药、川猪、川烟、川油、川薯等知名品牌的培育力度，切实提升四川农产品品牌的知名度和影响力，切实提升四川农业产出效益，加速推进四川由农业大省向农业强省转变。

（二）实施农产品电商工程

"互联网＋"是时代发展潮流，大力发展农产品电子商务，可以有效地推动传统农业的转型与升级，促进农业产业的发展，促进农村经济发展水平的提高。实施"农产品＋电商"建设工程，第一，需要积极培育农村

电商主体。加强电子商务技能培训，提升电子商务意识。鼓励和支持各类新型农业经营主体入驻各大电子商务平台，提升电子商务应用能力，促进农产品产销对接。加强对农业青年带头人，返乡大学生等农村骨干力量的培训与支持。加强与企业的合作，到 2022 年争取培育 10 家电子商务进农村示范企业。第二，加强电商平台建设。积极推进媒体媒介、电商平台与各类商家深度融合，打造"农产品＋淘宝""农产品＋天猫""农产品＋京东""农产品＋微信"等电商合作平台。同时，加强研究与开发，建设专属农产品电商平台，打造省级农产品综合服务平台和全国知名农村电商平台。着力打造一批农产品电商龙头企业，加强带动与示范作用。加快建设村级电商服务站点，争取累计突破服务站点一万大关。2022 年，乡级农村电子商务综合服务平台（站点）覆盖率争取达到 90％，村级电子商务服务点覆盖率达 80％。2022 年农村电子商务交易额力争 2 000 亿元以上。第三，加快农村信息基础设施建设。支持各级农业部门建设农业农村大数据中心，实现农产品市场、农产品质量安全、动植物疫病检测、农业资源环境监测和农村经营管理信息全覆盖。整合系统网络资源，提供农产品供求与价格信息服务。对乡镇经营网点实施信息化改造，加快推进"宽带乡村"、4G 移动通信、广播电视等农业信息化设施建设。整体推进全省农业信息进村入户工作，提高农业信息服务惠及面，注重农业信息培训和信息人才的培养，提高信息化技术水平。

（三）实施新型农业经营主体培育工程

新型农业经营主体是农业先进生产力的代表，是实现农业转型升级的主导力量，加快培育新型农业经营主体，加快转变农业经营方式，对不断提高农业集约化、专业化、组织化、社会水平，提高农业生产质量及效益，增强农产品竞争力，有着十分重要的理论意义和现实价值。

一是培训新型职业农民。实行教育培训、认定管理和政策扶持"三位一体"培育，坚持以生产经营型为主、兼顾专业技能型和专业服务型开展"三类协同"培训。打造农业社会化服务专业团队，制定专项人才引进计划。引导农业科研院校多渠道、多形式开展农业技术推广等农业农村人才教育培训。重点实施"新型职业农民培育重点工程"，分模块建设培训课程，丰富培训内容，继续完善新型职业农民培训档案管理工作，设立新型职业农民奖励制度。强化新型职业农民培育示范，以青年农场主计划和新型农业经营主体带头人轮训计划为重点，推进新型职业农民培育工作。建立新型职业农民教育培训体系，认定一批省级新型职业农民培育示范基地、示范市和示范县。

二是完善相关扶持政策。引导农户发展适度经营规模的家庭农场，推行名录管理，开展典型监测，规范财务收支管理，推进家庭农场健康发展，开展示范家庭农场创建，以示范典型引领家庭农场规范建设。加大政策扶持力度，推行财政扶持资金直接投向符合条件的农民合作社，引导农民合作社完善治理机制，深入推进示范社创建，开展动态监测。支持农业龙头企业通过兼并、重组、收购、控股等方式做大做强，将农业质量作为各级龙头企业认定和监测的重点工作内容，推进产、储、运、销全链条可追溯。

三是构建社会化服务体系。按照充分竞争、主体多元、分工多样的原则，引导经营性服务组织在农产品贮藏、运输、销售、加工等方面发挥作用，更好地满足主体多元化、多层次的需求。建立家庭农场信息服务平台，为新型农业经营主体提供农业科技、农机补贴、土地流转、产品销售等信息，引导主体根据市场需求调节农产品的生产与销售，促进农业市场化网络的完善。对乡镇农业公共服务体系建设实行区别对待，对以粮食为主，产品结构单一的主体，重点发展农业科技推广机构；对畜牧、家禽等养殖大户，应完善动物疫病防控机构；对蔬菜种植、水产养殖等区域，应设立农产品质量安全检测机构。

到 2022 年，新培育农民合作社省级示范社 1 000 个、家庭农场省级示范场 1 200 家，培训新型职业农民 16 万人。

第七节　四川省质量兴农的政策建议

一、构建四川农业产业新体系

（一）优化产业结构体系

种植业：应立足于粮食基本自给，以优质水稻和优质油菜为主，推进粮油产业绿色高质高效发展，同时着力发展蔬菜、食用菌、水果、茶叶、中药材、蚕桑、花卉苗木等特色种植业。集成生产各环节绿色节本高效技术，探索最适种植规模、最少药肥用量、最省人工投入和最大综合效益的绿色生产模式。

林业：重点发展川竹、川椒、川果产业，进一步发展林木育种、园林绿化、城市森林、木材加工、林业化工、生物能源，药用植物开发等林产品及其加工行业。力争使经济林、生态林、用材林、园林绿化、药用植物、森林旅游、种苗花卉与林产品加工业协调发展。

牧业：应发展以优质生猪，牛羊、小家禽为主，进一步发展兔、蜂群，进一步推进"稳畜禽、兴牛羊"牧业战略。加快丹麦、美国生猪等优质高产畜禽品种引种，大力推广川藏黑猪、蜀宣花牛、南江黄羊、大恒肉鸡、天府肉鹅、川白獭兔、阿坝中蜂等地方优质特色品种，同时，扩大"粮改饲"试点，推进"以草换肉""以秸秆换肉奶"工程。以地定养、以养促种，种养结合、循环利用。

渔业：着重养殖特种水产，如资中鲇鱼、中华鲟鱼、虹鳟、鲴鱼、长吻鮠等名优经济鱼类。依托水产养殖打造休闲渔业，利用渔区自然环境及人文资源，与渔业生产、渔产品、渔业民俗、渔业经营、科普教育等活动相结合，拓展渔业功能。

（二）优化区域布局

四川既有平原，又有丘陵和山区，立体气候十分明显，生物多样性十分突出。构建产业新体系必须依托区域资源禀赋，农业产业布局应依据以下原则：

平坝地区：平坝地区地势平坦，易于开展大型机械播种和机械收割，应着力二本色——加快推进水稻、油菜、小麦等为核心的粮油产业，保供给、保口粮、保粮食安全和稳定、确保四川农业大省的地位并奋力实现农业大省向农业强省跨越，给予粮油产业政策倾斜，国家农业扶持资金应重点扶持粮油产业。划定和建设高标准基本农田，严格控制永久性基本农田的非粮化与非农化。

丘陵地区：丘陵地区地势起伏，应发展适合小型农机具为主的农作物。充分利用退耕还林等优惠政策将农业功能和生态环境保护功能紧密结合，发展经济果林、食用菌产业，发展耐瘠抗旱保持水土的中药材、小麦、玉米、大豆作物。丘陵地区应着力发展粮经结合、农牧结合、农旅结合农业，将四川丘陵、山区逐步山区打造成水果之乡、林竹之地、康养之地。

高原地区：高原藏区应重点发展高原生态特色农牧业。在确保生态安全的基础上，稳步发展特色青稞，积极发展高山蔬菜、特色水果、食用菌、道地药材，加快发展牦牛、藏羊、藏猪、藏香鸡等高原特色畜禽，稳步发展草食畜牧业，积极发展休闲农业和乡村旅游，将川高原地区打造成"绿草青青，牛羊成群"的旅游胜地和人间仙境。

（三）推进产业融合发展

培育现代农业产业体系，促进农业产业深度融合，现代农业必须以市场需求为导向，实现区域化布局、专业化生产、促进粮经饲统筹、农牧渔结合、种养加一体，一二三产业深度融合发展。

1. 全面打造现代农业融合模式，催生农业新业态

大田以稻渔、稻虾、稻鸭、稻鳅等为主，林下以林药、林菜、林菌、林禽等为主，实施猪—沼—菜（果、粮）生态循环、建设园中圈，打造"生产＋、生活＋、生态＋、互联网＋"融合模式，利用产业融合，催生各种创意农业、分享农业、众筹农业、电子商务等新业态。建设农业产业化示范基地，积极发展村企互动、一村一品的产销对接模式，实现原料生产、加工仓储、流通配送、市场营销等一二三产业融合发展。

2. 建立产业融合发展的利益协调机制，维护相关者利益

保证农民和经营组织能够平等享受一二三产业融合中的"红利"。按照"基在农业、惠在农村、利在农民"的总体要求，建立互惠互利、风险共担的紧密型利益联结机制，实现农民增收致富。发展订单农业，严格合同管理，进一步规范合同内容，鼓励支持普通农民与新型经营主体签订保护价合同，并按收购量进行二次结算或利润返还。大力推广股份制和股份合作制，支持有条件的地区开展土地和集体资产股份制改革，支持农户与新型经营主体探索股份制或股份合作制，将农村承包地、集体建设用地和集体资产确权分股到户。同时，创新产业链各环节联结模式，完善官产学研多元利益机制，建立农业产业技术创新和提升增值战略联盟。

3. 加快构建产业融合发展政策框架，保障产业融合有序进行

制定融合产业发展战略、融合产业体制模式、融合产业的发展方向和发展路径、建设融合的标准化体系等，积极推进与融合产业相关的农村产权制度、金融制度等产业政策制度改革。建立农村产业融合发展基金，不断增加对农业农村基础设施建设和公共服务方面的投入，对产业融合发展提供财政、税收、金融等方面的援助支持。

（四）延伸农业产业链

做大做强农产品加工业，是延伸农业产业链的主要途径。适应市场、以农为本、转化增值。以农产品加工业为引领，立足资源优势和特色，着力构建全产业链和全价值链，加快丰富品种、提升质量、创建品牌、提高农产品附加值的步伐。

1. 依托重点产业，加快农产品初加工发展

以粮油、川茶、川药、川果、川菜、川猪、川酒、川竹、川薯、川椒为产业发展重点，支持农户和农民合作社在农产品储藏、保鲜、烘干、清选分级、包装等方面深度合作，利用合作社组织的强大资金和技术力量在农产品生产的中下游的初级加工环节保持和增加农产品的附加值。

2. 加快技术升级，提升农产品的精深加工水平

设立一批农产品加工技术集成基地，扩大生物、环保、工程、信息等技术集成应用范围，加快新型杀菌、新型非热加工、清洁生产、节能干燥、高效分离等技术升级，研发创新精深加工技术和信息化、智能化、工程化装备，开发新产品、新材料、新能源等，不断挖掘四川农产品加工潜力、拓宽增值空间。

3. 引导企业集中，打造现代农业产业集群

积极引导加工产能大量集聚在农产品优势区、主产区和物流节点，将加工企业集中在园区，将原料基地和农产品加工业布局在合适位置，形成生产与加工、企业与农户、科研与产业衔接配套的上下游产业格局，打造专用原料、加工转化、物流配送、市场营销融合发展的产业集群，并建立健全高效全面的农业社会化服务体系，保障农用物资供应及农副产品的加工、仓储、包装、物流、配送和销售等配套服务，做强做优区域化、品牌化、特色化、生态化的农业主导产业。全面布局全国性和区域性农产品产地市场建设，依托农产品流通、电子商务、休闲观光、农业社会化服务等，实现农产品原料、加工、销售、物流基地一体化建设，提升农业综合收益。

二、推行绿色农业生产新方式

（一）培养农业绿色发展理念

推进农业绿色生产新方式，理念要先行。一方面，加大舆论宣传，通过设立乡村环保宣传专栏、开设农民培训班、利用电视、网络多媒体等多种渠道，对群众进行多种形式、多层次的农业绿色发展方面的宣传教育，唤醒群众的绿色环保意识，形成绿色的价值取向和思维方式，引导绿色生产、绿色消费。另一方面，在我国现行环保法制范围内，结合四川实际问题和地方特色，为生态农业建立专门的法律，并完善配套立法，构建一系列相互配套、切实有效的法律法规和政策体系，通过制度和政策形成有效的约束和激励措施，促进涉农企业、农户、社会公众等主体的农业行为态度和主观规范的形成。树立"绿水青山就是金山银山"的理念，改变过去先污染后治理的旧思维，严守农业生态环境承载能力的底线，把保护生态环境作为自觉行动，实现发展与保护相统筹、生产与生态相协调。

（二）严格落实"一控二减三基本"要求

地方政府需承担相关的责任，并动员相关部门，积极进行农业生态环境污染治理，并有效落实生态环境保护理念。坚持把农业资源保护和农业生产发展统筹起来，协同社会各界形成合力，整合各种资源，把外源污染和内源污染的防控结合起来，要形成一个涉及农业面源污染源头、过程及末端的全链条、全过程、全要素的整体系统的解决方案。要根据各种污染类型，采取有针对性的措施推进"一控两减三基本"，想方设法提高灌溉水、化肥农药等的有效利用以及废弃物的综合循环再利用水平。要严格实施执行环评制度和限养制度，加强环保监督管理。发挥农业机械化作用，政企合力，加快深松整地、保护性耕作、节水灌溉、精准施药、残膜回收等机械化技术的推广应用。完善农机报废更新补贴政策，推广应用、更新换代符合环保标准的农业动力装备，加快淘汰性能低、污染重、能耗高的老旧机械。

（三）建立实施农业绿色生产制度

加强环保法制、政府绩效考核制度、生态补偿制度、清洁生产制度等的制定和完善，建立政府、市场、社会组织以及村民共同参与的多元共治的农业生态环境管理体系，力争形成国家指导、省级督管、市级统筹、县级负责、镇村协助、村民参与的工作体系，形成重点区域连片整治、典型地区试点示范，分类引导农村环境保护的工作格局，从制度和组织上为推行绿色农业生产方式保驾护航。完善农业绿色生产政策体系、工作体系、评价体系和考核体系，使农业从增产导向转变为提质导向。探索农业绿色循环低碳生产制度，建立秸秆和畜禽粪污等农业副产物资源化利用制度，推广农业循环发展模式，完善区域农业循环利用机制。完善耕地、草原、湿地、渔业水域等农业资源环境管控制度，强化资源保护与节约利用，建立节约高效的农业用水制度。加强产地环境保护，健全农业投入品减量使用制度，完善废旧地膜和包装废弃物等回收处理制度，加强农业投入品和农产品质量安全追溯体系建设。完善农业生态补贴制度，健全创新驱动与约束激励机制，建立绿色农业标准体系和农业资源环境生态监测预警体系。健全绿色农业法规政策体系，监督、规范执法部门和执法人员的行政执法行为。

三、推进土地制度改革发展新举措

（一）加大土地综合整治力度

一是要衔接农村村庄规划、产业发展规划，合理布局农村土地整治项目，合理安排项目资金，实施"山水田林湖"综合治理，强化对受污染土地用途管控，依靠科技创新防治土壤污染，协同推进生态保护修复试点工程。完善"水电路讯网"等综合配套，优化农村土地利用结构，为农村新产业、新业态发展提供用地空间。以土地整治项目为基础，引导将小田合并成大田，助力农村土地流转及发展适度规模经营，促进农业规模化、集约化和产业化发展。强化农业生产基础设施建设，大规模推进农田水利、中低产田改造、高标准农田建设，实施藏粮于地、藏粮于技战略，提高农业综合生产能力和抵御自然灾害和风险的能力，增强农业生产稳定性。

（二）加大土地流转力度

鼓励创新土地流转形式，严格规范土地流转行为，积极开展土地经营权抵押、担保试点。创新丰富土地流转经营模式，立足实际适当推广入股经营、转让经营、园区经营、托管经营等模式。合理引导土地向新型农业运营主体流转，推行"合同订单""收益分红""股份协作""托养寄养"等适度范围运营形式，加大土地集约化经营程度。加强土地流转管理和服务，加快发展多种形式的土地流转市场。建立以县级为核心、乡级为平台、村为网点的土地流转监测体系和土地流转服务平台，为流转双方提供政策咨询、信息发布等服务。在有条件的县（市、区）设立土地流转风险保障金，下设土地流转风险防范专项资金。落实土地流转用地、用电和用水政策。加大土地流转财政扶持力度，落实相关税收优惠政策，在一些有条件的地方对流转土地给予奖补，支持新型农业经营主体通过土地流转进行规模经营，发展现代农业。

（三）完善农村产权交易制度

全面推进农村产权制度改革，盘活农村资源要素。落实四川《关于全省农村产权流转交易市场体系建设的指导意见》，加快建成覆盖全省的农村产权流转交易市场，即省本级、具备条件的市州、县市区、乡镇等四级交易平台。把成都农村产权交易所打造成为西南地区农村产权交易平台的领头羊，健全配套措施和工作机制，使其成为各类资产资源、项目合作、招商活动的综合性平台，各地要与成都农村产权交易所加强对接，实现网络互连、信息互通、资源共享。扎实抓好农村产权抵押融资试点，抓实基础环节，坚持"银农合作、银政合作"，健全风险分担机制，研究制定产权抵押评估、登记、处置等相关制度设计。

四、建立科技强农惠农富农新机制

（一）健全和完善农业科技创新体系

各级党委、政府要高度重视科技兴农工作，打破传统的农业科技体制宏观管理条块分割、管理效率低下，组织布局分散、研发层次重叠，学科设置陈旧、跨专业综合型项目较少、专业单一，研发方向与市场需求脱节，运行机制、激励机制、分配机制僵化落后的状况，进一步健全和完善体制机制，建立上下联动，整体推进的工作机制，健全农业科技创新体系。要进一步明确农技推广机构的公益性职能，合理设置农业技术推广机构。科学确定各级农技推广机构人员岗位及其职责，竞争上岗，完善考评激励机制。畅通农业科技人才的流动渠道，加强对农业科技人才的培养力度，注重农村实用人才培养，以乡（镇）为单位，大力挖掘和培养"土专家""田秀才"。办好农民技术协会，使农民成为农技推广活动的主体。充分调动农民的积极性和主动性，引导农民积极投入到农技推广工作之中。大力培育农民技术协会，规避农户自闯市场的风险，解决目前千家万户的小生产与千变万化的大市场之间的矛盾。制订农民专业技术协会相关法律法规，明确农民专业技术协会的法律地位，并为其提供税收、信贷、工商登记等一系列优惠政策，使农民获得科技支农的最大利益。建立健全以"四川科技扶贫在线"、专家大院、新农村发展研究院等为重点的运转高效、覆盖全域的新型农村科技服务体系。推进农业科技创新要以省科技成果转化投资引导基金为支撑，建立产学研融合的农业科技创新联盟。加快推进农业科研事业单位分类改革，深化农业科技成果转化和推广应用改革。

（二）建立多元化农业科技投入体系

一方面，各级政府部门应根据实际需要安排农业科技服务体系建设、农业新品种研发推广和农业科技成果转化等专项资金和配套资金，加大对农业科技研发的财政投入。加大政策和资金的倾斜力度，建立农业科技的研发、成果转化等激励机制。对那些市场潜力大、技术含量多、产品附加值高的农业产业予以重点产业扶持，加速其产业化。对拥有自主知识产权、增产增收效果显著、推广辐射面大的新品种主要育种者给予奖励补助。通过优惠政策、风险分担政策、产业鼓励政策、经费支持政策、知识产权保护政策等，推动农业科技产业发展，从而加快农业科技创新体系建设。积极支持农业科技人员采取成果转让、技术入股、技术服务、合作研发、有偿技术承包和创办科技型企业等多种方式参与科技兴农工程。另一方面，政府在进行财政投入的同时，要重视市场和社会需求对农业科技进步的导向和推动作用，开拓多级联合资助渠道，鼓励企业和社会资本投入，广泛吸纳企业、金融、社会资金投入科技兴农工程，引导和支持各类金融机构优先为农业科技创新和成果转化推广提供保险、融资、贴息贷款等服务。逐步建立起以政府投入为主体的多渠道、多元化的农业科技投入体制。

五、培育质量兴农新动力

(一)提高农业经营组织化程度

1. 强化理念引导，引进专业人才

提高组织化程度，需要培育新型职业农民和农业管理人才，完成理念转变。主体可以加强经营主体内部人员培训，积极开展定向委托培养，组织多种形式农业技术培训，传授生产经验和先进的管理经营理念；实施外部人才引进，从政府补贴、社会保障、项目扶持、金融服务、土地流转、职称评定等方面创新制度和政策，吸引富有创新精神、专业知识强的毕业生和专业技术人员在农业领域大显身手，从而培养大批农村实用专业人才，提高农业经营组织化程度。

2. 加强内部管理，规范主体发展

完善主体自身组织机构，引导主体实行规范化运作、制度化管理，完善内部章程制度，提高经营管理水平。同时，明确内部责、权、利和公私资产关系，向内部成员和群众宣传有关规范运作的知识，引导成员和群众监督和参与合作，促进自身建设，保障主体和成员利益。政府扶持一批管理规范、示范带动作用强的经营主体，通过示范带动作用，引导培育产权明晰、管理规范、运行通畅、机制灵活的市场主体。

3. 加强区域交流，建立农合联体系

通过"企业推动，互动融合"的方式，实现区域合作，提高组织化程度。在支持各经营主体健康发展的同时，探索构建市、镇（街道）两级农民合作经济组织联合会（以下简称"农合联"）：镇（街道）层面，发动农业生产经营服务组织共同参与，依托镇（街道）农业服务中心组建镇（街道）农合联，各基层供销社加入镇街农合联；市级层面，依托供销联社机关组建市农合联，吸收各镇（街道）农合联和专业合作社、农业行业协会、农业龙头企业等农业生产经营服务主体加入。各级财政制定奖补措施，鼓励支持各类农民合作经济组织、农业生产经营主体和农业服务组织、涉农企事业单位等进行联合，由镇（街道）联合逐步向区（县）联合、整市联合发展，建立"自下而上抱团取暖"的联合机制，以此提升经营主体的组织化和专业化水平，进而提升区域农业综合服务水平和市

场竞争力。

（二）夯实农业社会化服务能力

1. 发挥主体效能，强化服务基础

发挥好公益性农业技术推广服务机构的主力军作用，加强省（市）农业技术推广站、县农业技术推广中心以及乡镇农业服务中心的管理、指导、协作和应用等工作，不断提升乡镇或区域性农技推广、动植物疫病防控、农产品质量监管等公共服务机构的服务能力。会同组织、人社等部门制定人才引进优惠政策，加大从高等农业院校选聘专业技术人员力度，充实基层农技人员队伍，启动实施基层农技推广特岗计划。切实加强知识更新培训，提高人员的服务能力和水平，不断提高农业科技推广服务效能，为现代农业发展提供强有力的科技支撑和人才保障。发挥好农业经营性服务组织的生力军作用，支持农民合作社、专业服务公司、行业技术协会、涉农企业等向农业生产经营者提供低成本、便利化、全方位的服务。推行和完善"公司（合作社）＋基地＋农户"等企业、合作组织带动型经营模式，树立典型并形成示范，发挥其引领带动作用。鼓励种养大户、农技人员、返乡农民工、大学生村官等领办创办种植、农技、农机、植保、加工、仓储、物流、产品营销等专业化服务组织，实现社会化服务组织的全省覆盖。

2. 推动机制创新，拓宽服务方式

各级政府强化构建与供销社的协同合作机制，充分发挥供销社在农业社会化服务中的推动作用。大力推动公益性服务与经营性服务相结合的服务机制创新，鼓励农业社会化服务组织从单一环节服务向综合性全程服务发展，开展一体化全程式服务。发挥省、市、区县、乡镇各级政府机构同高校、科研院所以及市场主体的合作效能，全方位拓展农业社会化服务。支持高校、科研院所通过建设新农村发展研究院、农业综合服务示范基地等方式，面向农村开展农技推广。加强乡镇或小流域水利、基层林业公共服务机构和抗旱服务组织、防汛机动抢险队伍建设。加快推进农村气象信息服务和人工影响天气工作体系与能力建设，提高农业气象服务和农村气象灾害防御水平。采取政府订购、定向委托、奖励补助、招投标等方式，引导经营性服务组织参与公益性服务，大力开展病虫害统防统治、动物疫

病防控、农田灌排、农业废弃物回收等生产性服务。针对不同服务对象和消费者的个性化需求，根据农业社会化服务组织自身服务能力，有选择地推行合作式、订单式、托管式、对接式、全程式等多形式农业服务，促进农业社会化服务体系全面建成。

3. 加强组织建设，提升服务质量

积极扶持农业产业化龙头企业、农民合作社等各类新型农业经营组织的发展，促进其综合服务供给能力提升。建立服务组织与农户间的利益联结机制，提高农户接受服务的积极性。整合支农资金、涉农项目，支持县级以上示范性合作社发展，引导农民合作社开展信息、技术、培训、市场营销、基础设施建设等服务，促进合作社做强做大；支持龙头企业开展产业基础设施建设、新品种新技术引进和推广、市场营销体系、农产品质量安全和农业信息服务体系建设。通过政府购买服务的方式，向区域内的龙头企业提供咨询、法律、信息等方面的公共服务，提高龙头企业经营管理能力和水平。积极推进农业产业化示范区的建设，各级政府认真落实财政补贴、税收减免等优惠政策，优化龙头企业的发展环境，促进其产生规模效益，不断提升综合服务能力和质量。

专题三　培育新乡贤促进乡村振兴研究报告

"留在农村的是'三八六一九九'部队，再过十年、二十年，谁来种地？这的确不是杞人忧天"。习近平总书记进一步强调"要推动乡村人才振兴，把人力资本开发放在首要位置""要发挥新乡贤在乡村建设中的特殊作用，凝聚起乡村振兴的强大力量"。经过近一年的时间，本研究对四川省新乡贤培育情况进行了调查。总共发放问卷 1 703 份，覆盖全省 21 个市（州），涉及 151 个县（市、区），回收有效问卷 1 685 份，覆盖全省 21 个市（州），涉及 151 个县（区）、544 个镇（乡）、658 个村（社），并先后前往大邑、崇州、广汉、罗江、仁寿、荣县、高县、武胜、邻水、安居、射洪、北川、安州、苍溪、利州、巴州、达川、雨城、汉源等 20 多个县（区）深入农业农村局、组织部、人社局、镇（乡）、村（社区）基层调查，被调研主要对象有返乡创业大学生（含留学研究生一名）、农民工、转业军人、离退休人员、民营企业家等。

第一节　研究意义

一、培育新乡贤是产业振兴的关键

中国特色社会主义进入新时代，大力实施乡村振兴战略需要培养和造就爱农村、懂农业、有文化、善经营、能致富的社会主义新型农民。情系家乡的新乡贤有实力、有能力、有责任为本土本乡的经济社会发展贡献自己的力量。这些从乡村走出去的成功人士，他们中很大一部分是改革开放之后在市场经济大潮中逐渐成长起来的精英，他们有经营头脑、有经营渠道、有一定经济实力，更可贵的是有反哺桑梓的情怀，能够发挥"双带效应"——带头致富、带领乡亲致富，其独特优势能够有力助推乡村经济建设。

首先，新乡贤大都是一专多能，用其丰富的科学文化知识为村民传播现代农业理念、经营方式，正是广大村民求之不得的。可以开展结对帮扶、举办村民农业科技培训班等活动，向村民传授科学种植、养殖、防虫、防害等农业技术，推广现代农业发展理念，实现由"输血型"发展模式向"造血型"功能转化，提升自我发展能力，增强发展的动力与后劲。

其次，引导新乡贤投资创业，积极组织建立农村经济合作组织实行产业化经营，通过经济实力较好、市场辐射和开拓能力较强的农副产品企业做引领，把农户、农副产品生产基地和市场有效连接起来，使原本分散的家庭经营真正做到技术有指导、生产有服务、销售有市场、价格有保障、风险有承担，大大提高了农民的组织化程度和生产的社会化水平，增强农民抗御市场风险和自然风险的能力，确保农民持续稳定增收。

再次，新乡贤主导农村经济合作组织，可以凭借自身资金、信息的优势组织社员、农户开展农业技术交流、聘请专家讲解新技术、统一引进新品种等诸多举措，促进农业科技成果的推广、转化与应用，大大提高农业生产效率。通过各合作成员之间的交流、互助，有效整合每个农户分散的土地、资金、劳动力、技术等生产要素，推动农户成为农副业专业化大生产的主体参与者，以便降低生产成本和交易成本，提高产量和效率，实现规模效益、集体受益。与此同时，大量农业合作化经济组织的建立，可以吸纳大量农业劳动力，满足农村剩余劳动力就地转移需求，为农民提供更多的就业岗位，实现稳定增收。

二、培育新乡贤是人才振兴的主线

乡村振兴是一场艰苦而漫长的跋涉，不仅需要资金、政策、人才，也离不开乡土文化灵魂的代代相传。乡村振兴关键在人。党的十九大报告提出，加强农村基层基础工作，要"培养造就一支懂农业、爱农村、爱农民的'三农'工作队伍"。新乡贤是乡村振兴的重要力量。近年来，新乡贤文化"新"在乡贤的范围不断扩大。它主要包括：农村基层党组织、自治组织现任领导；原籍是本乡本土的政府官员、知识分子和工商界人士；通过招工、求学、参军或者凭借个人努力在城市站稳脚跟并事业有成的乡村精英；大学生村官；虽非本乡本土出身但愿意以自己的知识、技能、经验和财富参与新农村建设、助力农村经济社会发展的有识之士；"成长于乡土、奉献于乡里、坊间享有崇高威望以及良好口碑的道德模范、身边好人等先进模范典型"等等。他们与传统时期的乡贤一样，参与乡村治理与建设，在经济、文化以及社会影响力上具有一般乡民所没有的优势，拥有很强的号召力。他们是乡村社会的精英，是保证乡村社会稳定和繁荣的重要力量。

随着我国城镇化进程的不断加快，乡村治理人才流失、主体弱化、对象多元化、环境复杂化等问题日益凸显，而新乡贤在乡村治理中的作用也越来越大。可以说，新乡贤发挥作用的形式由传统的维持乡村自治和实现礼俗教化，转变成为乡村振兴提供重要的精神动力、智力支持和坚实的人才支撑。在"产业兴旺、生态宜居、乡风文明、治理有效、生活富裕"的二十字总体目标指导下，新乡贤力量既可以为遏制陈规陋习，打造新时代的乡风文明，发挥"凝聚人心、教化群众、淳化民风"的作用，又可以利用个人的知识、能力、经验、资源，在实现乡村的产业振兴、人才振兴、文化振兴、生态振兴、组织振兴等诸多目标中回归乡土、建言献策、出钱出力、身体力行。新乡贤不仅为乡村发展注入生机和活力，而且也为实施乡村振兴战略提供了内驱力和人才支撑。

三、培育新乡贤是文化振兴的灵魂

新乡贤在外学有所成后回乡贡献，本身的道德素养就比较高，也正是这些道德素养和甘于奉献乡里的情怀使得他们能够用自己的德行和言行在乡里立足。

一方面，新乡贤通过自身对乡土人情的了解，以乡愁为纽带，致力于培育和弘扬乡贤文化，传承乡村文明，增强乡村特色。乡村的本土文化资源优势成为他们发挥作用的有利资源，有利于乡村经济发展格局的改变，他们把多姿多彩的乡土文化资源转变为文化资本，发展乡村文化产业，提高农民劳动素质，推动乡村振兴战略的全面和谐发展。

另一方面，新乡贤是新时代社会主义核心价值观在乡村的践行者和引领者，是社会主义新时代的乡村精英。传统文化孕育出了新乡贤，而新乡贤又返身投入弘扬中华民族传统美德的进程中，并使这些传统美德更具时代吸引力。其身上散发出来的文化道德力量，对凝聚人心、促进和谐大有裨益。因此，应当鼓励和引导有益于当代新乡贤的培育和发展，发挥新乡贤的模范带头作用，使他们能够更好地以自己的德行带动乡民群众，让社会主义核心价值观在乡村深深扎根。

四、培育新乡贤是生态振兴的生力军

当前面临的日益严重的生态危机和环境污染问题，究其原因，并不在于自然生态系统和自然环境本身出了问题，而是人类的发展方式出现偏差、人们的生态意识和环保理念出现严重错位。由此可见，提升生态意识，牢固树立环保理念对于保护生态环境和社会主义新农村生态建设有着举足轻重的作用。新乡贤在参与培养、提高广大农村地区农民群众的生态意识、环保理念等方面有着明显的示范、引领作用。

一方面，新乡贤能够主导、引领公益组织、社团开展形式多样的生态环境教育，唤起全社会关心、支持、参与环境保护和生态文明建设的热情，让环保宣传、教育走进政府机关、企事业单位、工厂学校和一家一户。特别是新乡贤带头走绿色生态农业发展之路，树立绿色生产、环保消费理念，自觉处理生活、生产垃圾，减少白色垃圾、不用有害农药，节约用水、保护耕地，切实转变发展理念，牢固树立绿色循环、生态环保理念，进而把环保理念转化为实实在在的生态建设行动和实践。通过新乡贤在日常生产、生活过程中，有意识的示范引领农民自觉地采取绿色环保的农业生产方式，使其能够认识到"绿水青山"对自身及后代的价值，相信唯有生态科学知识、环境保护意识才能改善农村人居环境，才能建设美丽乡村。

另一方面，新乡贤可以有效帮助农民开拓乡村绿色产业，发展绿色经济，引导农旅融合发展，促进乡村休闲旅游，以此成为带动农村发展的新兴产业、农民脱贫致富和满足群众休闲需求的民生产业、科学发展和保护生态环境的绿色产业，创建休闲农业与乡村旅游示范点、乡村旅游模范村、乡村旅游金牌农家乐等品牌。同时，新乡贤可以结合当地现状，充分利用当地农民喜闻乐见的民间文化形式传播生态保护意识与生态科技。

五、培育新乡贤是组织振兴的保障

传统中国的乡村社会，费孝通先生称之为乡土中国，以礼治为主要治理方式，而乡贤是礼治的主要实施者。新乡贤作为在当地有本事、有威望、有口碑的代表人物，具有较强的代表性和话语权。他们有善念、有行动，在化解邻里纠纷、扶危济困、养育崇德向善正气等方面发挥着不可替代的独特作用。当前，充分调动和汇集新乡贤力量，有助于缓解现代社会多元利益格局冲突下农村治理失序、矛盾冲突多发的状况。

一方面，《中国共产党农村基层组织工作条例》与《中华人民共和国村民委员会组织法》规定，乡村治理主体为中国共产党村支部委员会和村民自治委员会（以下简称"村支部"和"村委会"），但两者的界定却存在权责分配不明确情况。虽然村"两委"结构设置的出发点一直都是村委会在村支部领导之下，负责村务日常管理工作。但乡村治理中，长期存在村支部和村委会两者之间相互扯皮、工作效率低下及腐败问题。随着乡村振兴战略的逐步推进，村"两委"掌握的资源日趋丰富。为规范基层治理、资源管理中起着重要作用的村委会干部用权行为，部分地区政府提出在村"两委"基础上建立村务监督委员会。新乡贤参与到村务监督委员会，能充分发挥新乡贤在村级事务中的监督作用，切实维护村集体和广大村民利益，促进村"两委"工作高效率开展。同时，部分地区尝试推动村支部书记通过选举担任村委会主任，实现"一肩挑"乡村治理模式，从制度上促进"两委"班子融合与协调。但在化解村"两委"矛盾同时，却面临其他问题的挑战。而新乡贤则具有"地熟、人熟、事熟"优势，能充当村"两委"的沟通者，第三方角色有助于化解村支部和村委会工作中的不和谐，强化农村基层党组织领导核心地位，增强村"两委"的工作协同性。

另一方面，随着乡村振兴战略的实施，村"两委"在面对美丽乡村建设、土地政策调整移风易俗及精准扶贫等一系列具体工作任务的同时，还要处理邻里关系、宅基地划分、老人赡养及遗产继承造成的利益冲突与纠纷。此时，仅依靠村委会和村党支部，有时可能无法解决问题。在移风易俗、冲突纠纷等方面，村民普遍从内心抵触村干部干涉自己的事务。而新乡贤作为熟人群体的代表，能有效处理村"两委"难以胜任的问题。部分地区由新乡贤负责成立红白事理事会、禁赌劝导协会和道德评议会等组织参与移风易俗工作，实际生活中新乡贤用实际行动履行村规民约，作为道德楷模引导村民节俭养德，不大操大办，不无事醉酒，使乡风文化焕然一新。在应对冲突纠纷方面，各地乡贤组织建立调解制度，有效发挥新乡贤对乡村社会熟悉和了解的优势，就各类民事纠纷进行调解，在心理上易于为民众所接受，从而有效地化解矛盾与冲突，维持乡村良好的社会秩序。各地政府认识到新乡贤参与基层事务的积极意义，纷纷出台相关文件动员和引导街道、乡镇建立相应制度，遴选杰出新乡贤投身于基层事务之中，以进一步提升现代乡村外部治理能力。

第二节　准确把握习总书记新乡贤论述

一、新乡贤的科学内涵

（一）新乡贤的提出

我国是一个农业大国，农民占全国人口的绝大多数，农村是我国国土面积最广大的区域。"三农"问题始终是一个事关党和国家事业发展全局的关键性问题。习近平总书记在十九大报告中指出："农业农村农民问题是关系国计民生的根本性问题，必须始终把解决好'三农'问题作为全党工作重中之重。"并把乡村振兴上升到国家战略的高度。2017年中央农村工作会议对如何实施乡村振兴战略进行了全面布局。2018年1号文件《中共中央国务院关于实施乡村振兴战略的意见》对如何实施乡村振兴战略进行了顶层设计。乡村振兴战略是新时代我国做好"三农"工作的新旗帜和总抓手。

乡村振兴战略的实施，离不开人才队伍的支撑。党的十九大报告强调要培养造就一支懂农业、爱农村、爱农民的"三农"工作队伍，作为乡村振兴战略的人才支撑。在2014年9月12—14日召开的培育和践行社会主义核心价值观工作经验交流会上，中宣部部长刘奇葆指出，乡贤文化根植乡土，其中蕴含着见贤思齐、崇德向善的价值真谛和文化深意。因此，全社会要形成继承和弘扬优秀传统乡贤文化的氛围，注重发挥当代新乡贤的价值引领、带头示范作用，以其典型事迹和嘉言懿行垂范乡土家园，移风易俗、孕育文明家风乡风，从而利于社会主义核心价值观在广大乡村牢牢扎根。同时，基层政府要坚持以乡情和乡愁为纽带，健全完善制度，建立长效机制，发挥政策的感召力，吸引和凝聚社会各界成功人士，用其学识专长、创新创业经验回馈桑梓，建设和谐美丽的社会主义新农村。

习近平总书记也曾特别强调，想要治理好当今快速发展和深刻变革的中国不仅要立足于现实，而且需要对中华民族悠久的历史和优秀传统文化作深入的了解，尤其需要对我国古代治国理政的探索经验、智慧结晶进行积极总结，以便"察当今之得失"。改革开放新时期，党中央连续发出号召：全党必须紧紧抓住发展战略机遇期，加速推进事关广大农村经济社会发展的各项工作进程，稳步推进社会主义新农村的各项建设事业，力争彻底改变农村落后面貌。2018 年的中央 1 号文件强调，要培育富有地方特色和时代精神的新乡贤文化，积极引导发挥新乡贤在乡村振兴，特别是在乡村治理中的积极作用。可见，党和国家对新乡贤在乡村振兴战略中所起作用的重视。

（二）新乡贤的内涵

中国传统意义上的乡贤，是指在本土本乡有才华有德行之人，多数为基层官员；新乡贤，则既包括本土本乡的官员精英，也包括在城市化进程中，因求学、经商等原因而融入城市的外来精英，他们身上兼具学识、财富、修养等优势，在许多层面已然不同于传统乡贤。那么，新乡贤之新主要体现在以下方面：

（1）"新"体现在职务层级上。在古代中国，县以下的乡村主要靠乡绅来治理，乡绅是维系农村社会秩序的重要力量。"皇权不下县"的中国古代传统管理方式，使得乡贤能够在农村担任一定的职务，这些职务虽然在一定程度上仍是乡贤们为朝廷办事的体现，但所担任职务并非朝廷直接任命的官职。"在其位，谋其政"，古代乡贤们还教化乡民、带头自治，参与公共事务，乡里乡间的修路筑桥、化解纠纷、办学兴学等，无不有赖于他们的积极参与。而今，党领导下的村民自治是社会主义新农村的管理制度，通过基层民主协商的形式，新乡贤们为村"两委"班子建言献策，起到协助沟通的作用，是连接群众与村干部的很好的中间纽带和润滑剂，不再是一种具有自治组织的地方领袖。乡贤理事会等新乡贤组织则在基层党组织的领导下开展活动，共同构建乡贤文化。

（2）"新"体现在范围构成上。不同时代乡贤的构成不同，具有鲜明的时代性。传统乡绅通常主要局限于道德与才能的层面，其他方面很少涉猎。而新乡贤范围有较大扩展，涵盖了经济、政治、科技、法律、教育、文艺、卫生、军事等各个领域的卓越人士所取得的成绩，他们皆为在本领域出类拔萃或具有广泛性影响的社会各界精英人士。

（3）"新"体现在生活地域上。传统乡贤基本上一辈子扎根乡土，安身立命于本土本乡间，少数因入仕为官、求学经商等出乡者最终也都会告老还乡，回到那片生之养之的故土，这是中国传统文化中对故土留恋的一种特殊情结。在一定程度上可以说，传统乡贤在经济基础、社会根基、文化认同等诸多方面都以乡村为立足点，他们对乡土有着深刻的眷恋之情。而新乡贤则大不相同，在城市化进程的浪潮下，为了追求更好的现代化生活，他们多数早早离开故土，闯荡于城市中，可能根深蒂固的家乡情，仍然深藏于内心，在取得一番成就之后，他们中有的人会毅然返回乡村，将现代社会新的理念带回家乡，实现自我更大的价值，这与中国人固有的"雁过留名"心理有一定关系，也有人在年老之际返回故土，享受乡村特有的悠然与恬静，实现落叶归根的情结。

综上，新乡贤是指当下乡村社会中有学识、有品德，生于乡土，奉献于乡土，在村民中具有高威望的人。无论基于哪一种对新乡贤的定义，所涵盖的共同特点是：新乡贤应该具有为家乡建设奉献自己而不求回报的精神，以家乡建设和发展为己任的高尚情操。

二、新乡贤的特征

（一）新乡贤具有乡土情结

中国传统乡贤都是"生于斯，长于斯"，所作所为都在故乡本土，而现代社会，很大部分农村精英涌入城市，他们在城市有着殷实的资产、广泛的人际、稳定的事业，而城市也能给他们提供更好的公共设施服务、医疗保障、文化教育等资源。他们对家乡放不下的乡土情结、对故土强烈的情感认同，是新乡贤投身于农村建设的主要动力。乡土情结能激发本地民众或外地老乡对故土的热爱，使他们愿意利用自身优势资源投身于家乡的建设与发展。

（二）新乡贤具有正能量

受所处时代、文化、制度背景等影响，中国传统乡贤的价值观念具有一定的局限性，新乡贤的价值观念更具有积极性、现代性。在着力于精神文明建设的当今中国，将社会主义核心价值观与农村乡民的价值追求有效连接，使之成为本土的文化共识，进而引领更多乡民投身到社会主义核心价值观的实践中，新乡贤无疑起到了重要支柱作用。

（三）新乡贤具有文化素养

新时代的中国乡村不再是封闭落后的小村落，而是逐渐接受了一些先进的、开放的、甚至是国际化的思想理念渗透。仅仅熟知地方性知识远远无法应对乡村社会在现代转型过程中出现的各种问题，新乡贤必须具备较高的文化素养，有着较专业的法律法规意识、民主民生意识、生态环保意识等现代理念。当下培育和凝聚新乡贤，既要挖掘古乡贤的典型事迹、优秀品格，更要推崇新乡贤博古通今、开拓创新的精神价值。

三、新乡贤的类型

2016 年的"十三五"纲要中第一次以国家公文的形式提到"新乡贤"一词。相比于"乡贤"，新乡贤除了包括成长于乡里，奉献于乡里的贤达之士，还包括一些从乡村走出而后衣锦还乡、荣归故里的乡村精英。还有一些人认为，有些功不成名不就的"非衣锦"人士，却在乡村里颇有建树；以及功成名就但并未归乡，而是在外为家乡建设贡献力量的人，都可被称为新乡贤。所以当下乡土中国所包含的乡贤之意，远比之前的范围要更广更新。乡贤其定义并非那么狭隘，首先要外延乡贤范围，打破传统意义上对乡贤的狭隘定义，丰富现代新乡贤的内涵。

以"贤""德"作为标准衡量，在此前提下，把乡贤分为三种，第一种是"在场"乡贤，即因品德高尚、才学高深备受乡人尊敬推崇的本土乡村精英，他们生长于本土、扎根于本土、服务于本土，如退休老干部、老党员、老教师、道德模范和退役军人等。第二种是"不在场"乡贤，即因外出求学或致仕、下海经商而走入城市的乡村精英，他们虽人在外，但心系家乡的发展，如"返乡走亲"的机关干部、社会工作者、教育科研人员、企业家以及经济文化名人等。第三种是"外来"乡贤，即从城市来到乡村创业发展的外来生产经营者和管理人员等，愿意为第二故乡奉献自己的经验和能力。

第三节　四川省培育新乡贤助力乡村振兴的现实状况

一、全省概况

四川是农业大省，也是人口大省、劳务输出大省、教育大省，良好的人口优势为新乡贤的培育厚植了土壤。据统计，截至 2018 年 9 月底，四川省农村劳动力输出总量为 2 533.56 万人，其中省内转移 1 425.49 万人，省外输出 1 108.07 万人；截至 2018 年底，有 60 岁及以上常住人口 1 762.5 万人，有全日制在校大学生 156.5 万人，毕业生 39.4 万人，在校研究生 12.8 万人，毕业生 2.7 万人；同年征兵人数近 21 万。如何充分利用外出务工、退休离职、大学生、退伍军人等群体培育新乡贤，发挥其在引领四川文明风尚、带动四川脱贫攻坚、推动四川产业发展、促进四川淳风化俗等方面的重要作用，是当前四川农村工作的要点之一。

四川各级党委政府高度重视新乡贤的培育。省级层面，2018 年四川省委 1 号文件提出，要"研究引导和支持退休干部、知识分子和工商界人士等新乡贤返乡的扶持政策。正确引导和发挥新乡贤在乡村治理中的积极作用，在有条件的县（市、区）政协设立新乡贤界别。"四川省委十一届三次全会《中共四川省委关于深入学习贯彻习近平总书记对四川工作系列重要指示精神的决定》指出，要"加强乡风文明建设，传承弘扬农耕文明，增强乡村善治能力，着力建好新乡贤队伍。"《四川省乡村振兴战略规划（2018—2022 年)》进一步指出，"建设新乡贤文化，在劳务输出大县建立乡贤信息库，在乡镇成立乡贤联谊会，在村社设立乡贤参事会，明确乡贤参与乡村治理的职责和方式，在有条件的县（市、区）政协设立新乡贤界别。"《四川省人民政府办公厅关于支持农民工和农民企业家返乡创业的实施意见》通过提升六项服务、出台五项举措，为"充分调动社会各方面支持、促进农民工和农民企业家返乡创业的积极性、主动性,大力营造创业、兴业、乐业的良好环境"提供了操作细则,为新乡贤的培育奠定了基础。

地市州层面,四川各地党委政府积极落实上级要求,探索打造具有地方特色的乡贤文化。成都市在全市范围内启动首届"天府成都最美新乡贤"评选活动,通过区(市)县推荐、社会推荐、网上投票、专家评审等环节,推选出成都市首届共计 27 名"天府成都最美新乡贤"。宜宾市将全市乡贤分为传承家风家训、调解邻里纠纷、带领群众致富、引领文明新风四大类别,由各县(区)党委宣传部牵头,将各地优秀村干部、农村致富创业能手、道德模范、在外乡贤等收集造册,培育和壮大了一系列乡贤组织,打造了一系列乡贤品牌。眉山市洪雅县创新实施"新乡贤治村"计划,通过积极培养本土人才、乡情回引外出人才、环境吸引外来人才,共有 792 名新乡贤人才投身乡村振兴第一线。同时,该县通过"单独组建、多村联建、跨村联建"方式组建村级新乡贤理事会,立章程、明责任、建台账,赋予新乡贤知情权、建议权、监督权;采取选拔一批回乡担任村干部、推荐一批担任"第一书记"、聘请一批担任"振兴顾问"、发展一批成为党员等办法,依托新乡贤工作室、新乡贤工作站,引导新乡贤参与乡村治理、引领发展。巴中市平昌县通过成立县乡村三级"新乡贤评选委员会",累计推选新乡贤 3 200 余人次,其中 2 人获评"中国好人",5 人入围"中国好人榜"候选人,23 人获评"四川好人";同时按照不同层级,县乡挂联领导联系新乡贤,定期交心谈心、相互学习交流、解决思想困惑,县上建立先进典型奖扶基金,对经济困难的新乡贤给予奖励扶助。达州市达川区要求乡镇和部门在召开涉及脱贫攻坚、乡村振兴、产业发展等专题党委(党组)会议时,邀请 1~2 名辖区内善于汇集群众意见,长期关注一方发展,有一定影响力或回乡创业的新乡贤列席。此外,达州市达川区景市镇开展送政策、送温暖、送项目、送就业、送平台、送技术、送维权、送帮带、送代办、送联谊的"十送农民工"行动,以全面掌握农民工基本情况,对农民工分类对接、跟进服务,切实解决农民工生活、就业、创业等方面的困难,解除农民工的后顾之忧,引导优秀农民工向组织靠拢,增添农民工干事创业的动力。雅安市石棉县通过组建的新乡贤微信群，把优秀农民工纳入新乡贤和"乡土人才"管理，并利用其优势，打好政策、项目和乡情组合拳，不断发挥微信群的"蝴蝶效应"。

二、典型案例

(一)"在场"乡贤

1. 蒋乙嘉——遂宁市蓬溪县拱市联村党委书记

2007 年，蒋乙嘉怀揣在京创业所得，回到老家遂宁市蓬溪县拱市村。先后捐资 2 000 余万元，用于修建村道、大规模水利改造、改造 2 000 多亩撂荒地、建设 4 000 平方米村文体活动综合楼、调整村里产业结构和发展村文化产业等。2012 年 4 月，蒋乙嘉被任命为拱市村第一书记，后来经村党组织换届选举成为拱市村党支部书记。2012 年 10 月，蒋乙嘉投入 100 余万元，牵头成立了土地流转合作社，组织村集体与农户签订合同，采取"公司＋集体＋农户"的运作模式，发展特色水果种植、水产品规模养殖等产业。2014 年，蒋乙嘉牵头发展千叶佛莲产业，并于 2017 年 9 月举办首届千叶佛莲文化艺术节，将千叶佛莲打造成为拱市村主导特色产业。2015 年 7 月，拱市村和周边 5 个村联合成立了联村党委，蒋乙嘉经民主推选成为拱市联村党委书记。蒋乙嘉返乡十年间，拱市村人均收入从 2006 年的不到 2 300 元提升到 2016 年的 13 680 元，拱市村进入蓬溪县首批"小康村"的行列。

2. 向爱华——四川大鑫丰农业科技有限公司董事长

2015 年，在外学习花椒种植技术 10 余年的向爱华回到家乡安州区塔水龙桥二组开拓了 100 多亩的青花椒苗圃基地。2016 年 3 月，向爱华注册成立了四川大鑫丰农业科技有限公司并担任董事长，同年 6 月发起成立了绵阳市大鑫丰藤椒专业合作社。合作社成立后，在安州区多个乡镇发展近 5 000 亩种植基地，亩均增收达 6 000 元，解决 40 余户贫困户就业问题，并多次组织合作社社员前往重庆、广安等青花椒著名的种植基地参观、学习，让农户们在实地参观中累积青花椒种植知识。而依托四川大鑫丰农业科技有限公司，向爱华在安州、江油、三台、罗江等市县区发展青花椒、藤椒 17 000 亩，带动花椒种植户 1 300 余户。实行统一种苗提供、统一药肥供应、统一技术指导、统一病虫防治、统一产品回收一条龙服务。公司还成功注册了"骄典"商标，生产"骄典"牌花椒油、藤椒油、调味油、火锅用油、保鲜青花椒、干花椒、浴足包、花椒叶饼等系列产品，产品通过电商平台远销省内外，深受用户好评。2018年，公司实现产值300万元，2019将达到600万元。

3. 席桢鹏——北川县擂鼓镇胜利村支部书记

2014年席桢鹏从澳门科技大学硕士毕业后，返回家乡北川，积极参与到家乡灾后产业的建设，并于2016年担任胜利村党支部书记。2015年在县工商联"百企帮百村"的精准扶贫活动号召下，通过免费赠送菌种和菌种价格优惠、技术指导及产品回收的方式，直接带动北川永安镇大安村、香泉乡紫山村、开坪乡凤阳村、擂鼓镇楠华村的建档立卡贫困户种植羊肚菌。通过和成都师范学院联合申报扶贫项目对曲山镇曹山村的建档立卡贫困户开展持续两年的羊肚菌科技扶贫。截至2018年7月，通过以上方式累计直接带动90户建档立卡贫困户发展种植羊肚菌上百亩，累计间接带动非贫困户种植羊肚菌300余亩，为脱贫致富作出了重要贡献。

4. 李相德——眉山市金光村好味道水稻专业合作社理事长

1989年，李相德高中毕业后，先后从事过收破烂、修自行车、配钥匙、烧锅炉、维修手机和承包钢筋工程等工作。1997年，心痛于家乡土地大面积撂荒的情况，李相德返乡流转土地发展种植业。为了规避农忙时劳动力严重紧缺、收割时天气不好粮食霉烂、粮食安全三大问题，李相德组织周边的种植能手，于2014年5月正式成立了眉山市好味稻水稻专业合作社。合作社注册资金420万元，在政府带动、政策支持下，经过数年的发展，合作社现有社员355名，流转土地先后涉及眉山市东坡区、青神县、洪雅县、仁寿等4个县，10多个乡镇，25个村共23 600余亩，其中骨干社员25名，流转土地12 600亩。2015年4月李相德和合作社内其他党员共同成立了好味稻党支部，凭借支部建在产业链上，红色引领绿色的理念，得益于党员们的优秀表现，好味稻党支部于2016年获得"全省先进基层党组织"称号。除此之外，李相德还创造性地设计了"五统一"的利益机制：统一农技知识、统一购买农资、统一农机服务、统一质量标准、统一产品销售。在"五统一"模式的带动下，合作社现已有"东坡味

稻""泉水山谷""众享好味稻""丰中谷语"等一系列商标，2016 年每亩
分红 265 元，合作社社员共计分红 620 万元，平均每年扶贫扶残 300
余人。

5. 赵跃军——四川洪雅县幺麻子食品有限公司董事长

赵跃军原是洪雅县某小餐馆的一名厨师，2002 年，从自制的藤椒油
中发现了商机，成立了"幺麻子有机食品厂"。经过近 20 年的发展，"幺
麻子有机食品厂"已成长为"四川洪雅县幺麻子食品有限公司"，产品销
往全国各地，市场占有率达 80%。"幺麻子"长期坚持"公司＋农民专业
合作社＋基地＋农户"模式，在洪雅、乐山、仁寿、丹棱等地建成藤椒基
地 3 万亩，无偿为基地提供优质藤椒树苗 4 万余株，带动种植户 1 300 余
户，与藤椒种植户签订收购合同 7 530 余份，承诺保底回收价格，使所有
椒农无忧种植。在开发藤椒油系列产品的同时，赵跃军还大力发展藤椒文
化产业，先后投入数千万打造"中国藤椒文化博物馆"和"德元楼"，一
楼一馆现已成为洪雅县文旅产业支撑。除此之外，赵跃军还每年拿出 2 万
元，在重庆商务职业学院设立奖学金，用于鼓励在校学子。

6. 杨国明——金川县安宁镇莫莫扎村退休干部

2011 年，杨国明退休之后回到家乡安宁镇莫莫扎村。看到家乡落后
的面貌，联想到莫莫扎村良好的地理环境和独特的气候条件以及自己有很
多中药材生意的朋友，杨国明决定依托中药材带领乡亲脱贫致富奔小康。
2012 年，杨国明动员当地爱好中药材种植的农户，自愿联合成立了"金
川董巴中药材种植专业合作社"。董巴药材合作社成立以来，组织药材外
销 230 吨，受益阿坝州 46 个村 93 个社 1 360 户，受益人数达 4 000 余人，
增加农户收入 900 万元。

7. 陈国见——四川友腾农业科技有限公司董事长

2016 年，成功引进四川友腾农业科技有限公司董事长陈国见回乡建
设和发展。两年来，在他的带领下，公司在达州市达川区万家镇碗厂沟、
双桥、五洞、黄家沟等村植树造林 2.5 万亩，栽植银杏树 80 多万株，成
活率达到 95%，极大地改善了当地生态环境，有效地提高森林覆盖率，
造林绿化工作成绩突出，为万家镇"天鹰寨"旅游产业协同发展做出了卓
越的贡献。

（二）"不在场"乡贤

1. 王云——上海明泉企业（集团）有限公司董事长

王云是南充市蓬安县正源镇红豆村人，是第一个在上海建商品房的人，全国知名的企业家。在事业取得成就之后，王云先后通过多种回馈家乡，推动家乡发展。一是成立上海四川商会，组织四川商人抱团发展，并以商会为平台，为四川招商引资超过 100 亿元。二是积极捐资助学，先后为正源小学、正源初中、巨龙职中捐资 370 万元改建校舍、添置教学设施；出资 100 万元，在蓬安县设立了"王云奖励基金"；捐资 100 万元专门用于奖励仪陇县乡村教师。三是积极扶贫帮困，解决家乡贫困户住房改造所需的资金问题，采取"政府＋企业"和"商业＋慈善"的模式，捐资 1 000 万元，用于红豆村农房改造和基础设施建设，依托该笔资金，红豆村正全力打造"中国爱情村"。

2. 卢俊卿——天九共享控股集团董事局主席

卢俊卿是广元市苍溪县人。2011 年 12 月 16 日，卢俊卿为方便家乡村民就近看病，耗资 300 万在老家创办"感恩堂义诊所"，惠及苍溪县金鹤村和高清村 2 300 位村民，截至 2018 年底，义诊上万人次，急救上千人次。2018 年 8 月 23 日，卢俊卿向共青团广元市委捐款 1 000 万元，资助 6 600 位困难学生上学，包括小学生、初中生 5 000 名，高中生 1 000 名、大学生 600 名。次日再次向苍溪县和旺苍县捐赠 1 460 万元，用于医疗扶贫、农业扶贫和敬老扶贫。为了规避农村急救时间长、路况差的现状，卢俊卿现正出资探索直升机急救，并已在苍溪、旺苍县城区和市城区落实了三处降落点。

（三）"外来"乡贤

1. 向海啸——广安市前锋区向太阳种养殖农民专业合作社理事长

向海啸原是沿海地区一名水果商贩，2013 年随其妻返回广安市前锋区观阁镇垱口村，并于次年 1 月成立向太阳种养殖农民专业合作社。合作社先后探索过葡萄、李子、桃子等不同类型水果种植，现已基本形成以青脆李、脆红李种植为核心，温室育苗为支撑，兼有循环养殖的产业发展模式。合作社成立之初仅有 5 户人，截至 2018 年底，已发展成为垱口村和码头村共 130 余户人，带动 48 户贫困户以土地入股的方式加入合作社。

2019 年，合作社李子种植面积达 700 余亩，产量达 650 吨，产值达 600 余万元；年工资和租金支出 100 多万元，带动农民增收 50 余万元，带动埝口村村集体经济收入 2.4 万元。

2. 姚智怀——成都翔生实业有限公司执行总裁

姚智怀是台湾人，毕业于美国卡内基梅隆大学。2010 年，随其父到成都市新津县兴义镇发展有机农业，并于同年建成"翔生大地"有机农场。姚智怀及其团队长期致力于有机农业种植、绿色农产品加工销售、文化创意开发、乡村休闲旅游和食农教育体验，先后开办耕心农村发展促进会，定期举办技能培训和丰富多彩的社区活动，组织村民参与有机技术学习；组建翔生大地有机农业发展学院，开设 36 门课程，学制 3 年，学费全免，旨在打造未来的有机职业农人；创办"iGarden 田园城市"和"CSA＋菜送俺家社区支持农业平台"网络平台，旨在让生产有机农产品的农民直接和消费者对话并建立相互信任的关系。经过近 10 年的发展，翔生农场已发展成为占地 1 700 余亩，囊括 200 多个大棚和露天种植区，产出 180 多个农产品品种的生产生活生态融合发展示范农场。长期雇佣当地村民 70 余人，村民既收取租金，又领取工资，实现了收入增加。翔生农场已成为兴义镇发展有机农业、打造生态小镇的核心支撑。

第四节　四川省培育新乡贤助力
乡村振兴所面临的问题

一、对新乡贤科学内涵认识不足

省级层面培育新乡贤的牵头单位有组织部、人社厅，各地基层组织部也充分发挥了新乡贤在村两委组织建设中的作用。但在座谈、调研中发现，业务主管部门对新乡贤的认知存在概念不清、对象不明、类别含糊的问题，近半数被调查者（45.64%）未曾听说过新乡贤。加之新乡贤过去与村民接触和交流不多，易造成部分村民对其性质的误解，认为新乡贤回乡纯属利益驱使，个别被调查者（4.28%）对其持排斥甚至反对态度。在新乡贤引导村民参与产业发展时，由于多数村民长远意识淡薄、缺乏大局观念，对于投资超出预期、短期不能获利的行动犹豫不决、难以支持，也难以尊重、信服新乡贤。

二、产业引贤用贤留贤能力不强

"一村一品、一乡一业"在四川已有多年实践，但绝大多数乡村的主导产业同质化现象严重，不能充分发挥地方特色优势、实现差异化发展，加之土地细碎化程度高，土地流转租金高，产业投资成本高，无法激发经济精英投身产业发展的热情。此外，大多数乡村缺乏产业规划，往往沿袭传统产业，少则两三个、多则六七个，呈现乱、散、小、杂的状态，无法发挥人气集聚功能、经济带动作用，难以吸引经济能人、乡村精英进行投资、经营。

三、科技有效供给能力不够

部分新乡贤属于跨界经营，对所发展乡村产业的基础知识掌握不足，基层技术人员对产业的科技支撑力度不够。在对生猪产业中小养殖企业的调研中发现，非洲猪瘟爆发的重要缘由在于缺乏专业防疫人员，导致重大传染病的传播。在实际操作上，相关种养殖技术培训并未结合各地特点，缺乏针对性、实用性和可操作性。在科技需求上，部分新乡贤并不适合接受普惠性农业技术培训，而是需要学习科技含量高的专业知识，现有科技服务深度和力度无法满足其需求，缺乏科技的有效性供给。

四、乡村公共服务项目不全

一些经济精英、农民工早年离乡在外工作，在农村没有土地，大部分没有房产，回乡后面临居无定所的问题，这将直接制约其返乡可能性、积极性。即使其心怀理想回到家乡，也将面临基础设施与配套设施建设滞后的问题，参与乡村治理、发挥带动作用的难度较大。更为重要的客观事实是，当前我国尚未完全实现城乡基本公共服务一体化，由于回乡者往往面临医保异地衔接的问题，且子女、亲人不在身边，生活无人照顾，生病难以及时就医，也不方便回城治疗，这也导致很多习惯城市生活的退休人员难以回乡。

五、引进激励承诺不兑现

各地引贤用贤留贤尚处于探索阶段，需基于现实情况在实践中不断完善，缺乏相应理论指导，也缺少相关制度保障。尤其在引进新乡贤回乡创业、支持村庄发展方面，缺乏相应激励体制，难以持续激发其参与乡村建设的热情。此外，个别地方政府在引进新乡贤时，对其承诺发放产业发展资金补助，但由于多方原因迟迟不兑现，在降低新乡贤投身产业发展意愿的同时，也对自身公信力造成损害，阻碍新乡贤后续培育进程。

第五节　四川省培育新乡贤助力乡村振兴对策建议

一、创新传扬乡贤文化，发挥模范引领作用

政府财政出资补贴官办媒体，充分发挥报刊、广播、电视、网络等传播优势，在微信公众号、官方微博等开设"新乡贤"专题专栏，宣传新乡贤科学内涵、报道新乡贤典型案例、推介新乡贤模范典型。积极推动乡贤理事会、乡贤议事会等基层新乡贤组织建设进程，制定合理有效的选贤、引贤、用贤、留贤、倡贤等各项办法措施。开展乡贤文化节、乡贤文化研讨会、"知乡贤、颂乡贤、学乡贤"等主题活动，通过农村文化礼堂、文化下乡等场地、载体，依托典型案例编排新乡贤主题的文艺节目、拍摄微电影等向农户宣传新乡贤、弘扬真善美、传播正能量。

二、因地制宜发展产业，科学制定产业规划

各地应在系统分析地理区位、自然资源、产业基础、经济发展状况的基础上，注重对独特资源、传统工艺、农耕文化的发掘。一方面由上级政府业务部门牵头制定产业规划，确定各地特色产业的主导性地位，做到换届不换产业、变领导不变政策，保障产业发展和政府政策性投入的持续稳定。另一方面，基层政府要科学把握新乡贤自身优势和特长，合理利用新理念、新技术、新渠道，充分发挥新乡贤致富带头作用，形成政府主导、乡贤引领、农户参与的产业发展氛围，吸引新乡贤、留住新乡贤。同时，应深化农村土地制度改革，盘活乡村闲置土地资源，为创业者发展新产业、新业态提供土地支撑。

三、加大政策培训力度，提高科技供给水平

加强新乡贤等"三农"工作队伍建设，具体抓好三类培训：一是政治参与、公共政策培训，努力培养乡村精英的政治素质、人格魅力、参与决策能力，使其能够成为具有号召力、凝聚力的乡村治理领导者与决策者。二是农业科技专项培训。根据地区特点和不同产业发展需要，开展种养新技术、农机装备技术、食品加工储藏技术、农产品物流技术等方面的培训，提高农业科技的实用性和可操作性。三是组织管理与农业产业发展培训。开展领导力、执行力、员工管理、财务管理、市场营销等专项培训，介绍生态农业、休闲农业、康养经济、共享经济等新业态模式，鼓励专业合作社和产业联盟，因地制宜利用互联网平台创新营销模式。

四、加强公共服务建设，消除精英后顾之忧

积极研究制定出台公职人员告老还乡、退职还乡制度，保障回流到农村的新乡贤享有的各项权利，解决基本生活问题。在居住、补贴、医养等方面实现突破，出台专门政策为新乡贤提供住房保障，让身体健康、条件允许的公职人员在退休以后，回到家乡定居、创业、任职。加强农村饮水、电力、网络、道路设施建设，继续改善农村人居环境，减小回乡者对居住环境的心理落差。研究制定"乡贤回归工程方案"，在用地、供水、供电、基础设施建设收费、各项行政事业性收费等方面实施一系列优惠政策性和鼓励措施，努力营造"回归经济"大发展的政策环境。

五、健全引贤留贤机制，完善配套服务体系

四川省农业农村厅、人社厅、共青团、妇联等要创建奖励基金。基层政府和村两委应建立健全经济精英吸纳和选拔机制，让经济精英回得去、留得住。完善农村人才激励机制，开展评比表彰活动发挥新乡贤的示范带动效应，鼓励他们充分展示才能、智慧建设新农村。地方政府可根据本地资源、区位、加工能力、劳动力、市场、交通、物流等综合情况制定项目库，为返乡创业人员确定投资方向提供参考。

专题四　四川省农业农村新产业新业态发展研究报告

　　2015 年中央提出供给侧结构性改革的重大举措。2017 年中央 1 号文件确立了"三农"工作今后一段时期要加快推进农业供给侧改革，保障有效供给、增加农民收入、保护生态环境，切实发挥农业的多功能作用，加快农业农村产业转型升级，发展新产业新业态。这既顺应了世界农业农村经济发展的规律，又是对中国特色社会主义市场农业经济的重要贡献。因此，在四川近几年积极推进农业供给侧结构性改革的大背景下，针对四川农业新产业新业态发展调研具有十分重要的理论和政策价值。

　　根据农业供给侧结构性改革发展，为在此背景下梳理四川农业新业态发展现状，进一步厘清四川农业新业态发展的制约瓶颈和影响因素，准确把握应对策略。本研究自 2016 年 9 月至 2017 年 9 月，选择 17 个市、37 个县（区、市）①，采取开会座谈、实地考察、典型案例分析、入户走访、问卷调查、数据收集等方式，针对花果"农旅"融合新业态（柑橘、猕猴桃、梨园、花卉、酒业、茶）、观光主题农业（农业文化主题园区、庄园经济、家庭农场、湖滨经济、庆典经济、美丽乡村）、康养为主农村养老产业（乡村酒店、森林养老、民宿）、乡村文化旅游产业（文化古迹、宗庙文化、古镇文化、民俗文化）、"互联网＋"农业（大学生创业园区、农业高科技园区、农村电商）等方面的四川农业新业态重点进行调研。

---

　　① 调研点包括：成都市（蒲江县、新津县、温江区、郫都区、崇州市、简阳市）、绵阳市（涪城区、平武县、江油市）、泸州市（龙马潭区、江阳区、纳溪区、合江县、古蔺县）、雅安市（石棉县、天全县、汉源县、名山区）、广安市（含前锋区、华蓥区、邻水县、武胜县）、攀枝花市（仁和区、盐边县、米易县）、遂宁市（射洪县、船山区、蓬溪县）、眉山市、乐山市市中区、资阳市雁江区、内江市资中县、南充市南部县、巴中市恩阳区、德阳市罗江县、自贡市荣县、达州市宣汉县、广元市苍溪县。

研究的主要结论如下：

（1）制约四川农业新业态发展的瓶颈：①新业态发展基础条件较差；②新业态发展的科技支撑不够；③新产业发展同质化严重；④新业态发展人才稀缺；⑤新业态发展扶持政策不到位。

（2）四川农业新业态发展的影响因素：①农业农村规划不到位，导致基础条件不能适应新业态发展；②农业科技的供给与需求脱节，导致新业态科技含量低；③农业农村资源配置不合理，导致新业态的选择误差；④城乡发展不均衡，导致适应新业态发展的专业性人才缺乏；⑤农村新产业新业态工作权责不明，涉及部门较多，导致政府扶持新业态发展的政策不能及时落实。

（3）四川农业新业态发展的对策建议：①进一步完善配套设施建设，夯实产业新业态发展基础；②强化科技支撑引领，提高农业农村新业态供给质量；③合理配置农村资源，发展特色优质产业；④协调城乡融合发展，保障农村新业态发展的中坚力量；⑤整合党委政府相关资源，制定农业农村新业态扶持政策。

第一节　四川省农业新业态发展现状

一、花果"农旅"融合新业态

四川特色花果产业主要包括柑橘（泸州市龙马潭区、眉山市丹棱县、德阳市罗江县、内江市资中县、广安市邻水县、乐山市），猕猴桃（广元市苍溪县、成都市蒲江县、雅安市雨城区），梨（广安华蓥市、广元市苍溪县、雅安市汉源县），柚子（泸州市合江县、泸州市龙马潭区），葡萄（广安市华蓥市、眉山市彭山区、攀枝花市仁和区），花卉产业（广安市华蓥市、成都市温江区、郫都区、遂宁市拱市村），酒（泸州市），茶（乐山市、雅安市）。四川省特色花果产业呈现带状、块状聚集发展的趋势，如盆周山区500万亩名优绿茶产业带、龙门山脉100万亩优质猕猴桃产业带、川中100万亩柠檬产业集中发展区、攀枝花芒果产业发展集中区。同时，川东北不断强化以柑橘、猕猴桃和柚子为主的高经济价值水果发展，种植面积达185万亩。四川省特色花果产业致力于发展循环经济以实现经济效益及生态效益，如广元市苍溪县双龙现代农业产业园，向前连接产业基地，集中连片发展红心猕猴桃、雪梨等特色水果 2.18 万亩，形成果、粮、畜（禽）、沼（气）配套的种养循环产业链。另外，四川省特色花果产业依托省创新团队、各科研院校，大力实施引智、引技、国际交流合作、省经济作物育种攻关等科技项目，研发和推广了一批国内外优新品种，共有 20 个果树新品种通过省级审定并得到广泛推广，其中柑橘早中晚熟比例由过去的 1∶8∶1 调整为 1∶7∶2，延长了产品上市期，增加了产业效益。就特色花果加工业而言，水果重点发展以保鲜为主的初加工和以健康饮品为主的精深加工，茶叶重点发展茶饮品、功能保健品等精深加工。

二、观光主题农业园

观光农业具有较长的发展历史，现阶段，四川省内不同区域对观光农业的内容进行丰富，促使这一"老"产业焕发出"新"活力。成都市崇州市土而奇农场等家庭农场，通过建设自营电商平台、循环生产基地、会员制田园蔬菜基地、封闭式活水池塘以及特色休闲区，打造了一条绿色生态、一三产业互动相融的发展道路，取得较好的发展效果。广安市邻水县缪氏庄园、华蓥市广安蜜梨主题公园、广元市苍溪县梨文化博览园，内江市资中县响水滩生态农业休闲体验区等农业文化主题园区，通过深挖农业文化、打造创意农业，促进观光农业提档升级。而以南充市南部县升钟湖、简阳市三岔湖为代表的湖滨经济也在蓬勃兴起。据统计，全省发展了 3.1 万家休闲农业与乡村旅游经营单位，4 531 个以现代农业产业基地为依托的休闲农业景区景点，1 987 个引领全省休闲农业转型升级发展的休闲农庄。全省休闲农业景区景点接待游客达 3.2 亿人次，综合经营性收入为 1 008 亿元，带动全省 1 034 万农民就业，为全省农民人均增收贡献 82.1 元，成为全省农民增收的重要渠道和最大亮点。

三、康养为主农村养老产业

康养产业是近年来新兴发展起来的一个产业，旨在通过提供一系列健康、养生的产品和服务来帮助消费者达成身体康复、修身养性、精神放松的目的。攀枝花是四川省内发展康养产业的标杆，该地充分借助六度禀赋，已初步打造集康养旅游、康养农业、康养医疗、康养体育、康养文化等于一体的阳光康养产业体系，并多次在上海、成都等地进行推介，取得了较好的产业发展成效，仅 2016 年便吸引"候鸟"老人超 15 万人次，带动同期旅游收入增幅达 31.49%。巴中、广元等地也凭借当地的森林资源优势，打出了森林康养的招牌，但在知名度、产业规模等方面均与攀枝花有一定差距。广安市武胜县白坪乡、飞龙镇依托田园综合体建设，开辟了一条农村养老的发展新思路。内江市资中县等丘陵地区借助生态农业、温泉疗养等资源，也逐步向康养产业进军。

四、乡村文化旅游产业

乡村文化产业以地方特色文化为主题，以现代生态农业为依托。乡村文化产业发展的典型代表是成都市周边的古镇文化产业，包括洛带古镇、黄龙溪古镇、街子古镇、安仁古镇等，已成为成都市的重要旅游观光景点。古迹文化产业方面，广安市武胜县宝箴塞、广元市苍溪县寻乐书岩等通过适度开发乡村文化古迹，有机促进一三产业融合。绵阳市平武县报恩寺、广元市苍溪县云台观通过挖掘宗庙文化并适度开发，丰富了乡村文化产业的内涵。攀枝花市盐边县红格镇以少数民族风情为依托，借助红格温泉、攀枝花水果等资源优势，打造独具民俗特色的风情之旅，是民俗文化产业开发的一大代表。除此之外，四川还拥有深厚的红色文化底蕴，通过打造广安的红岩文化、川东地区的红军文化，也有利于带动当地乡村三产业的发展。

五、"互联网十"农业

四川农业信息化的基础条件不断夯实，全省 3G 和 4G 上网入村率 97.6%，光纤网络入村率 66.8%，农村宽带入户率 12.8%，农村每百户计算机和智能手机占有率分别达 16.3% 和 177.5%，农村互联网建设日臻完善。在此基础上，四川省人民政府推行多渠道、多途径、多平台发展"互联网十"农业经营的方针战略，引导家庭农场、农民合作社和涉农企业等新型农业经营主体运用互联网新思维、新技术、新模式进行农产品营销，打通了销售渠道，拓宽了农产品销售市场，农村电子商务加快发展，共培育涉农电商 3 980 户，建成国家级和省级电子商务进农村综合示范县 57 个。如宣汉县天宝乡地处偏远，通过"互联网＋"农业将当地优质脆红李销往上海等大城市，售价高达 38 元/千克，比以往售价高出一倍多，有效带动农户增收；蒲江县猕猴桃、丑柑、攀枝花芒果也是四川省利用"互联网＋"拓宽农产品销路的典型案例；眉山市围绕泡菜产业，打造了"互联网＋东坡泡菜"电商平台，成为全国规模最大、功能最全、工艺最新的泡菜产业园区，辐射带动全市建成 45 万亩标准化、绿色泡菜原料种植基地。另外，本次调研也涉及大学生创业园区，如眉山市大学生创业联合会兼具会议、阅览、办公等功能，立足青年需求为创业青年提供交流、学习、了解创业优惠政策等功能。

第二节　典型案例

一、案例一：泸州市龙马潭区农业农村新产业新业态发展

(一)基本情况

泸州市龙马潭区龙马潭区地处东经 $105°19'19''\sim105°33'50''$，北纬 $28°52'17''\sim29°04'25''$，东、西、北与泸区接壤，南以长、沱两江水面为界，紧邻江阳区，全区面积 332.64 平方千米，属人多地少，城市带动较强的典型城郊结合部；流经本区的江河有两江两河，即长江、沱江、龙溪河、濑溪河，环抱东、南、西三面区界，有较为充足的水资源，辖 6 个镇，6 个街道办事处，1 个厂区办事处，33 个社区居委会，57 个农业行政村，总人口 342 413 人；交通体系健全，是西部同类县区中独具"公、铁、水、空"立体综合交通枢纽优势的行政区。

近年来，龙马潭区积极把握城乡结合部地域优势，发展都市农业；引入工商资本到农村，开拓产业跨界经营；充分打造第一特色产业，拓展新产业的发展领域；利用"天府首港"泸州港，打造新业态产业集群。多举措并行，走出了一条休闲养老、乡村旅游、农村电商齐头并进的农村新产业新业态发展之路，打造了双加镇美丽新村、泸州中颐主题公园、兴农果蔬专业合作社、泸州市天一都市农园等一批样板单位，取得了较好的

成效。

（二）案例分析

龙马潭区虽已着力进行农业农村新产业新业态的打造，推动农业供给侧结构性改革，但就调研情况来看仍存在诸多问题。

一是产业融合进程滞后，进度缓慢，缺乏当前与其他地区竞争的力度。调研发现泸州市龙马潭区"十里渔湾"项目和中国（泸州）柑橘文化博览园项目还未完全竣工；兴农果蔬专业合作社与泸州市天一都市农园农业科技有限公司仍停留在农产品初加工阶段；兴农果蔬专业合作社仅处于线下销售模式，农村电子商务平台还没有完全建立起来。究其根本，是由于龙马潭区农村新产业新业态发展起步较晚，各级干部及经营主体缺乏对国家指导方针的深入掌握，未充分学习其他地区农村新产业新业态发展的先进案例。

二是农业农村新产业新业态发展同质化现象严重，缺乏独特性与创新性，加之消费总量不足，市场趋于饱和，易出现扰乱市场的恶性竞争行为。本次调研发现中国（泸州）柑橘文化博览园、泸州中颐农业有限公司及兴农果蔬专业合作社均涉及果蔬种植、采摘体验项目。探索其发生的原因，主要是由于利益驱动及受龙马潭区政府产业发展定位的影响，龙马潭区农村新产业新业态发展中的经营者盲目跟风，一味发展市场行情好或政府引导的项目，未基于自身特点进行合理的布局、准确的定位及差异化的经营。

三是价值链条不完善。发展农业农村新产业新业态的根本动力在于推动农业全产业链的升级打造。龙马潭区资源丰富，然而在发展农业农村新产业新业态的过程中，却仍存在产品质量、营销方式以及客户组成等方面的问题。主要表现为：泸州中颐兴农生态园项目及泸州金色颐养园项目存在基础设施陈旧破损的现象，难以带动客户二次消费；双加镇美丽新村示范片核心区未制定合理的营销策略与系统的营销网络，缺乏品牌知名度打造；泸州中颐兴农生态园项目客户构成单一且消费不持续，客户主要来自泸州市本地且仅限于特殊节日来此消费。究其原因，还是由于龙马潭区各经营者对农村新产业新业态发展的理解认识不深，欠缺系统性的营销管理知识及专业化的市场营销技巧。

四是土地资源配置矛盾突显。泸州市龙马潭区现有土地资源稀缺，国土面积仅 333 平方千米，在全省 181 个区县中排名第 171 位，且国家基本农田红线政策限制当地产业发展占用农田，新增建设用地规模指标审批程序过于繁琐且耗时长，导致龙马潭区农村新产业新业态发展空间有限、发展路径选择性不强。本次调查中发现中国（泸州）柑橘文化博览园项目建设需用地 30 000 亩，经营主体在短期内实现预期规模的愿望与政府政策不匹配，原有建设规划也因土地限制得不到完整实施，发展成效有所影响。如何优化整合龙马潭区土地资源，令当地产业结构得到提升，进而促进经济发展，已经成为该地区迫在眉睫的问题。

五是缺乏高素质从业人才。龙马潭区乡村旅游、生态旅游、休闲养老、农村电商等相关新领域从业人员素质整体偏低，严重缺乏一线的年轻人才与懂科学技术、专业技能的创造型、协作型、复合型人才。调查问卷分析结果显示，初中及高中（中专）学历的龙马潭区农村新产业新业态经营者所占比例最高，占调查人数的 60%，而本科及以上学历的经营者仅占 20%。主要是由于龙马潭区地理位置较为偏僻，自身教育资源相对欠缺，人才培训机制不健全，另外龙马潭区现有生活环境、医疗水平、薪资水平比较落后，不利于吸引并留住外来人才，人才的大量流失，成为影响龙马潭区农村新产业新业态发展的重要因素。

二、案例二：泸州市江阳区乡村旅游发展

（一）基本情况

泸州市江阳区属于川南地区，沱江和长江在此集合，它的东西南北方向分别是合江、江安和富顺、纳溪、泸县等。作为泸州老窖的起源之地，江阳不仅被称为酒城，而且一直属于川南重镇。从古至今，该地连接了渝、川、云、贵等区域，是主要的物资中转站，而且它还是泸州重要的文化和经济枢纽。2015 年，江阳的占地面积、总人口分别为 649 平方千米、64.12 万人。2016 年，江阳区实现 GDP（地区生产总值）318.06 亿元。交通方面，江阳区拥有泸州蓝田机场，境内交通发达，水陆纵横，分布着沱江和长江，同时，这一地区还建设了川地首个直立式港口，泸州港也位于其中。

泸州市江阳区乡村旅游发展形式多样，包括以采茂山庄、向阳山农家乐为代表的农家乐，以华阳西岸、黄舣美酒江湾为代表的观光农园，以龙鼎度假村、碧和山庄度假村为代表的休闲度假农庄，以泰安咀阳、石寨凤龙、弥陀来龙为代表的民俗村等。近年来，江阳区乡村旅游发展势头良好，经济效益日趋显著，品牌建设效果明显，宣传营销高效推进，旅游环境不断优化，取得了一定的发展成效。

（二）案例分析

江阳区在推进乡村旅游发展战略的过程中，也存在一些需要重视的问题。

一是旅游产品开发层次不够，档次较低，对游客的吸引力较小。根据相关调查，在旅游目的方面，游客动因较多，其中以观光和减压的人群最多，占比达 60%，而对于了解民风民俗和地方文化，游客兴趣并不大。在停留时间方面，很多游客认为，该地的旅游活动不适合长期开展，只能做短暂停留，所以，大部分的游客停留的时间为 1～2 天，其占比超过了 75%，游玩 3 天以上的游客人数不多。在消费开支方面，在该地的人均开支达到 150～300 元、在 300 元以上的游人占比分别为 60%、18.7%。从这些数据中可知，现阶段，该地开展相关旅游活动的主要支撑是其丰富的资源、优美风景，而在彰显文化意义方面的力度有待提高。同时，大部分的产品种类多样性较差，创造性不强，质量也处于较低水平，价位多徘徊在中低位，不能凸显地区特色，难以适应不同游客的内在需要，也不能体现产品的多元化和高品质等特征。

调查还发现，该地区没有开展科学有效的融资活动，而且招商规模较小，因而资金储备严重不足，同时，该地对于开发乡村旅游的思想和认识不尽科学，未以正确而合理的态度来看待该种活动，这就导致其实践缺乏科学的思想指导，相关项目的运营体制无法形成较大的规模。另外，在产品研发的过程中，部分经营者盲目跟风，出现了劣币驱逐良币的现象。例如，弥陀镇分布着很多农家房屋，别有风味的乡风民俗本来该是其重要标志，可这些房屋在改建的过程中，毅然摒弃了此种特色，取而代之的是一些十分奢华的"洋装"，如此便从中看不到一点淳朴的影子，最终让它们无法对游客产生强大的吸引力。

二是旅游产品开发较为单一，多数运营单位提供的娱乐设施以及活动项目的比较相似，旅游资源的整合和创新较少，进而难以满足消费者日益增长的需求。首先，棋牌娱乐、影视娱乐、室内运动等娱乐设施在城市休闲场所中普遍存在，没有展现出乡村旅游的内涵与特色，还使得城市化的元素被带入了乡村旅游的环境里，导致了乡村旅游城市化的不利趋势。其次，同类型的旅游单位推出的旅游产品往往趋于同类单一化，例如大多数农家乐仅仅提供农家食宿，没有开展更丰富的活动来加深消费者的体验；观光农园还停留在开展观光采摘等劳务活动，而很少提供亲子教育、农业知识课堂等具有教育意义的活动；民俗村只注重于餐饮以及表演活动，忽视了村民与游客的交流等。种种现象都说明乡村旅游单位在产品开发以及资源整合上的深度不够。伴随着经济的快速发展，人们的生活条件得到了极大改善，游客的内在要求也呈现出多元化的特点，对此，怎样科学运用附近的生态和人文条件，开发出生态友好、文化内涵丰富的旅游产品，是乡村旅游经营者需要重点关注的问题。

三是乡村旅游的住宿条件较差，星级单位较少，4 星、5 星的高质量乡村旅游单位占比仅 8.8%，不同经营单位在客房环境、用餐环境、娱乐环境相关配套设施及网络信号的提供与覆盖等方面也存在较大差异。

四是乡村生态环境破坏现象令人担忧。很多运营者还是片面地追求经济利益，只顾及个体利益的得失，目光短浅，不注重长期发展利益，对环境的承载量不予以高度关注，在平衡环保与旅游发展方面未采取有效手段。此外，游客数量的日益增长将会使乡村旅游资源面临着持续增长的压力。部分游客环保意识较差，在开展相关旅游活动的过程中，随地丢垃圾与损坏设施等情况屡屡出现，从而增加了环境的负担，破坏了该地的生态平衡。

五是从业人员素质有待提高。泸州江阳区旅游局于 2016 年开展了乡村旅游从业人员受教育程度的调查，报告显示占被调查人数 72.40% 的从业人员受教育程度大多集中在初中、高中、中专的中等教育水平，其中初中水平占比 40.90%，中专及高中占比 31.5%。而高等教育水平占比仅 17.60%，其中大专、本科水平占比 13.50%，本科以上水平占比 3.90%。因而从整体上来看，乡村旅游从业人员的受教育程度普遍不高。调查显示，受教育专业是农业或旅游相关的从业人员数量较少，仅占总人数的4％。相关从业者的受教育水平普遍不高在极大程度上制约了该地农业农村新产业新业态的发展。

三、案例三：郫都区团结镇农业农村新产业新业态发展

（一）基本情况

郫都区团结镇地处郫都区东北部，位于府河源头，西距区城10千米，东距成都市区13千米，北以毗河为界与新都区毗邻，犀团路、沙西线高等级公路横贯全境，成彭高速公路穿境而过。镇内拥有香脂河、毗河等水系，都江堰流域柏条河、徐堰河经镇内石堤堰节制闸分为府河和毗河，形成了团结镇得天独厚的生态和自然资源优势，使其素有"府河第一镇"的美誉。该镇面积28.86平方千米，辖9个行政村和1个街道社区，共140个社，耕地面积20 742亩。目前被列入全省"百镇建设试点行动镇"，是成都市确定的四个新市镇之一。

团结镇以土改试点为契机，加强农村集体经营性建设用地利用管理，解决土地零散的问题；以发展项目为载体，大力发展特色农业产业；以生态创建为抓手，打造田园景观，统筹城乡环境保护发展。多举措并进，在农业农村新产业新业态发展过程中取得了一定的成效。

（二）案例分析

团结镇在推进农业农村新产业新业态的发展过程中，仍存在系列问题。

一是土地问题突出，集约化经营难。主要体现为农地单个田块面积偏小，分布零散，种植连片种植少，粮油、花卉苗木、蔬菜等作物混杂。土地流转少，规模化经营偏低，多为传统种植，农业机械化水平低、产业化水平低。受越来越严格的环保要求影响，低端小作坊已完全不适应形势发展的需要，正在关停整治，造成大量土地、厂房空闲。而木料加工等小作坊老板收起来的耕地已被破坏，无法耕种，加之耕地产出效率低，农户习惯每年领租金，不愿意再重新接手耕地，导致土地租金无人负担。另外，全镇共九个村一个涉农社区，共28.86平方千米，耕地面积2万余亩，形成规模的仅春天花乐园和欧陆风情园两个项目，其余的村（社区）无特色

产业，以低端小作坊和为主，个别村有榭香园、家乡园、樱花园等小型农家乐，均未形成规模。除业主受益外，对带动其他农户增收起不到积极作用。

二是发展档次低，品质提升难。由于产业功能缺乏合理分区和长远规划，农业与加工业、商贸业和旅游业相互混杂，前几年由于成都市五城区加强了管理，一些低端、污染型企业被搬迁，落户到作为城市近郊的郫都区团结镇，导致团结镇城郊结合部的特征明显，属于城镇还是农村界限不清。无论是农业生产、手工业还是农家乐等产业发展，均没有长远的产业规划，也没有专业的团队打造，农户各自为政从事经营活动，缺少有效的监管和引导，导致产业发展档次低，品质提升难度较大。

三是整体环境差，环境重建难。由于早前违法建设管控不严，村民违法建设成本低，租金高，导致各村建筑杂乱无章，违章搭建多，既没有川西民居建设特色又没有成都平原田园景观。小作坊加工的低水平高利润让农户铤而走险，在基本农田上建设厂房，加之厂房安全性差，原材料、废渣、废水乱堆、乱排现象突出。虽然2016年初在区委区政府的统一安排下，对无证无照企业进行了清理整治，占用基本农田的棚房被拆除，但土壤破坏严重，修复需较长时间。其余厂房因修建历史久远，厂房和住房混合，涉及面广，拆除难度非常大。

四是专业人才缺乏，产业融资难。发展农业需要懂技术的专门人才，但这类不仅难聘，而且聘到后也难留住人。原因是，从事农业产业非常辛苦，且周期长、投入大、利润低，除个别成功的案例外，其余投资者均承担巨大的压力，未来出路方向不明，导致农业院校毕业生不愿意从事农业工作，从而使农业专门人才缺乏，造成恶性循环。而团结镇离成都市区较近，居民宁愿到成都工作而不愿在当地务农，导致人才流失现象更甚。并且，一线从事农业生产的工作环境条件不好，报酬偏低，劳动者多数集中在年龄偏大、文化水平较低、不易外出找到工作的人群，导致整体水平较低。同时，投资农业的领域大多是高品质、高投入的特色农业，对建设资金需求巨大，多数投资方资金短缺，而由于银行贷款收紧，贷款抵押物要求严，导致企业申请贷款很难，随时有资金断链的风险，多数投资方对此估计明显不足。

总体来看，各地区农业农村新产业新业态的发展虽取得了一定成效，但整体形势依旧严峻，问题突出，需要重视。

第三节　存在的问题

一、新业态发展基础条件较差

基础设施条件的好坏直接影响产业新业态创造外部性的能力。目前，四川农业相关产业的基础设施条件较差，严重制约了产业新业态的发展。通过调研发现如下情况。

过去的通村公路受资金财力、地形条件的限制，设计规格只有 3.5 米宽，平原浅丘地区尚可合理配置硬路肩，而在盆周深丘地区，乡村公路按此宽度标准建设已不适应新时代乡村三产业发展的要求。在米易县、盐边县、宣汉县、荣县、资中县、平武县、名山区等地调研时，常常发生错车难，因错车导致车轮陷入边沟的情况。道路承载力差，养护情况同样堪忧，多数地区道路难以承受大车通过，只能通过设置限高栏等方式限制大车通行，而因为养护不及时，在自贡市荣县墨林乡吕仙村调研时，因下雨路面泥泞不堪，导致行车困难。

景区、景点配套设施不完善。部分区域以发展乡村旅游为抓手期望带动区域经济，却忽视景区景点基础配套设施建设，导致景区景点质量与效益不能令不满意。新津斑竹园森林公园，区位与景观优势均较好，但景区停车场较小、厕所少，难以适应景区发展的需要。而广安市华蓥市欧阳农业集团蜜梨产业园、百万玫瑰梦幻花海等景区同样存在此类问题。

乐山等地在发展渔业的过程中，现代渔业所需的供电、供排水、水生环境保护、网箱取缔安置等方面均不完善，严重制约了相关产业的发展。

二、新业态发展的科技支撑不够

各类新产业特征差异明显，科技支撑不足具体表现有所区别。由于农业信息化基础设施薄弱，蒲江柑橘、苍溪猕猴桃等花果产业的生产者难以及时获取产品需求信息，导致产品价格不稳、库存积压，产业抗风险能力差。康养产业、观光产业、乡村文化产业等乡村旅游产业对网络资源利用率不高，旅游活动的网络推广宣传不到位，在新媒体营销手段运用方面相对落后。由于缺乏游客量预警体系，部分景区常出现"超负荷"接待现象，严重降低旅游质量。"互联网＋"产业中，设施农业示范园区水肥一体化技术应用比例有待提升。农村电商发展面临难题：农产品上网率不高，品质差异大，商业化水平低，与大规模电子商务要求差距甚远。此外，农产品种类繁多、生产单位小，在处理、保鲜、运输上较为困难，增大物流环节难度。当前，科技支撑不足导致新业态科技含量低，严重制约新产业的发展。

三、新产业发展同质化严重

目前四川的新产业发展同质化现象较为严重，区域与区域之间以及区域内部之间都存在不同程度的同质化，地方特色产业不突出，缺乏合理规划，行业之间恶性竞争。通过调研发现以下情况：

近年花果产业市场行情好，大多地方都跟风种植。柑橘是四川传统果品之一，近年种植规模不断扩大，产量持续上升，仅蒲江就种植有 20 万亩柑橘，此外合江、资中、纳溪、罗江、广安等地也在大力发展柑橘，造成市场供过于求；猕猴桃的高营养价值使其市场行情较好，苍溪猕猴桃种植面积已达 35 万亩，而仅蒲江联想佳沃猕猴桃示范试验园种植面积就达 10 万亩；合江发展的真龙柚已经使市场趋于饱和，但阆中仍继续发展 20 万亩蜜柚，产品滞销压力凸显；葡萄属于喜阳植物，在四川的凉山、攀枝花、阿坝等地种植较多，但近年包括广安、巴中等地也在大力发展葡萄。许多地区大力发展苗木花卉，包括温江、广安、巴中、达州等地，目前温江的花卉苗木都已经大大超过了市场需求，更别说其他地方了。

全川的花椒、茶叶也存在同质化现象。不仅四川的花椒供大于求，整个云贵川渝都已经种植过盛，四川花椒品种繁多，盛产于汉源、西昌、冕宁等县，此外蓬溪县还种植有 10 万亩九叶青花椒，泸州等地也有部分花椒种植。目前四川约有 500 万亩的茶叶面积，呈逐年增长趋势，但乐山等地区仍有继续种植茶叶的意愿。

旅游观光、乡村民宿、农家乐以及度假酒店等产业也存在同质化现象。伴随乡村旅游的盛起，各种赏花节成为了许多地区吸引游客的噱头，菜花节、桃花节以及梨花节等大力兴起，但大多都缺乏特色，千篇一律；各式民宿也大力兴起，但发展民宿要有山有水，平原地区房间湿气较重，缺乏发展民宿的条件。

四、新业态发展人才稀缺

本次调研涉及四川 17 个市、37 个县（区、市）普遍出现相关从业人员素质整体偏低的现象，其中大学生创业园区（眉山、蒲江）、农村电商等互联网产业严重缺乏懂科学技术、专业技能的创造型、协作型、复合型一线人才，这已成为制约四川省新业态发展的重要因素。就地方政府工作人员而言，虽具有高度的工作热情，但缺乏专业知识，未进行过专业教育，大多是跨行业转调过来，仅凭一腔热情和主观意愿难以使地方新业态得到可持续发展；就作为新业态真正经营者的企业家和经理人才而言，农村相关人才的储备量远落后于周边城市，甚至出现了严重的人才外流现象；就作为新业态直接参与者的从业人员而言，数量多但结构不平衡，拥有专业技术、具备本科以上学历的从业者所占比重极小。

五、新业态发展扶持政策不到位

调研表明，农村新产业新业态的扶持政策，对于引领产业发展，加强行业管理和行业规范，支持新型经营主体发展，有十分重要的作用。但扶持政策还与引领新业态发展不适应，与支持新型经营主体壮大不适应，与让农民群众充分受益不适应，与解决缺资金缺人才等突出问题不适应。有的业态还未引起有关行业和部门的足够重视，各地对农村产业发展中呈现出的新变化、新趋势认识不够，培育新业态的意识没有形成，面上情况不清楚，缺乏有针对性的政策措施。

与此同时，四川省地方产业发展缺少项目支撑，针对农业农村的项目支持很少，争取项目支持很难，项目相对较小，发挥效益较难。如：本次调查中发现资中作为全国的血橙第一县，没有任何项目扶持资金。地方产业申请贷款有瓶颈，现存涉农贷款少，较少企业能够达到省上规定的要求，大多企业经营规模小、缺乏信息透明度、缺少有效担保、抵押品不足，金融机构不愿提供信贷服务，地方企业缺乏经营资本，导致产业打造进展缓慢；蒲江、眉山、温江都有大学生农村电商创业园区，但是政府一些部门反对农村电商的发展，因为可能会影响实体贸易商场，从而减少税费收入，对地方财政不利。

第四节　影响因素

一、农业农村规划不到位，导致基础条件不能适应新业态发展

基础条件难以适应产业新业态发展，其主要原因在于农业农村规划的不到位。道路交通方面，3.5米的农村公路建设标准来源于"十二五"时四川省交通厅的相关通知要求，而如今，3.5米宽的农村道路已不再适宜于产业发展的需要，新的《四川农村公路条例》也已新近出台，相关道路规划亟待修改。景区景点建设方面，部分景区规划不合理，缺乏配套的停车场、厕所等公共基础设计，难以符合景区发展。或者虽有规划，但制定规划时未充分论证，涉及土地整理、设施建设等方面时，工作开展难度较大，导致规划难以落地实施。另外，部分地区对产业发展制定了规划，却忽视配套设施建设规划的同步，导致规划科学性不足，束缚了产业新业态的发展。

二、农业科技的供给与需求脱节，导致新业态科技含量低

农业各类新产业侧重有所不同，对农业科技服务内容差别性供给要求高，短时间内农业科技供给难以适应新产业个性化需求，农业科研成果与实践应用脱节。一方面，生产者对农业科技服务表现出强烈需求意愿；另一方面，在接受了农业科技服务之后，仅有少部分生产者能将农业新科技立刻投入实践，"喊声响亮，呼应甚微"现象普遍。农业科技供给与实际应用之间存在难以逾越的鸿沟，新业态科技含量提升空间较大。

三、农业农村资源配置不合理，导致新业态的选择误差

农村新业态发展存在同质化现象，主要是由于农村资源的不合理配置，具体包括土地资源、人力资源以及财政资源等。由于利益驱动以及地

方政府的定位，盲目跟风发展当前较热产品，没有根据自身特点合理配置资源，导致新业态呈现同质化现象。

土地资源配置影响新业态的产业选择。土地利用结构和方向会对新业态的产业选址产生影响，选择农产品的品种时需要考虑土地的适宜性，例如柑橘适宜种植在温暖湿润的川西南地区，土地面积的大小会影响产业发展规模，土地质量以及土地的集约化利用都会对土地利用效率的实现产生影响，最终对产业经营效益产生影响，对农村建设用地的优化配置也会影响乡村民宿、农家乐等新业态的选择。

人力资源配置影响新业态的产业选择。有知识、懂技术、会经营的专业人才对产业发展的独到分析，会影响新业态的产业决策及后续发展，劳动力资源的配置也会影响新业态发展，应将人安置到最有利于发挥其优势的岗位上，比如发展瓜果、茶叶等行业所需劳动力较大，农村电商等则需高知识、高技术人才，这些都是管理者选择产业时会考虑的因素。

财政资源配置影响新业态的产业选择。一个产业的发展最主要的是要有资金保障，而产业发展专项基金、涉农贷款、财政补贴、税收优惠、金融支持等政策，是吸引工商资本到地方发展及选择产业的重要因素，政府扶持政策的倾斜会引导企业的产业选择导向，造成企业纷纷涌入政府补贴高、金融支持力度大的行业。

四、城乡发展不均衡，导致适应新业态发展的专业性人才缺乏

在探索农村新业态相关领域人才匮乏的原因中发现，城乡二元结构是造成该状况的主要影响因素。具体表现为：农村的薪资收入、人均消费水平远低于城市，地方政府公共投入严重不足，道路、通信、水电等基础设施较为落后，卫生医疗等条件也相对简陋，农村休闲、娱乐场所略有缺失，农村当地居民思想较为封闭保守，从而导致城市对农村就业的歧视现象，影响欲从事农村新业态人才的主观意愿，致使农村新业态发展缺乏吸引外来人才的竞争力。与此同时，城乡义务教育的差距也继续扩大，农村义务教育的经费投入较少、教学条件较差、师资力量严重不足，农村辍学率远高于城市辍学率，这使农村教育质量始终徘徊在低水平，阻碍了当地劳动力整体素质的提升。

五、农村新产业新业态工作权责不明，涉及部门较多，导致政府扶持新业态发展的政策不能及时落实

政出多门，权责不明，涉及部门众多，难以统一，难以协调导致政府的扶持政策力度不够，呈现出散而少，针对性不强的特点，扶持政策得不到有效落实，进一步加剧了农村新产业新业态发展的积极性难以有效调动的局面。

农村金融制度创新滞后，虹吸现象较为严重，市场化融资机制发育不全，不仅加剧了农业经营主体融资难、融资贵的问题，也在很大程度上制约了农业新技术、新业态、新模式的发育。加快发展现代农业必然意味着对资金、技术、人力、土地等生产要素投入的依赖度越来越高，客观上要求必须进一步加大投入，但现行农业补贴方式向龙头企业过度倾斜并为小农户提供了普惠式的政策支持，不仅效率低下，实施成本高，而且放大了财政补贴总量不足的矛盾，迫切需要改革和完善。

第五节 对策建议

一、进一步完善配套设施建设，夯实产业新业态发展基础

充分结合产业新业态发展情况，对农村道路进行扩建和翻修，设置适量的错车道；强化道路维修养护，提升道路承载力；鼓励社会各界通过多种方式参与推进农村公路事业发展，拓宽道路建设资金来源途径，保障道路规划早日落地。充分论证景区建设规划方案，完善景区旅游标识标牌设置、星级旅游厕所建设、生态停车场打造等旅游配套，全面提升旅游设施档次，夯实观光农业等新业态发展基础。完善现代农业、设施农业等新业态发展建设规划，充分考虑产业主体与辅助配套保障的紧密联系，提升产业发展规划的可行性和可操作性，助推产业新业态的有序发展。

二、强化科技支撑引领，提高农业农村新业态供给质量

增强供给端和消费端运用科技的能力，提高便捷程度。借助"互联网＋"服务，完善农产品信息分析预警体系，实现产销平衡，防止农业供

给过剩。乡村旅游景区应计算合理承载容量、最大承载容量及预警承载容量，建设游客量预警体系，提供实时预警。鼓励建设转运和仓储平台服务，缩短生产与供给的地域性空间距离和需求的时效性服务需求。积极引导社会力量参与产品加工、仓储、交易及市场与电商平台等各环节建设工作，鼓励特色农产品进入淘宝、京东等电商平台，促进线上线下融合发展，着力发展末端配送，解决农村电商配送"最后一公里"的问题。只有针对各类新产业提供相适应的科技支撑，才能助力农业新产业实现精准化、信息化和高效化。农村电商可仿照"滴滴打车"模式进行革新，实现即时消费、动态消费。配送公司在每个配送点周围注册及布局多个兼职配送员，消费者直接通过微信商城或官网下单，订单通过物流平台发送给各个配送人员，就近抢单，通过第三方末端物流在最短时间内配送至消费者，保证良好的用户体验。此外，在生产基地、加工环节、终端配送点需实现全冷链，保证农产品品质。

三、合理配置农村资源，发展特色优质产业

综合考虑地区客观因素，整合土地、人力、资金等各项资源，根据地方实际特点进行合理布局、准确定位，适当调整地区产业结构、规模，优化品种种植结构，研究建立农业适度规模评价指标体系，使土地发展规模与当前农业阶段性特征、生产发展水平及农户的农业生产经营管理能力相适应，使农村资源得到最大化配置，如在攀西地区重点发展候鸟式康养，川东北地区发展森林康养。制定特色产业建设规划，实施优势特色农业提质增效行动计划，采用"龙头创、基地促、市场护、政策扶"方式，带动辐射周边农户开展规模化、标准化、专业化建设，打造特色产业集群，建设一批地理标志农产品和原产地保护基地；培育从业人员的创新性思维，打造全国性品牌，改造提升传统名优品牌，尽力规避同质化现象。支持各地通过盘活闲置房屋、农村老宅老院、可利用林场、宜渔宜游水面、集体建设用地等资产资源培育农民增收新业态。

四、协调城乡融合发展，保障农村新业态发展的中坚力量

增加对四川省农村的基础设施、卫生医疗、教育文化、娱乐休闲等的

投入，加强农村新业态人才引进力度，优化新业态人才薪资福利待遇，同时建立城乡无差别人力资源市场，消除城市对地方人力资源的就业歧视，吸引大量有知识、懂技术、会经营的人才到农村就业。加强职业农民的培育、认证、扶持工作，从根本上解放农民思想，提高农民主观能动性，建立完善新型农民培育体系，注重发挥青年农民的力量，充分发挥职业学校、农村现代远程教育网络和农业技术推广培训基地作用，培养粮食种植人才、粮食经营管理人才、粮食精深加工人才，促进农民适应现代农业发展需要及农业科技进步、农产品市场需求的变化。建立农村人力资源信息库和人力资源流动服务机构，加强地方信息网络建设，充分发挥信息技术在人力资源配置中的作用。

五、整合党委政府相关资源，制定农业农村新业态扶持政策

建议研究扶持农村新产业新业态成长发展的政策措施，明确扶持政策总体要求、重点内容、扶持政策和工作抓手。支持各地引进大型电商企业、星级酒店、农业产业化龙头企业发展壮大新业态，培育参与新业态的新型农场农庄、农民合作社、乡村酒店等新型经营主体。创新财政资金使用方式，允许各地采取先建后补、以奖代补、财政贴息、财政资金入股等方式扶持新业态发展。推广PPP、众筹等投资模式，扩大信贷抵押担保范围，创新门票、仓单质押、基金入股等方式。确定一批省级农业农村新业态示范县（市、区），评估验收合格后给予财政补助。

专题五　宜宾市翠屏区农村电商管理研究报告

本研究结合宜宾市翠屏区农村电商发展的实际情况，通过对翠屏区当前管理农村电子商务过程中存在的问题进行分析，用发展的眼观去认识其中的不足，从而提出改进措施和发展思路，通过不断实践有效解决农村电子商务管理中存在的问题。

第一节　宜宾市翠屏区农村电商管理发展现状

近些年来，翠屏区高度重视农村电子商务的管理和引导，将其作为推动农业产业发展的强大抓手，翠屏区政府充分利用互联网能够打破地域限制、缩短产品流通环节、沟通供销双方等一系列显著特点，帮助农村农民直接对接市场和消费者，使本地名优农产品、乡村旅游等资源通过电子商务走向更广阔的大市场。

一、出台扶持政策，强化保障机制

近几年，宜宾市制定了《宜宾市电子商务产业发展规划（2015—2020)》、《宜宾市加快推动电子商务产业发展的实施意见》《宜宾市电子商务发展扶持办法》《关于促进电子商务发展的实施意见》和《关于促进农村电子商务发展的实施意见》等文件相继出台，对推动农村电子商务发展提供了良好的政策支撑。翠屏区还引导乡友返乡创业，积极推动"人才回乡、资金回流、企业回迁"，尽可能形成产业集群效应。这些优惠政策是确保翠屏区农村电子商务产业持续、健康和快速发展的资金保障、创新保障和人才保障。

二、培植示范镇村，发挥带动效应

制定站点建设与管理规范，"政府引导、乡镇主导"，在产业基础条件较好、电商发展意愿强烈的乡镇稳步有序推进农村电子商务服务站点建设。截止到 2017 年末，全区建成农村电商服务站 144 个，行政村覆盖率有 57.5％，其中省级贫困村 11 个都已经实现全覆盖，带动电商创业 280 余人，农村实现电商交易额 1 086 万元。

三、多方搭建平台，分级培育企业

支持川红电子商务公司开展"京东宜宾馆"，鼓励引导本次优势企业产品进驻，积极拓展产品销售渠道，京东"宜宾馆"在西南区域中位列第三。支持新青年电子商务等重点电商企业打造垂直电商平台。组织 30 余家本地传统生产、商贸流通企业参加 2018 年宜宾竹产品及名优特产入驻京东超市招商大会，约 20 家企业与京东超市达成初步合作意向。组织 80 多家本地企业与近 20 家淘宝、天猫、拼多多省内电商店铺进行资源对接。组织区内企业参加西博会、2018 第四届武汉国际电子商务暨"互联网＋"产业博览会、2018 中国（四川）电子商务发展峰会、宜宾建城 2 200 周年美食品鉴活动等国内、省内重大电商活动。截至目前，全区共培育省级电子商务示范企业 4 个，网络交易额上亿元企业 2 个，上千万元企业 4 个。

四、针对开展培训，强化人才培育

全面实施电子商务人才培训计划，成功举办 2018 四川宜宾电子商务产业发展论坛活动，首次邀请国外专家学者，采取同步直播方式，场外场内参与人数达 2 万人。举办 2018 年宜宾市首届跨境电商创新实践大赛、"农村电商大学堂巡讲""电商普及培训""美工专业培训"等一系列培训活动，对在校大学生、大学生村官、返乡青年、合作社、龙头企业和网店经营户负责人等开展各种活动，主要是普及培训和创业动员，意图帮助企业引进电子商务、现代物流技术和营销人才。2018 全区实现电商人才培育 30 000 人次。

第二节　存在的问题

一、公共管理低质低效

（一）部门间职能不清

翠屏区农村电子商务发展中涉及的公共部门众多，但总体来看，各部门间缺乏整合服务机制，一方面容易产生管理空白，出现没有部门负责的情况；另一方面还可能产生重复工作的现象，如商务局对相关人员进行了培训，就业局又组织同样一批人进行重复内容的培训。部门之间缺乏有效配合，不仅浪费了公共资源，而且也在很大程度上降低了公共服务的效率。

（二）便民服务机制不健全

翠屏区农村电子商务政府服务的着力点主要集中在项目资金管理、企业招标、基础设施建设等方面，而对于便民服务的工作重视程度不足，农村电子商务企业或个人进行政策咨询、业务办理时往往需要跑遍多个政府部门，拉低了工作效率。

（三）政府投入效果不理想

截至 2018 年底翠屏区已建成 15 个镇级电子商务服务站，21 个村级电子商务服务点。根据对站点综合考核发现，站点建设的投入与产出并不成正比，乡镇物流配送网络不发达，农产品配送成本高。已建或正建农村电子商务服务站点在配套快递配送功能时，各快递公司的门槛费用较高，前期投入较大，有的电子商务服务站点不但无法盈利，快递业务量甚至无法支撑农村电子商务服务站点日常开支，农村电子商务服务站点运营动力不足。

二、市场监管不到位

（一）农产品品质无法保障

由于农业产业结构的不合理性，农产品的生产销售相对分散，标准化生产体系尚未在农产品行业得到充分的应用，农产品的质量得不到切实保障。

（二）出现虚假宣传等恶性竞争

消费者难以对产品品质、真假进行鉴别，有关产品品质优劣、品牌真假、是否过期等信息，消费者都只能通过商家去了解。在电子商务交易活动中，由于产品标识不规范，有的电子商务经营者会对自己的产品进行虚假宣传，利用语言陷阱、不实照片夸大产品误导消费者，售卖次货、假货等，损害消费者权益。

（三）监管难度比较大

电子商务交易存在虚拟性、隐蔽性和不确定性，许多商品没有取得工商、食药、税务等相关部门的许可，很容易发生事故，且事故后追责维权难度大。同时，电子商务交易的双方往往不在同一个地方，依靠发达的电子商务和物流体系进行交易，一旦存在分歧，很难进行调和。由于电商产品缺乏相应的市场监管，对产品的质量把控不严，产品质量追溯困难。

三、自身发展乏力

（一）产业推广缺乏本地特色

翠屏区农村电子商务名特优新产品资源本就丰富，白酒、茶叶、芽菜等优势农产品知名度较高，发展农村电子商务有很大的产业优势，但是翠屏区农村电子商务产品品类各异，没有充分发挥本地的地方特色，形成独特的优势。

（二）产品营销缺乏品牌效应

翠屏区农特产品除川红的工夫红茶、雀舌，宜宾黄粑等地理标识品牌线上热销，青脆李、葡萄等本地当季水果在网上有部分销售，但未形成具有鲜明区域特色的品牌，"有名品、无名牌"制约着翠屏区农村电子商务的发展。

（三）标准化生产普及度不高

一般来说，标准化的产品更适合作为电子商务的产品，市场认可度高。但是翠屏区属于丘陵地区，山地多，平原少，翠屏区农产品生产分散，规模小，品类繁杂，集约化程度低，标准化程度不高，难以形成产业化和区域化，流通效率低下。

四、专业人才匮乏

（一）政府管理人才匮乏

政府公共事业管理者承担着地方管理和经济建设的重任，随着经济社会的发展，政府职能不断延伸，对政府公共事业管理者的要求也越来越高。管理很大程度上来说是对人的管理，有了专业人才的加入，政府的公共管理也能起到事半功倍的效果。当今社会发展的趋势对管理人才提出了更高要求。政府管理需要的是复合型人才，强调公共事业管理的实务性和应用性。

（二）经营管理人才匮乏

翠屏区十分缺乏农村电子商务人才，全区电商平台类企业、服务类企业、农村服务体系站点电子商务人才数量不够、整体素质不高、应用能力不足，给农村电子商务的管理造成了一定阻力。

第三节　影响因素

一、政府支持不充分

（一）规划定位有局限

虽然翠屏区农村电子商务的发展形成了一定的规模，但是规模大并不意味着发展得好，翠屏区农村电子商务管理还存在着规划定位不明确的局限。认清自身优势和定位，抓住重点，制定科学的项目规划，明确项目定位，这是翠屏区农村电子商务发展的前提和基础。

（二）财政支持不足

翠屏区政府花大力打造了理想城电子商务园区，然而，电子商务园区对农村电子商务的作用并未真正得到有效体现。虽然省、市、区皆出台了相应对农村电子商务的扶持政策，但有些扶持政策无法落到实处，且仅有部分规模较大的企业能达到补助标准，大部分规模继续的企业或经营者无法享受政策红利。

二、监管困难

（一）法律法规尚未健全

虽然近年来，我国陆续出台了一些支持电子商务发展和规范电子商务经营行为的政策法规，例如《消法》和《网络交易管理办法》对电子商务领域诸如数据和隐私权的保护、网络服务提供商的法律责任等相关方面进行了一些规范，加大了电商平台的责任和义务，主张维护商家和消费者权益，但是实施细则和处罚方式不明确，无法真正落到实处。

(二) 经营主体资格审核不严

很多电子商务网站都允许个人直接开设网店，不需要有实体店铺，而且对工商注册、企业资质、产品质量的管理和认证非常松散，往往没有强制要求，致使无照经营的情况在电子商务领域广泛存在。就目前来说，我国针对电子商务、农村电子商务市场的准入门槛放得很低，对经营主体的资格审核不严。

(三) 电子商务市场监管的难度大

由于网络环境的隐蔽性和复杂性，电子商务这种无实体经营方式对监管主体有着更高的要求。翠屏区点多面广，基层工商部门的人员队伍、硬件环境和执法技术手段都远不能满足对农村电子商务交易市场的监管需求，对违反法律法规的网络交易行为，很难一一通过技术手段进行锁定和追踪。

三、 政府认识不到位

(一) 对于农村电子商务认识不足

部分政府管理者在管理的过程中由于缺乏市场经营经验，思想观念落后，对于怎样具体管理本地农村电子商务产业，怎样将农村电子商务与本地地域、产业实际结合起来，怎样利用农村电子商务促进农民增收、实现乡村振兴战略缺乏思考。

(二) 农产品品牌意识不强

主要在于农产品经营者还没有足够的意识，还不能很好地理解建设品牌将会给他们带来怎样的效益。农村电子商务交易中的农产品企业大多数是小作坊式生产，很难形成集聚效应，产品品牌迟迟建立不起，形不成品牌效应，就一直停留在建立品牌的雏形阶段，就更谈不上市场推广了。

(三) 农产品标准化建设滞后

由于许多农产品生产经营处于简单粗放的状态，农产品以初级农产品或粗加工农产品为主，科技含量低，质量无法得到保障，且附加值低。此外，企业没有统一的管理经营模式，农产品附加价值就不能得到有效开发和利用，标准无法统一，就会导致大量农产品损耗严重，同时增加成本，不适应深加工的需要，形成一种恶性循环，离农产品标准化越来越远。

四、专业人才培养体系不健全

（一）政府管理人才资源不足

一是随着电子商务和农村电子商务工作的推进，政府职能、管理的范围相较过去都有很大程度的增加，管理难度也相应扩大。二是管理人才安排缺乏专业性。政府管理人员多是由组织考察安排，并不一定是该专业的管理人才，在政府管理难度加大的今天，难以适应对管理人才的要求。

（二）招引政策吸引力不足

一是人才专业结构不合理，政府不重视对人才的培养，导致本地电子商务行业大量优质人才外流，导致本地专业人才匮乏。二是地域、行业对人才的影响力不够。翠屏区虽然位于宜宾市的中心城区，但与沿海地区相比，人才的薪资待遇和发展空间相对较低，对优秀电子商务专业人才的吸引力本就不足。而且，由于农村地区工作的困难，很多受过专业教育的电子商务人才不愿意长期到农村地区服务。

（三）培养体系不健全

许多经营者有学习农村电子商务技术知识的意愿，然而他们缺乏相应的指导与培训，有心无力。一是西部地区对于人才的集聚作用不足，而且没有形成体系；二是受知识水平限制，部分农村电子商务从业者基础较差，在客观上增加了农村电子商务人才培养的难度。

第四节　对策建议

一、强化政府职能

（一）健全管理体制及机构建设

建立跨部门协调机制，成立农村电子商务工作领导小组，由区政府主要领导担任组长，具体分管领导担任副组长，区级部门包括商务局、财政局、发改委等 10 多个部门为成员单位，办公室设在商务局，配备专职人员，由领导小组统筹协调全区农村电子商务相关工作。

（二）完善扶持政策

出台适合当地实情的扶持政策，认真贯彻落实国家、省、市、区的各项政策措施。继续组织好省、市级支持电子商务发展的项目申报及资金管理，组织完成区级电子商务发展项目申报、评审和资金下达等工作。建立专门的扶持机制，制定相关扶持政策，支持农村电子商务个体经营户和小微农村电子商务企业的发展。

（三）优化融资环境

建设必要的金融服务体系、信用服务体系。针对农村电子商务经营企业融资难问题，区政府可出台相应的政策，加强与当地金融机构合作，推出了针对农村电子商务的优惠信贷扶持政策，搭建起银企之间的桥梁，引导农村电子商务企业特别是小微企业与地方银行、专业银行、互联网金融的合作，支持农村电子商务企业的发展壮大，开展合作，拓宽融资渠道，缓解资金困难。

二、完善监管体系

（一）完善并落实相关政策与法规

翠屏区应根据中、省、市各级法律法规和产业发展规划，结合支撑农村电子商务发展的交通物流、产业现状等实际，制订和完善翠屏区本地的农村电子商务发展相关政策与法规。

（二）加强对市场主体的审查

翠屏区市场监管部门要完善电子商务主体准入制度，加强对经营主体资格申请、认证与核准的监管，加强对信息真实性的管理，可以采取办理电子执照的方式，让电子商务经营主体在网站上按照规范正确链接电子标识，规范经营行为。同时强化对从事经营性活动网店的专项检查与整治，严厉打击无照经营、未经认证擅自从事营利性网络交易活动的违法行为。

（三）提高技术水平

一是要积极引进一批电子商务、电子计算机方面的专业技术人员，采购一批最先进的设施设备，为电子商务监管提供专业的人才、和设备支撑；二是提升基层监管人员的知识水平和综合业务能力，这是实现农村电子商务有效监管的基础；三是建设农产品质量追溯体系，为农村电子商务有效监管提供支持。

（四）开展联合执法，严厉查处违法案件

翠屏区要加强与工商、食药、质监、经科局等部门之间的沟通协调，发挥整体联动优势，开展联合执法，形成上下联动、齐抓共管、信息共享的良好局面。全面加强农资电商的监管工作，要明确各执法部门权力和责任，加强各个管理部门之间的工作协调，制定权力清单，形成执法合力。

三、加强基础建设

（一）构建快捷、高效的农村电子商务物流配送体系

从创新管理和服务机制、设立物流配送基地、构建社区物流配送体系、加强农村产地仓储和农业物流标准化建设等方面重点推进物流配送体系建设。一是建立快捷、高效的物流体系；二是大幅降低本地产品运出的物流成本。

（二）完善农村电子商务信息化体系

地方政府要在财政上重点加强对信息基础设施建设的支持力度，确保移动通信网络和宽带网络全覆盖，推广智能手机在农村地区更广泛的使用。

（三）加快农村电子商务标准化建设与推广

翠屏区应根据本地农产品的实际情况，探索建立本地的质量标准体系，根据本地农产品的特点，制定产品规格标准以及运输标准等，建立翠屏区统一的品牌商标标识，保障农产品品质。主动从销售后端延伸服务到生产端，推动"农产品"转变为"商品"，引导已具有 SC 认证的企业规模生产产品，对有地方特色的生鲜蔬果加工产品生产线、品牌包装提档升级，分品类精准定位市场并扩大营销。

四、完善人才培养机制

（一）出台具有针对性的人才激励政策

坚持引进和培育并重，加强电子商务高级开发与管理人才引进工作。

重视引进急需的电子商务专业人才，出台更有针对性的政策机制扶持优惠政策，以政策和机制引进或吸引一大批年轻人、大学生从事农村电子商务产业工作，给予资金奖励或帮助申请贷款。建立人才产业发展孵化园，让更多的大学生、创业者参与其中，更好地带领农民向电商人员转变。

（二）建立健全长期、系统、有效的培训机制

一是完善政府管理人员的培养体系。根据当地政府部门的现实情况，因地制宜，开展农村电商培养人才计划。依托"高校＋知名电商企业"模式，采取联合办学方式，培养一批优秀电商管理人才。二是应加强对现有农村电子商务从业者的培训。由区人才办、人社局制订培训计划，通过购买服务强化与"淘宝大学"等专业农村电商培训机构的战略合作，加快培育紧缺型人才；加强地方职业技能培训学校的定向人才培养，直接与企业对接，为企业培养理论与实践相结合的实用性人才。

专题六　古蔺县肉牛产业发展
问题研究报告

本研究通过数据分析、实地走访和对部分规模养殖户进行调研的方式，发现古蔺县肉牛产业在能繁母牛养殖和商品牛育肥中存在的问题，并结合农业产业化发展的相关理论和古蔺县生态循环农业综合体建设的实践探索，提出古蔺县实现肉牛产业发展的对策建议。

第一节　古蔺县肉牛产业发展现状

一、商品牛规模养殖处于起步阶段

根据县农业局提供数据，截至 2017 年 7 月，古蔺县商品肉牛养殖总户数近 5 万户，5 头以上养殖规模的有 683 户，养殖商品肉牛 11 988 头。古蔺县商品肉牛养殖 5 头以上的仅占总养殖头数的 10%，商品肉牛养殖处于起步阶段，主要还是以农户散养为主。从各乡镇商品肉牛养殖户数量看，规模商品肉牛养殖主要集中在饲草资源相对丰富的乡镇，尤其是集中在获取酿酒副产物相对便捷的乡镇，如茅溪镇、二郎镇等。

二、能繁母牛规模养殖处于探索阶段

截至 2017 年 7 月，古蔺县养殖肉牛 5 头以上的 684 户中，饲养能繁母牛仅 29 418 户，存栏能繁母牛 4 613 头。古蔺县规模以上养殖户中，存栏能繁母牛的养殖户仅占 43.1%，数量占比为 38.6%，说明古蔺县能繁母牛规模化养殖尚处于探索阶段，牛犊生产主要依靠农民一家一户养殖。

第二节　主要问题及原因

肉牛产业发展需要构建从能繁母牛养殖到牛肉加工销售的产业化经营体系，而能繁母牛养殖是肉牛产业发展的基础，商品肉牛育肥是肉牛产业发展的关键，肉牛加工销售是肉牛产业发展的驱动力，为此，对古蔺县肉牛产业发展存在问题分析重点针对能繁母牛养殖、商品肉牛育肥和肉牛加工销售环节。

一、能繁母牛养殖存在的主要问题及原因

通过调查研究发现，古蔺县能繁母牛规模化养殖主要存在养殖规模小，养殖技术参差不齐、养殖成本高，养殖效益低、组织形式落后，未形成有效利益链接机制等问题。

分析表明产生以上问题主要有五个方面的原因：一是场地建设的原因，现有能繁母牛养殖条件大多数不符合能繁母牛的特性，难以提高能繁母牛年产牛犊率。二是技术供给的原因，现有的能繁母牛养殖户绝大多数养牛技术靠自己摸索，加之文化水平不高，不能适应规模化养殖能繁母牛的需要，缺少常规技术进行培训，缺少专业化服务公司提供服务。三是物资供给的原因，当前物资的采购由养殖户自行生产或在市场上进行采购，成本高、质量参差不齐，缺少机械化牧草种植和物资生产供应组织提供服务。四是牛犊交易机制的原因，当前的牛犊销售均是交给牛贩子，养殖户处于劣势地位，能繁母牛养殖户不能合理分享肉牛产业利润。五是金融和保险支持的原因，当前缺乏金融和保险对能繁母牛养殖户的支持，能繁母牛养殖户获取资金成本高，避险工具欠缺。

二、商品牛育肥存在的主要问题及原因

通过调查研究发现，古蔺县商品牛育肥存在育肥牛品种混杂，来源渠道多样、规范育肥场较少，高效育肥体系尚未形成、上下游连接不紧密，商品肉牛育肥效益不稳定等问题。

分析表明产生以上问题主要有五个方面的原因：一是养殖场硬件条件的原因，现有商品肉牛育肥场不同程度存在规模太小，选址不科学，建设

不规范，不利于疫病的防控，养殖的人工成本投入较高等问题，要实现规模化集中育肥需要根据能繁母牛养殖的分布情况，鼓励养殖业主就地进行改造或在适宜区域新建符合现代养殖技术规范的育肥场，与能繁母牛养殖形成有机衔接。二是技术供给的原因，现在的肉牛养殖户绝大多数养殖技术靠自己摸索，加之文化水平不高，不能适应规模化集中育肥的需要，需要加大对常规技术进行培训，并以专业化服务公司有偿提供服务的形式弥补差距。三是牧草等物资供给的原因，当前商品肉牛养殖户的物资采购都是靠养殖户自己四处购买或就近利用，这种方式不适宜规模化集中育肥，这就需要对牧草等大宗物资实现低成本就近生产和供应，对药物等关键物资实现专业化公司提供服务。四是肉牛交易机制的原因，当前的肉牛销售均是销售给牛贩子，养殖户处于劣势地位，需要加大与加工型企业建立紧密合作型生产方式，让肉牛养殖户按照市场的需要进行生产，以提升肉牛的竞争力。五是金融和保险支持的差距，当前由于商品肉牛育肥规模普遍不大，对金融和保险的渴求度不高，但是要实现肉牛规模化集中育肥，缺乏现代金融和保险制度的有力支持是难以完成的。

三、牛肉加工销售存在的主要问题及原因

通过调查研究发现，古蔺县牛肉加工销售存在加工销售企业少，加工方式传统、无专业营销组织，销售区域较小、与养殖企业连接不紧密，牛肉品质不稳定等问题。

分析表明产生以上问题主要是肉牛产业整合机制缺乏。从养殖环节到加工销售环节较多，各环节之间的链接度较差，屠宰加工销售企业难以根据市场的需求传导信息，调节养殖环节的生产。养殖环节由于仅依靠牛贩子与加工企业进行链接，难以分享加工销售环节的利润。

第三节　对策建议

一、引导平台型组织构建肉牛产业发展基础设施

（一）招引现代化肉牛加工、营销企业落户

采用筑巢引凤策略，充分利用各种政策，采用多种合作模式，与招引

企业一道，建设标准化牛肉加工设施，引导加工、营销企业利用古蔺县现有牛源和其他地方牛源进行生产加工和产品营销。采用多种方式逐步实现对规模养殖场的紧密连接，实现产品的可追溯化，提升牛肉产品附加值，从而带动养殖环节发展。

（二）建设能繁母牛养殖家庭农场或合作组织以及商品肉牛育肥场进行示范

通过示范带动让更多养殖户通过现场观摩和进场实训等方式了解这一方式的收益，以促使更多地方建设规范化能繁母牛养殖家庭牧场、能繁母牛养殖合作组织和集中育肥场。

（三）设立牛贷款，为养殖户和其他组织提供低成本的金融服务

充分利用当前产业扶贫的政策优势，整合资金与适宜金融机构合作，开发围绕肉牛产业发展的金融服务产品，让养殖户或其他组织可以以较低的成本取得肉牛发展所需的资金，以较低门槛进入到肉牛产业之中，从而促进肉牛产业发展进入快车道。

（四）联合开发保险产品，为养殖户和其他组织提供适宜的保险服务

平台型组织联合保险机构针对各环节的风险特点，有效整合相关政策资源，为肉牛产业量身打造保险方案，降低生产过程中的不确定性，助推肉牛产业发展。

二、成立专业服务组织服务养殖业主

（一）围绕饲草生产和供应发展专业服务组织

一是要充分利用酒糟、曲草等酿酒附产物，大力引导成立一个或多个专业服务组织，为当前和今后的养殖户提供低成本、高质量的酿酒附产物。二是引导成立牧草种植专业大户或组织，通过需要通过激励政策促进土地流转和土地整理，充分利用国家扶持政策为大型牧草种植收割机械进行补贴，逐渐形成专业种植大户，在条件适宜地方逐步培育专业牧草种植组织。三是引导发展青贮玉米秸秆专业组织，通过秸秆青贮等措施，对秸秆进行充分利用，也为当地群众增加部分收入。

（二）围绕养牛技术服务发展专业组织

一是新建立或规范原有肉牛改良配种组织，引导成立专业化肉牛改良配种组织，通过调节能繁母牛同期发情等技术措施，降低配种成本，提高配种成功率。二是新建立或规范原有养牛疾病防控体系，新成立或规范原有养牛疾病防控组织，充分利用互联网技术和现代疾病防控技术，采用远程诊疗等措施，大大提高服务效率，降低养殖户获取技术服务的成本。

（三）围绕肉牛购销发展专业组织

一是发展牛源采购组织，采用多种方式引导成立专业牛源采购公司，在全球范围内进行采购，尤其是在优质能繁母牛采购上为养殖户把好关。二是发展肉牛销售组织，引导成立肉牛销售组织，促进肉牛产业发展。

（四）围绕粪污循环利用发展专业组织

一是引导建设粪污加工组织，结合当前最新的粪污处理技术，引导建设废弃物无害化处理系统。二是引导成立专业转运组织，通过环保政策激励和市场化运作的方式，在条件较好的地方先行建设运行，逐渐实现全县覆盖。

三、建设标准化能繁母牛养殖家庭农场、养殖合作组织和规模育肥场

（一）全面做好养殖场地建设规划

一是做好养殖场选址的基本知识培训，充分发动当地基层组织和养殖户参与到养殖场的选址中，以多种方式对标准化能繁母牛养殖场、养殖小区和规模育肥场的建设标准、规范、要求等进行培训，从而将更多适宜养牛区域筛选出来。二是做好适宜养牛区域的规划，引导业主依规划逐步建设，有利于减少污染、提高养殖效率。三是引导做好适宜区域的土地流转，充分盘活用好闲置资源，大力发展现代农业。引导村集体资产公司或其他组织和个人充分利用好产权制度改革的政策机遇，采用"用地交钱"等方式，将适宜建设标准化养牛场的土地整体流转，通过项目包装招引业主投资建设。

（二）做好标准化养殖场地建设的政策激励

一是激励路、水、电基础设施改造，整合当前的各类政策，让基础设

施建设向标准化养殖场地倾斜，让养殖业主专心做好养殖事业，不因基础配套不优而影响养殖效率和信心。二是激励优化养殖条件，在一些刚性的设施设备上进行补助，激励业主按规划建设和补齐短板，从而大幅度提升养殖条件和水平。三是激励提升放牧或牧草种植效率，整合上级政策资源，激励业主按规范根据养殖品种对牧草地进行土地整理和牧草种植，提升放牧和牧草种植效率。

专题七　四川省农村土地政策实施效果评价研究报告

农村土地制度改革是全面深化改革的重要内容。党的十八大、十八届三中全会以及近几年的中央1号文件都反复强调农村土地制度改革的重要性。为贯彻落实中央的精神，积极推动农村土地制度改革，四川出台了一系列农村土地政策，在实施这些政策后有必要对其效果进行过全面系统的评价。

本研究先后对雅安、郫县、泸县、温江、崇州、邛崃、都江堰、彭州、苍溪等地的农村土地登记政策、集体经营性建设用地入市政策、农村宅基地政策等进行了系统的梳理和广泛的调研，并以具体实施情况为例进行了定量的评价，总体效果明显，但仍存在一些问题，并提出相应的对策建议，以期对四川农村土地制度改革政策完善提供参考。

第一节　四川省主要农村土地政策及其实施效果

近年来，四川出台了诸多农村土地政策。本研究主要对农村土地登记确权政策、农村集体经营性建设用地入市政策、农村宅基地政策、农村土地征收政策、农村"两权"抵押贷款政策、耕地占补平衡政策以及农村土地综合整治政策的实施情况进行调查研究与分析总结。

一、土地登记政策

2012年，全省集体土地所有权确权登记基本完成，农村宅基地确权登记完成96.4%，集体建设用地使用权确权登记完成94.9%。承包经营权方面，成都市已于2010年全面完成农村土地承包经营权确权登记颁证，四川余下的164个县（市、区）也已经全面启动这项工作。2016年，四川完成 75％以上农村土地承包经营权确权登记颁证工作。2016 年 4 月，四川省农业厅对最后一批启动确权登记工作的 49 个县（市、区）进行了专题培训，对具体工作进行了全面安排和部署，标志着四川确权登记工作进入全面开展阶段。该项工作到 2016 年底全省完成 90％以上。预计 2019 年底，四川将基本完成土地等农村集体资源性资产确权登记颁证、经营性资产折股量化等。

组织落实方面，2015 年，土地登记职责统一交由四川省国土资源厅承担，同时四川省国土厅设不动产登记局，建立不动产统一登记制度，并推进不动产登记信息基础平台建设，利于省国土资源厅、住房与城乡建设厅、农业厅、林业厅等部门通过数据交换接口，实现土地信息登记实时互通共享。

二、集体经营性建设用地入市政策

2013 年《中共中央关于全面深化改革若干重大问题的决定》明确提出允许农村集体经营性建设用地入市，四川省泸县、郫县两地作为试点推进农村集体经营性建设用地入市，实行与国有建设用地使用权同等入市、同权同价。

郫县农村集体建设用地流转的实践经验为四川创新土地改革制度，实现农村集体经营性建设用地入市，制定和完善农村集体经营性建设用地入市机制时提供了借鉴，同时也取得了入市探索的初步成果。探索成功的经验主要有 6 点：第一，创新入市模式，突出项目带动，促进当地的集体经济。第二，确定集体经营性建设用地入市的实施范围，从而为入市交易奠定量的基础。第三，制定基准地价，实现同权同价。按照"同地、同权、同价"的基本思路，实行兼顾国家、集体、个人的分配机制，坚持保证农民利益。第四，开展同权抵押，降低融资风险。第五，规范收益分配，共享改革成果。郫县在改革试点中制定出台《农村集体经营性建设用地入市收益分配指导意见》，确定了入市土地增值收益分配以"二八开"的基准原则。第六，坚持同价同责，合理设定标准。将县域范围内多宗工业地块、国有商业地块提留的多项基金比例作为参考值，综合制定农村区域总体配套建设标准。

此外，温江区农村集体产权明晰，探索出"两股一改"的发展模式，在集体建设用地流转改革上具有先进性和示范性，因此，本研究以温江区公平街道为例，对集体建设用地入市进行了专项实证研究，重点针对入市政策实施中的重点及难点问题——集体建设用地价格评估进行了定量的分析与论证。

评估结果表明，温江区公平街道农村集体建设用地基准地价最高价格为每亩30.07万元，最低价格为每亩20.03万元。2015年3月成都市产权交易所的实际交易数据温江区万春镇农村集体建设用地使用权出让市场价格为29万元/亩。可见，农村集体建设用地入市政策的具体实施情况与科学评估的结果基本一致。评估方法及结果对其他地区集体建设用地入市政策的实施具有一定的参考意义。

三、农村宅基地政策

2016年2月，四川农村宅基地制度改革试点工作专题会在成都举行。提出将宅基地制度改革试点与新型城镇化、承包地退出、幸福美丽新村建设、培育农村新产业新业态和农村新型集体经济发展五方面结合起来。2016年，在温江、都江堰、彭州、邛崃、郫县试点农村宅基地管理制度改革试验和农户宅基地使用权退出改革试验，以增加农民财产性收入，助推全市新型城镇化发展。目前，《成都市农村宅基地管理制度改革试验专项方案》和《成都市农户宅基地使用权退出改革试验专项方案》印发。四川省政府积极探索农民自愿有偿退出宅基地，盘活利用废弃闲置宅基地。

作为全国33个，四川仅有的两个试点县之一，泸县的宅基地制度改革工作积极推进，因此，本研究团队对泸县宅基地政策的实施情况进行了专项研究，在对泸县4个先行镇（街道）进行了实地调研，共发放问卷100份，收回了92份有效问卷，调查了解农户退出宅基地的意愿以及对宅基地政策实施情况的满意程度。

研究结果表明，76.09％的农户愿意将自己的住房进行财产权抵押，但只有41.30％的农户愿意有偿退出全部宅基地，63.04％的农户不愿意缴纳超占面积的有偿使用费用，仅27.17％的农户满意现行宅基地退出政策，42.39％的农户满意宅基地有偿退出标准，38.04％的农户对宅基地退出程序满意。

可见，泸县宅基地政策的实施有一定的效果，但是农户的满意度并不是特别高，还需要进一步的改革和完善。

四、土地征收政策

土地征收问题一致备受关注，为了将征地问题处理好，四川出台了一系列相应的政策。2009 年出台的《四川省人民政府办公厅转发省国土资源厅关于调整征地补偿安置标准等有关问题的意见的通知》中再次强调，要健全征地程序，在征地过程中要维护农村集体经济组织和农民的合法权益。2012 年，《四川省〈中华人民共和国土地管理法〉实施办法》又进一步明确了征地补偿和安置的具体标准。2014 年 9 月，针对争议颇多的"出于公共利益需要"不明确的问题，四川出台了《四川省国有土地上房屋征收与补偿条例》，明确界定国防外交、能源交通水利、政府实施的保障安居工程建设等六个方面才属于"公共利益需要"，增加了土地征收政策实施中的可操作性。从以上一系列政策的出台可以看出，四川对土地征收问题是十分重视，下足了功夫。

本研究团队以彭州市濛阳镇为例，对征地政策实施中的核心——征地补偿价格问题进行了定量实证研究。研究认为征地的市场价值应该包括农地经营权价值、农地的社会保障价值、农地的发展权价值以及农地的生态安全价值。对彭州市濛阳镇被征收农地市场价值评估的结果为 136 034.43（元/亩）。然而目前我国现行农地征收补偿标准与这个评估结果差距显著，被征地农民的利益流失非常严重。可见，虽然土地征收政策已经在实施过程中不断地改革和完善，但距离科学客观，还有一定的差距，还需要进一步的探索和研究。

五、农村"两权"抵押贷款政策

2014 年中央 1 号文件正式提出农村土地"三权分离"，2016 年"深改组"明确未来农地改革方向为"三权分置"，在落实农村土地集体所有权后，稳定农户承包权、放活土地经营权，允许承包土地的经营权向金融机构抵押融资。作为一次农村土地"三权分离"改革的重要实践，成都市温江区于 2014 年农历新年过后完成了首笔农村土地经营权抵押贷款。四川随后选择 8 个市的 9 个县（市、区）为农村土地经营权抵押贷款试点。省政府制定并颁布《四川省农村承包土地的经营权和农民住房财产权抵押贷款试点实施方案》，进一步为"两权抵押贷款"提供政策保障。

目前，在"两权抵押贷款"政策的实施中，主要探索和关注的是承包经营权抵押贷款方面。广元市苍溪县作为全省 10 个县（市、区）之一，首批入选农村土地承包经营权抵押贷款试点。因此，本调研团队就土地承包经营权抵押贷款政策的实施，对苍溪县进行了实地走访调查。调查结果表明：截至 2016 年 10 月，苍溪县全县共发放农村承包土地的经营权抵押贷款 830 笔、金额 1.8 亿元。全县瞄准"在 2016 年底投放农村承包土地的经营权抵押贷款 2 亿元以上，2017 年底达到 5 亿元以上规模"的工作目标，大力推进抵押贷款试点工作，努力盘活"沉睡"农村资本，力争用两年时间形成产权明晰、价值明确、流转便捷、融资高效、资源市场化配置的农村承包土地的经营权抵押贷款及配套制度体系。

六、耕地占补平衡政策

2016 年，四川省农业厅制定了《2016 年四川省耕地保护与质量提升项目实施方案》。全省严格实行了"占一补一""先补后占""占优补优"，对占用耕地特别是基本农田，有条件的地区要开展补充耕地质量评定和土壤改良培肥，开展剥离耕作层土壤再利用试点，确保补充耕地数量质量双到位。

据不完全统计，2006—2011 年，"金土地工程"，建成高标准基本农田 34.93 万公顷，耕地质量平均提高两级，下湿田改造 21.8 万公顷。2014 年，全省耕地保有量目标为 594.8 万公顷，基本农田保护面积为 513.75 万公顷，全部超额完成，因灾毁、建设占用、生态退耕等原因减少 1.54 万公顷耕地面积，通过土地整治、农业结构调整等增加 2.11 万公顷耕地面积，年内净增加 0.57 万公顷耕地面积。其中，广元市在系列政策的指导下，完成耕地保护效果相对较好，守住耕地红线和基本农田红线，截至 2015 年底全市耕地保有量和基本农田保护面积分别保持在 33.87 万公顷和 27.53 万公顷以上。"十二五"期间建成高标准农田 3.93 万公顷，累计达到 11.07 万公顷。

从总体情况来看，四川耕地占补平衡政策实施效果良好。

七、农村"空心村"综合整治

农村土地综合整治是近年来国土资源管理中的一项重要工作，而"空心村"的治理，又是一个迫切的现实难题。本团队参与的"十二五"国家科技支撑计划项目《城镇近郊区空心村整治关键技术集成与示范》，邛崃市冉义镇以高标准农田建设为载体，以全域土地整治为抓手，努力打造幸福美丽新村建设"成都样本"。本团队通过参与这项课题，对邛崃市冉义镇进行了实地调查与深入研究，获得了"空心村"综合整治政策实施情况的第一手资料。冉义镇空心村综合整治的实践表明：

空心化程度缓解效果方面：整治前该镇的空心化评价得分为 61.47，整治后为 47.79，由高度空心化转化为中度空心化，说明该镇的空心化现象在整治后得到一定程度改善。

集约节约化效果方面：整治前该镇的建设用地节约集约化得分为 25.08 分，整治后为 50.98 分，提高了 25.90 分，说明该镇的建设用地经过整治确实得到了一定程度的节约集约。

整治效益方面：整治前该镇的综合整治效益得分为 39.12，效益等级较差，整治后为 52.74，分数上升了 13.63，表明该镇的综合整治取得了较好的效果。

村民满意度方面：60.06％的村民表示基本满意，19.23％表示非常满意，总满意率 79.29％，只有少数人表示不太满意，极少数人表示很不满意。其中，对村庄整治后的生活便捷度以及村庄美化度最满意，而道路以及房屋质量方面仍有待改善。总体来说，大部分村民对整治情况表示基本满意，村庄整治的满意度较高，整治效果较好。

第二节　典型案例

一、案例二：泸县农村宅基地制度改革

（一）基本情况

泸县位于四川盆地南部，地处川、滇、黔、渝四省市结合部，县城距

成都 230 千米、重庆 130 千米，已形成水、陆、空立体交通网络。全县行政区域总面积 1 525.242 7 平方千米，其中耕地 846.130 8 平方千米，园地 43.138 2 平方千米、林地 191.195 1 平方千米、草地 9.783 6 平方千米、城镇村及工矿用地 181.874 3 平方千米、交通运输用地 24.245 1 平方千米、水域及水利设施用地 86.04 平方千米、其他土地 142.835 6 平方千米，辖 19 个镇、1 个街道，人口 108.69 万。地势东北高、西南低，全县约有 66% 的土地分布在海拔 350 米以下区域。泸县辖区内土壤类型有水稻土、潮土、紫色土、黄壤四个土壤类型。其中水稻土占耕地面积的 83%，土壤肥沃，适宜性强，是四川农产品主产区。同时泸县是"农业大县"，拥有国家级杂交水稻种子生产基地县、国家级优质商品猪战略保障基地，现已初步形成生猪、龙眼、优质稻主导产业和花木、蔬菜、水产特色产业。2015 年 3 月，泸县领受全国农村宅基地制度改革试点任务，在依法取得、有偿使用、有偿退出、规范管理、村民自治等方面都取得了一定的阶段性成果，为科学修法提炼总结了一定的经验。

全县存量建设用地约 500 平方千米，农户 27.5 万户，宅基地总面积为 161 平方千米，人均宅基地面积 170 平方米。闲置宅基地 3 765 户，在农村总户数中占比 1.37%，部分闲置宅基地 36 646 户，在农村总户数中占比 13.33%，面积 16.97 平方千米。全县有退出宅基地意愿的农户 34 862，占 12.7%，面积 14.58 平方千米。目前，已组建新型社区 2 个，实现带着农村产权转移为市民 887 户 3 520 多人；产权流转交易 3 宗，600 万元；产权抵押融资 15 例，220 万元；流转土地 1.25 万亩，土地租金增值 282 万元；跨区易地建房 540 户 2 160 人；以宅基地养老 449 人。同时，可腾退宅基地 1.20 平方千米，节余指标竞价交易 1 平方千米，1.8 亿元；村级建设用地调整竞价交易 0.021 平方千米 600 万元；自办经济实体 0.006 平方千米；村级集体经济收入 100 万元；农民直接获得奖励和补偿 1.26 亿元。

（二）问题分析

目前泸县正处于宅基地制度改革的探索期，宅基地入市、有偿退出、有偿使用等方面存在一些问题亟待解决。

一是复垦验收难度大，补偿金到位难。截至 2016 年 7 月 15 日，仅天兴镇田坝村农户领到了第一笔农村宅基地有偿退出资金。在调研过程中，大多数农户期盼能够领取有偿退出资金，但事与愿违。一方面，农民急于复垦验收，忽略复垦质量，造成复垦不达标；另一方面，复垦验收需要分批进行，时间较长。往往终检的时候，由于天气等原因，造成非人为的不达标。这样反反复复，拖延至农忙时节，又涉及农作物赔偿问题。所以补偿资金一直难到位。但农户无法理解，导致农户宅基地退出热情冷却，甚至情绪波动。

二是执法程序繁琐，执法效率低。农民违法占地建设屡禁不止，但处理手段单一，以处罚，拆除，没收为主。实际上在工作中"拆除，没收"程序繁琐，时间长，最快程序也要 8 个月。泸县国土局执法大队人员缺少，镇级政府没有执法处理权。加之农村建设两个月就完成了建设，最后只有以处罚代替执行，造成工作的被动，村民相继模仿，造成不良影响。

三是法律依据薄弱，村民自治困难多。村民自治是管理宅基地实行民主决策的有效模式，但是没有法律的依据，村民自治名不正言不顺。导致村委会有心无力，想管管不了，该管又管不住。同时薄弱的集体经济，也使村民自治凝聚力低。

四是改革任务重，人才缺乏。宅基地制度改革涉及不仅是土地方面工作，还有金融、技术、产业等方面的内容。一项重大改革需要大量的人力、物力和财力，人力是改革持续进行的动力。泸县虽然已聘请了专家教授，也实行上下联动，强化统筹协调，但改革任务重、时间紧，领导、村干部都分身乏术。调研期间，先行镇（街）国土所所长，几乎每天都会下村验收、开会安排工作，与各村干部交流进展。笔者看着领导、干部、工作人员每天忙前忙后，尽职尽责。但仍有很多工作做不完、做不细。与泸县国土局局长访谈中，他也呼吁有更多的人参与到宅基地制度改革中来，也欢迎有技术的人才进入地籍信息系统，参与信息平台建设。

五是审批层级不合理，执行难度大。宅基地的使用面积、审批、农用地转用等审批权在层级多，而且与地方的发展不相适应，特别是宅基地的使用面积，由省上制定，与各地的实际不相符，执行困难。

六是农村本集体经济组织成员定义狭小。农村本集体经济组织成员定义不规范，有歧义，可以理解为以村民小组为单位，也可以理解为以村民委员会为单位。而且该定义狭小，将村民和宅基地封锁在固定的地域中，不利于村民和宅基地的自由流动。而现实中农村农业的发展，早已经突破了地域的限制，流动性很大。

七是有偿使用收费难，土地财产性收益低。对于宅基地超占面积的有偿使用制度缺失，村民有偿使用意识薄弱，且收费无强制执行力，所以有偿使用收费难。在改革试点的前期工作中，有偿使用、有偿退出、农房财产性抵押贷款等工作，仍然依靠政府推动，社会资本介入少，市场化运作模式未健全，宅基地的价值未得到彰显。

八是规划分歧大，建房执行难。在方洞镇石牌坊村了解到泸县规划变动较大，"一个领导一张蓝图"，来一波人就换一种思路，换一个规划，迄今为止没有正式确定修建农民聚居点。这导致农户房屋不敢拆，也不能修的两难局面。农村村民建房必须符合土地利用总体规划，不得占用已划定的基本农田，确定了土地利用总体规划的管制分区，而且必须按法定面积法定程序审批，这与泸县农村宅基地零星分散的实际不相符。

二、案例三：城镇近郊区空心村综合整治

（一）基本情况

冉义镇位于邛崃市东北部，距邛崃市区 27 千米，距成都市 45.8 千米，与大邑、新津两县交界，镇内交通发达，村村通达水泥道路，市道羊付路横穿全镇，国道川藏线绕镇东南而过，该镇地势平坦，西北高，东西低，属都江堰自流灌溉区，水源丰富，土壤肥沃，以黄土、黑土以及砂土为主。冉义镇属四川盆地亚热带湿润季风气候区，春夏秋冬四季分明，平均年降雨量 1 147 毫米，冬无严寒，夏无酷暑，年平均气温为 16～18℃，热量丰富、雨量充沛，多阴少霜，无霜期长达 280 天，适宜农作物生长，粮食主产水稻、小麦、玉米，经济作物有油菜、花生、甘蔗、食用菌等，主要养殖种类有猪、鱼、鸡、鸭、羊等。

全镇面积 35.98 平方千米，耕地面积 1 862.2 公顷，人均宅基地面积为 79.6 平方米，空置宅基地面积为 94 001.78 平方米，闲置废弃较多，空心化现象严重。冉义镇辖 11 个村（社区），169 个村民小组，912 个自然村，共有 11 785 户居民，3.06 万人，其中农业人口 26 772 人，城镇人口 3 859 人。人口年龄以 15～64 岁居多，占比 70.49%，高素质人才缺

乏，小学及以下学历人口占比 62.03%，大专及以上学历仅占比 2.33%。2015 年农民人均纯收入 15 850 元，同比增长 11.5%。全镇搬迁安置 6 733 户约 2.2 万人（其中 516 户自愿选择只拆不建有偿退出宅基地），建成集镇、火星、英汉三个新区，共 92 万平方米。目前，集镇一期、火星新区、英汉新区，已安置入住群众 4 718 户共计 16 584 人；集镇二期 26 万平方米农房主体建设已完成 95%，正在进行总评施工，拟安置 1 499 户、5 246 人。项目完成后，冉义集镇建成区面积达 200 万平方米，城镇化率将达到 85%。

邛崃市冉义镇以高标准农田建设为载体，以全域土地整治为抓手，努力打造幸福美丽新村建设"成都样本"，冉义镇素有"贡米之乡"的美誉，是川西最大的民族用品生产基地，2000 年 4 月被四川列为"全省小城镇建设综合试点镇"，其作为国家科技支撑项目的重点示范区，四川第一个万人集镇小区，具有较好的推广效用，故选定冉义镇为"空心村"综合整治的研究区域。

（二）问题分析

目前空心村整治取得了一定的成效，但调研发现空心村整治中仍然存在部分问题亟待解决。

一是宅基地利用率低。村庄原有宅基地布局较分散，且多为粗放利用，一户多宅、超标准占用宅基地以及乱占滥占现象严重，由于城镇化的发展，农村人口外流，人们大多外出打工，致使村内房屋大量闲置，另外随着农村经济的发展，农民收入逐渐增加，谋生了改善住房条件的想法，花钱去买宅基地建房，一些常年在外工作的人，退休了也想在老家置一宅基地，再加上有些条件宽裕的外出务工人员已经在外地城市购了房，长期不回家乡，造成了农村宅基地空闲。且大多都是建新不拆旧，致使村庄整体样貌落后。人均宅基地面积较大，远远超过国家人均 35 平方米的标准，房屋的空间布局分散，规划建设不合理，不利于集中管理，空间布局有待重新整合。

二是劳动力外流。城镇近郊区村庄靠近城市，工作机会多，收入多，并且相对可选择的就业方向更广阔，综合考虑生活、工作及子女教育等因素，大量村民涌入城市务工，村内的大批青壮年到周边城市从事二、三产业生产，仅有老、弱、幼、妇留守家中，从事基础的自给自足式的农业生产，村内劳动力逐渐转移到城市。根据冉义镇 2015 年农业经济年报数据计算可以得知，冉义镇外出务工劳动力在整个村镇劳动力人数中占比 43.97%。其中斜江、华会、火星、九龙、石子、共富、英汉、新民、白玉、延贡、园林的外出务工劳动力占全部劳动力的比例分别为：43.49%、44.02%、43.70%、44.63%、43.63%、43.56%、43.50%、44.06%、44.10%、44.88%、43.59%。冉义镇上各个村落近半劳动力都选择外出务工。由此可见，村庄缺乏活力的首要原因就是城镇近郊村劳动力的大量转移。

三是产业发展滞后。城镇近郊区村庄居民经济来源以农业生产为主，而二、三产业发展相对滞后，特色产业较为缺乏，除新民村有民族用品生产以外，其他村较少有成规模的企业，无法吸引本村居民以及外来居民就业，农民增收渠道狭窄，产业的滞后，也无法吸引外来投资，总体上来说村内经济不发达，当地经济规模有待扩大，政府对村庄的产业投资及帮扶也有待加强。数据显示，冉义镇 11 个村的二、三产业的产值与收入均小于第一产业。产业发展的滞后减少了人们的就业机会，这也是导致人口外流的一个重要原因。

四是公共服务及配套设施欠缺。随着农村的劳动力流失，城镇近郊区村庄原有的公共服务配套设施逐渐衰败，而新的公共服务设施长时未建，导致公共服务设施十分欠缺。例如，冉义镇只有在村居委会等集中地才有少量提供给居民活动的基础公共服务设施。另外，大量资金流向城市导致对郊区的投入严重不足，更加剧了农村的公共服务及其配套设施的缺乏。大量农民转移到了城市，导致许多新建的农村住宅空置，常年没有人居住，或者只是逢年过节回家居住，在一定程度上造成了资源的浪费，使得物未尽其用。另一方面，规划建设的建筑质量较差，存在漏水、墙面脱漆等现象，这反映出城镇郊区的建设存在一定比例的失衡及不足。

第三节　存在的问题

一、土地使用证假证频发

现有的国有土地使用证难以满足社会的发展需求，政府公章和发证机关公章容易被仿造，正是由于目前国有土地使用证防伪功能弱，开发商在利益的驱使下为自己伪造假的土地使用证，为大量的企业资金流给不法商贩提供国有土地证样本。证书造假包含以下两个方面：

第一，无档案，假证书。在土地登记过程中，个别企业利欲熏心，为了源源不动的流动资金，甚至起了伪造国有土地使用证的心思，出现无档案，假证书现象的主要原因是由于企业自身土地资产较大，土地产权较多，在办理抵押时如果将真证和假证一起做抵押，银行工作人员很难识别出真伪，在国土局抵押过程中也不办理合法程序而是自行伪造公章证书，从而骗取巨额资金。

第二，有档案，假证书。近年来各种办证广告通过粘贴牛皮癣小广告，手机短信等多种方式传播，个别企业资金困难就通过伪造原有土地证，像外地小额贷款公司进行抵押，骗取资金。

二、复垦验收难度大，补偿金到位难

截至 2016 年 7 月 15 日，仅天兴镇田坝村农户领到了第一笔农村宅基地有偿退出资金。在调研过程中，大多数农户期盼能够领取有偿退出资金，但事与愿违。一是农民急于复垦验收，忽略复垦质量，造成复垦不达标。二是复垦验收需要分批进行，时间较长。往往终验的时候，由于天气等原因，造成非人为的不达标。这样反反复复，拖延至农忙时节，又涉及农作物赔偿问题。所以补偿资金一直难到位。但农户无法理解，导致农户宅基地退出热情冷却，甚至情绪波动。

三、政策实施保障缺失

土地是农民生存的基本保障。很多农村土地政策的实施可能会导致农民失去其赖以生存的土地。因此，农民失去土地以后如何为他们提供基本的保障将显得尤为重要。当前农村基本生活保障、养老保障、就业、医疗等保障的缺失或不完善，将使农民的利益受损，进而导致各项土地制度改革难以顺利推进。

四、农民主体地位未充分体现

出于各种原因，在各项政策的制定以及实施中，农民参与度较低，很多农民对政策根本不了解，或者了解政策，对政策不满或有意见，但却缺乏有效的表达渠道和机制，难以对各项政策的实施进行有效的监督。而另一方面，无数政府官员又因为缺乏必要的监督，而在土地问题上出现严重的腐败现象。

五、区域差异性加大政策实施难度

四川幅员辽阔，区域差异明显，成都平原区与盆周山区在经济发展水平上，在地形地貌上都存在明显差异；即使在同一个县市，近郊地区与远郊地区之间也存在明显差异。这些区域差异导致各项农村土地政策难以完全以同样的标准实施。例如先对偏远的地区在土地综合整治中可能会出现指标用不完的情况，而成都周边地区建设用地指标则严重不足。

第四节 对策建议

一、加强土地使用证加密管理

严肃对待土地权利证书管理工作，并制定严格的责任体系，避免出现土地证书管理中的漏洞，保证土地登记的制度化、规范化，提高土地登记的公信力和权威性。

目前市场上流行两种防伪加密形式，一是"二维码条码"加密。登记机关应该与相关加密企业合作，在完善登记系统的基础上，通过系统自动生成独一无二的"二维码条码"，债权人或权利人可通过扫描二维码辨别真伪；二是芯片加密，可仿照银行部门的做法，在证书的生产环节，应用电子芯片，在权利人登记后，通过系统激活芯片，并载入登记信息，在保障证书的安全功能的同时，更为日后快捷审核和办理提供途径。

二、农地复垦验收后及时发放补偿金

村委会要将复垦验收标准准确传达，提高复垦质量。县人民政府在终验时，如果不合格要明确指出不符合标准的地方。同时增加县人民政府验收人员，缩短验收时间，及时发放补偿金，提高农民参与积极性。

三、提高失地农民的福利水平

首先，要保持和提高失地农民的福利水平，最重要的是提高失地农民的收入水平。其次，要将失地农民纳入城市社会保障系统，为农民失地提供养老、医疗及最低生活保障。最后，被征地农民融入城市需要完成心理上的三个转型：一是就业心理的调整，二是角色和自我意识的转变，三是对城市生活及文化的适应。

四、将政策实施中的公众参与落到实处

对政策实施的具体形式、步骤，应该通过走访、听证等方式，广泛征求群众意见，充分向群众了解政策实施中存在的问题。对群众不满意的政策，要找出不满意的原因，及时追查责任或进行政策调整；对群众满意的政策，要总结经验，因地制宜地宣传推广。

五、消除区域隔阂，在全省范围内总体协调

政策制定和实施因地制宜，体现区域差异，消除区域隔阂，在更大的区域范围内进行总体协调与布局。针对政策实施中存在区域差异的问题，在今后政策制定及实施中，均应予以考虑，例如对近郊地区与远郊地区可以考虑实行不同的政策；对成都平原区与盆周山区也就可以执行不同的政策。另外针对土地整治以及建设用地入市中反映出的指标不足与指标用不完共存的现象，建议可以打破区域限制，在更大范围内协调平衡，实现土地资源的优化配置。